柯昌颐·编

王安石评传

生前事与身后名

華文出版社
SINO-CULTURE PRESS

图书在版编目（CIP）数据

生前事与身后名：王安石评传 / 柯昌颐编. —北
京：华文出版社，2018.1
ISBN 978-7-5075-4843-3

Ⅰ. ①生… Ⅱ. ①柯… Ⅲ. ①王安石（1021-1086）
- 传记 Ⅳ. ①K827=441

中国版本图书馆CIP数据核字(2017)第324673号

生前事与身后名：王安石评传

编　　者：柯昌颐
责任编辑：刘超平　邹镇明
出版发行：华文出版社
社　　址：北京市西城区广外大街305号8区2号楼
邮政编码：100055
网　　址：http：//www.hwcbs.com.cn
投稿邮箱：hwcbs@126.com
电　　话：总编室 010-58336239　责任编辑 010-58336222
　　　　　发行部 010-58336270
经　　销：新华书店
印　　刷：北京明恒达印务有限公司
开　　本：710mm × 1000mm　1/16
印　　张：19.25
字　　数：250千
版　　次：2018年 1 月第 1 版
印　　次：2018年 1 月第 1 次印刷
标准书号：ISBN 978-7-5075-4843-3
定　　价：42.00元

出版说明

本书初出商务印书馆于民国二十二年（1933年）出版，为继梁启超《王荆公》之后又一肯定王安石变法之作。柯昌颐先生用现代眼光重新审视王安石变法，材料翔实、议论有据、评价中肯。书名为《王安石评传》，不仅对王安石变法一事做了全面梳理，对王安石之哲学、经学、文字学、文学、书法等方面也作了专章论述，为读者呈现了一个立体丰富的王安石的形象，是一本含金量较高的学术著作，应为研究王安石者所必读书目。

然而由于种种原因，本书在1948年第六版后就终版，使今之读者难觅其书。我社现据商务印书馆民国三十六年（1947年）第五版竖排本将其重排出版，以飨读者。本次再版，我社将书更名为《生前事与身后名：王安石评传》，改竖排为横排，以符合今人阅读习惯。此外，我们对原书中的笔误、错漏、异体字、疑难字词和标点符号分别进行了校勘、更正，对一些不符合现代出版规范的用法进行了修改、统一。其余一仍其旧，尽量保持书稿原貌。

需要说明的是，本书为民国学者著作，其中的引文或凭作者记忆引用、或割裂引用，难免和今人所见版本不同，又未注明版本信息，不易核实。为尊重作者，引文整体上不做改动，仅对个别明显错误加以改正，不另作说明。

限于编辑的水平，本书难免还有一些疏漏和错误，我们期待广大读者不吝指教。

华文出版社编辑部

2018年1月

序

闻故都老辈言：承平时士大夫有不传之秘两事，于宋则王荆公，于清初则钱牧斋，其集皆在人袖笼内，心摹手追，口不敢道。自一切解放后，有以叔孙武叔为人范者，何论推戴信仰之本不受人干涉乎？然牧斋若舍文学而言人品，仍不为世所崇拜。荆公则学问文章操行皆有其独到之处，不得以主张之迄未贯彻，而并其吐弃流俗者少之；且不得以身后为群小借奉之傀儡，而并其当身之精神意气抑之。推翻当时恩怨之论，尽情阐扬，亦反动之所必至也。柯君昌颐为《荆公传记》一巨帙，尊荆公甚至，得风气之所趋。商务书馆既任剞劂，而工厂遭劫。事定后，其稿独未毁，掇拾于劫灰之中，仍得印行问世。则冥冥之中，亦为积毁之荆公吐气。蔡、杨两年谱亦于近年盛行，皆表章荆公之应运而兴者也。昌颐书来，道其稿之幸存，余亦为之欣喜。因昌颐乞一言，以此复之。虽然，应运而兴者，或随运而转，荆公之贤，果如日月之无得而逾矣乎？则此传记正后人藉为评论之资，昌颐固不自以为定论也，可以见其理实而心虚矣。二十二年一月，书此既竟，时榆关扰攘逾旬，燕中人心岌岌，又与昌颐此稿初付印时相等，此则可为掷笔一叹者也。孟森敬序。

目录

第一章　绪论 …… 1
第一节　中国旧史之传信问题 …… 1
第二节　强毅与执拗 …… 2
第三节　成败与环境 …… 4
第四节　功罪问题 …… 5
第五节　取材之概说 …… 6
第二章　年表与世系 …… 7
王安石年表 …… 7
王氏世系表 …… 22
第三章　时代背景 …… 24
第一节　宋初国势之鸟瞰 …… 24
第二节　前于安石之建议图治者 …… 24
第三节　安石对于宋初百年无事之解释 …… 25
第四章　政治思想之渊源 …… 27
第一节　政治学派之判别 …… 27
第二节　对于儒家政治学说之赅通 …… 27
第三节　对于法治主义之辩正 …… 37
第四节　置安石于法家者流之谬误 …… 38
第五节　反对法治主义之余论 …… 39

第六节　安石之言论与行事 …………………………………………… 40
第五章　政治思想之转移 ………………………………………………… 42
第一节　对于唯法主义之倾向 ………………………………………… 42
第二节　倾向唯法主义之由来 ………………………………………… 43
第三节　理财政策与法家之关系 ……………………………………… 44
第四节　安石与商鞅 ……………………………………………………… 45
第六章　整理财政之初步 ………………………………………………… 46
第一节　整理财政之根本观念 ………………………………………… 46
第二节　制置条例司之始末 …………………………………………… 47
第三节　掌管财政机关之原状 ………………………………………… 48
第四节　制置条例司之成绩 …………………………………………… 50
第七章　社会政策一——青苗法 ……………………………………… 51
第一节　青苗法之由来 …………………………………………………… 51
第二节　由常平法至青苗法 …………………………………………… 53
第三节　青苗法之内容及其修正 ……………………………………… 54
第四节　青苗法之争议 …………………………………………………… 56
第五节　青苗法之流弊 …………………………………………………… 71
第六节　青苗法之评价 …………………………………………………… 73
第八章　社会政策二——募役法 ……………………………………… 76
第一节　改革役法之必要 ……………………………………………… 76
第二节　改革役法之过程 ……………………………………………… 77
第三节　募役法之内容 ………………………………………………… 77
第四节　募役法之利益 ………………………………………………… 80
第五节　募役法之争议与其价值 ……………………………………… 80
第九章　社会政策三——均输法市易法 …………………………… 85
第一节　均输市易两法与今日之时代需要 ………………………… 85
第二节　均输法议而未行之经过 ……………………………………… 85

第三节 市易法之建置及其纲要 …… 88
第四节 关于市易法之争执 …… 90
第五节 均输市易之评价 …… 92
第十章 社会政策四——农田水利 …… 93
第一节 治水政策之推行及其成绩 …… 93
第二节 疏浚黄河司之建置 …… 94
第三节 浚治御河之两度争议 …… 95
第四节 浚治漳河之争议 …… 97
第五节 清汴之嚆矢 …… 98
第六节 官吏操切苛扰之缺憾 …… 99
第十一章 改革田赋 …… 101
第一节 方田法之由来 …… 101
第二节 方田法之条目 …… 101
第三节 方田法施行之经过 …… 102
第四节 方田法之评价 …… 103
第十二章 改革学制 …… 105
第一节 仁宗英宗两朝修改贡举之建议 …… 105
第二节 毅然更制之争议 …… 105
第三节 安石主张之果决 …… 106
第四节 新贡举制度之纲要 …… 107
第五节 统一思想之实行及其缺点 …… 108
第六节 革新教育之根本计画 …… 109
第七节 兴建国学之概要 …… 109
第八节 分设专科之概要 …… 110
第九节 各路学校之建置 …… 111
第十三章 改革兵制 …… 112
第一节 宋初之乡兵制度 …… 112

第二节 募兵之窳败 …… 114
第三节 保甲法之内容及推行之次第 …… 117
第四节 保甲法之争议 …… 119
第五节 同时对于募兵之措施 …… 122
第六节 保甲法之评价 …… 125
第七节 保马法之概要与利弊 …… 127
第八节 军器监之建置 …… 128
第十四章 外交及其武功 …… 130
第一节 外交政策之概要 …… 130
第二节 河湟之恢复 …… 131
第三节 湖南路诸蛮之平定 …… 134
第四节 四川路诸夷之平定 …… 135
第五节 交趾之征服 …… 136
第十五章 哲学 …… 138
第一节 安石哲学思想之概观 …… 138
第二节 安石之宇宙论 …… 138
第三节 安石之人生论 …… 140
第四节 安石之社会学 …… 146
第五节 安石与老庄学说 …… 148
第六节 安石与杨墨学说 …… 150
第七节 安石与佛学 …… 151
第十六章 经学 …… 154
第一节 当时颂扬王氏新学者 …… 154
第二节 安石对于经学之谈片 …… 155
第三节 《三经新义》及其他经解 …… 159
第四节 讥薄《春秋》之辩正 …… 163
第五节 清儒对于安石经学之论列 …… 165

第十七章　文字学 …… 170
　第一节　《字说》之撰著 …… 170
　第二节　《字说》内容之一脔 …… 172
　第三节　《字说》之评价 …… 175
第十八章　文学 …… 177
　第一节　安石在文学史上之地位 …… 177
　第二节　安石对于文词之概念 …… 177
　第三节　安石在当时文坛之身价 …… 179
　第四节　安石之散文 …… 180
　第五节　安石之诗歌 …… 185
第十九章　书法 …… 195
　第一节　并世诸家之称扬 …… 195
　第二节　遗墨题跋一束 …… 196
　第三节　书法之蒙谤 …… 198
第二十章　著作之存佚 …… 201
　第一节　遗书之目录 …… 201
　第二节　不传诸书之梗概 …… 202
　第三节　传世诸书之考证 …… 203
第二十一章　用人之贤不肖 …… 212
　第一节　党派之由来 …… 212
　第二节　吕惠卿 …… 214
　第三节　章惇 …… 220
　第四节　曾布 …… 225
　第五节　蔡京蔡卞 …… 228
　第六节　其他诸人 …… 232
第二十二章　变法之争议 …… 238
　第一节　反对派之概观 …… 238

第二节　吕诲疏论安石十大罪 …………………………………… 238
第三节　郑侠进《流民图》………………………………………… 244
第四节　曾巩之忠告 ………………………………………………… 249
第五节　司马光之始终反对 ………………………………………… 250
第六节　纷扰盈朝之反对言论 ……………………………………… 260
第七节　安石之应付谤议 …………………………………………… 263
第二十三章　史传之失实 …………………………………………… 265
第一节　安石身后蒙冤之唯一原因 ………………………………… 265
第二节　《神宗实录》之杂糅 ……………………………………… 265
第三节　宋史之舛谬 ………………………………………………… 268
第四节　安石本传之辩正 …………………………………………… 269
第五节　通俗小说中之拗相公 ……………………………………… 273
第二十四章　安石身后及后世之评论 ……………………………… 276
第一节　评论安石之今昔观 ………………………………………… 276
第二节　安石身后之公论 …………………………………………… 276
第三节　陆九渊独排众议 …………………………………………… 278
第四节　朱熹之深文诟病 …………………………………………… 281
第五节　元明两朝之崇拜安石者 …………………………………… 285
第六节　明清两朝巧诋安石之苛论 ………………………………… 290
第七节　清代崇拜安石之言论与著作 ……………………………… 295
第八节　梁启超为安石大白沉冤 …………………………………… 296

第一章　绪　论

第一节　中国旧史之传信问题

居今日而谈王安石，自必扫除陈腐观念，确认为中国历史上有数之大政治家。为欲显示其对于政治上之伟绩，又必先矫正历来俗士对于安石之种种谬评。涉想及此，盖未有不嗒然若丧，而慨叹于旧史学之诬妄误人者矣！

虽然，安石毕生之事业文章，见于其遗集及《宋史》等书者，苟能循绎有方，则其真相之大白，亦殊易易；更条分而缕析之，亦即裒然成帙；彼相沿千载之俗议，又何俟一一辞而辟之哉。

夫我国旧史籍往往迷乱是非，不可据为信史，今日究心史学者，类能言之。观于安石之蒙冤千载，尤觉无复疑义。今之为安石不平者，亦往往大声疾呼曰："中国史部之书，有大部分不足以传信后世也！"是说也，彼安石固尝知之稔而言之豫矣。其《与韶州张殿丞书》有曰：

> 自三代之时，国各有史，而当时之史，多世其家，往往以身死职，不负其意；盖其所传，皆可考据。后既无诸侯之史，而近世非尊爵盛位，虽雄奇俊烈，道德满衍，不幸不为朝廷所称，辄不得见于史。而执笔者又杂出一时之贵人，观其在廷论议之时，人人得讲其然不；尚或以忠为邪，以异为同，诛当前而不栗，讪在后而不羞，苟以餍其忿好之心而止耳。而况阴挟翰墨以裁前人之善恶，疑可以贷褒，似可以附毁，往者不能讼当否，生者不得论曲直，赏罚谤誉又不施其间；以彼其私，独安能无欺于冥昧之间邪？善既不尽传，而传者又不可尽信如此。唯能言之君子，有大公至正之道，名实足以信后世者，耳目所遇，一以言

载之，则遂以不朽于无穷耳。

试观“阴挟翰墨以裁前人之善恶，疑可以贷褒，似可以附毁，往者不能讼当否，生者不得论曲直”等语，凡今之为安石作不平鸣者，孰有能逾于此者乎？察之至明者，适以蹈之至深，是则堪为安石长太息耳！

第二节　强毅与执拗

安石者，中国政治史上唯一之失败人物也；志业既不获大酬于及身，谤议则辗转加厉于后世，是孰使之然哉？昔时俗士，类皆以此为诋訾之具；而不知此正可见安石之个性，有远过于寻常人者。其《答王深甫书》有曰：

> ……自江东日得毁于流俗之士，顾吾心未尝为之变；则吾之所存，固无以媚斯世，而不能合乎流俗也。及吾朋友亦以为言，然后怵然自疑，且有自悔之心。徐自反念，古者一道德以同天下之俗，士之有为于世也，人无异论；今家异道，人殊德，又以爱憎喜怒变事实而传之；则吾友庸讵非得于人之异论变事实之传而后疑我之言乎？……

安石作此书时，方自常州移提点江东刑狱，年甫三十七岁，遂已得毁于流俗之士；而其所以处之者则曰：“吾心未尝为之变。”后来执政时代众毁不挠之精神，殆已植基于此。至谓“今家异道，人殊德，……”则其齐一道德之志，又已见乎辞矣。

安石在少壮之年，对于当时社会情形，及下层政治之腐败，曾经切实考察，得有精透之见解。其《感事》诗云：

> 贱子昔在野，心哀此黔首。丰年不饱食，水旱复何有？虽无剽盗起，万一且不久。特愁吏为之，十室灾八九。原田败粟麦，欲诉

> 嗟无赇。间关幸见省，笞扑随其后。况是交冬春，老弱就僵仆！州家闭仓庾，县吏鞭租负。乡邻铢两征，坐逮空南亩。取赀官一毫，奸桀已云富。彼昏方怡然，自谓民父母。揭来佐荒郡，懔懔常惭疚。昔之心所哀，今也执其咎。乘田圣所勉，况乃余之陋。内讼敢不勤，同忧在僚友。

此诗盖作于初入仕途之时，意在深自策励。观其所述当时人民困于不肖官吏之压迫朘削，殆已达于最高之程度。彼心目中既有此深刻之印象，则一旦身居相位，出其思想以一一施诸事实，又岂任何浮言所可破坏。故其执政后能以强毅应付环境，良以在野时体察社会之利弊，独有会心处，迥非他人所可几及也。

安石执政以后，群谤盈廷之中，至有断取三不足之说，以张其訾议者。三不足者：天变不足畏，人言不足恤，祖宗之法不足守也。神宗以问安石，安石从而辨之曰：

> 陛下躬亲庶政，无流连之乐，荒亡之行，每事惟恐伤民，此亦是惧天变。陛下顺纳人言，无大小惟言之从，此岂是不恤人言。然人言固有不足恤者，苟当于礼义，则人言何足恤；故《传》称“礼义不愆，何恤于人言”。郑庄公以“人之多言，亦足畏矣”，故小不忍致大乱，乃诗人所刺；则以人言不足恤未过也。至于祖宗之法不足守，则固是如此。仁宗在位四十年，凡数次修敕；若法一定，子孙当世世守之，祖宗何故屡自变改？……

天变足畏，系旧时迷信观念，故安石亦不敢遽主不畏之说。其后二项之辨辞，则甚足以表见其强毅不挠也。

安石之强毅过人，略如上述。诋安石者，遂漫为比附之言曰：“此其所以为执拗也。”殊不知执拗者，恶德，出于感情之任肆者也；强毅者，美德，基于心志之修养者也；岂可混为一谈以淆乱是非邪？观安石《答李资深书》，可以知其心志之修养为何如也。书曰：

……天下之变故多矣，而古之君子辞受取舍之方不一；彼皆内得于已，有以待物，而非有待乎物者也。非有待乎物，故其迹时若可疑；有以待物，故其心未尝有悔也。若是者，岂以夫世之毁誉者概其心哉？若某者，不足以望此，然私有志焉。……

安石又有《众人》诗云：

众人纷纷何足竞，是非吾意非吾病。颂声交作莽岂贤？四国流言旦犹圣。唯圣人能轻重人，不能铢两为千钧。乃知轻重不在彼，要之美恶由吾身。

读此诗，则安石之深自持重，不以浮言稍惑其志，尤足印证其强毅之面目。彼以执拗毁安石者，又乌知轻重美恶之权衡哉？

第三节 成败与环境

夫“不以世之毁誉概其心”，且“非有待乎物”，则其心专志壹，众毁不挠，内有得于已也为何如？此等高尚之人格，其用舍行藏。自必动关社会国家。而当时之环境何如，亦必与其成败屈伸息息相关，此必然之理也。安石描写当时之环境，尝谓：“今家异道，人殊德，又以爱憎喜怒变事实而传之。”易词言之，即“好为议论盲于是非”之谓也。在此种环境中，而有强毅如安石者，欲举国家一切成法而骤变之；则于当时，安有不“诋訾蜂起阻碍横生”？及于后世，又安有不“阴挟翰墨变乱是非”？盖安石不幸而生于病态的社会中，故一出其“心专志壹众毁不挠”之人格，遂无所往而不龃龉。然以安石之智，亦未始不可察及此。其《答刘原父书》有云：

……若夫事求遂，功求成，而不量天时人力之可否，此某所不能。则论某者之纷纷，岂敢怨哉？……方今万事所以难合而易坏，常以诸贤无意耳！……

考此书前段有河役之罢云云，蔡上翔据《宋史·司马旦传》证明为安石守常州时开运河事。是时安石位末名卑，即已智足以及此，而有难合易坏之叹矣。晚岁退休，尤多达观。下列诸诗，可以见其概：

求全

求全伤德义，欲速累功名。玉要藏而待，苗非揠故生。未妨徐出画，何苦急堕成。此道今亡矣，嗟谁可与明！

偶成

渐老偏谙世上情，已知吾事独难行。脱身负米将求志，戮力求田岂为名？高论颇随衰俗废，壮怀难值故人倾。相逢始觉宽愁病，搔首还应白发生。

经局感言（罢相出守江宁，仍领经义局）

自古能全已不材，岂论骐骥与驽骀。放归自食情虽适，络首犹存亦可哀。

就上列各诗观之，安石亦未尝不能不与世争，吟咏之间，甚足以表见其恬适之襟怀；所谓执拗者安在哉？

第四节　功罪问题

自来诋訾安石者，虽莫不振振有词，然一按其究竟，殆未有不叛于事实。安石之政治设施，后当详述。兹姑援苏轼之言，证其并非一无是处。苏轼于安石没后，尝与滕达道书曰：

某欲面见一言者，盖谓吾侪新法之初，辄守偏见，至有同异之论。虽此心耿耿，归于忧国，而所言差谬，少有中理者。乃圣德日新，众化大成，回视向之所执，益觉疏矣。若变志易守，以求进取，固所不敢；若哓哓不已，则忧患愈深。……

考苏轼以元丰七年过金陵，与安石流连倡和，见于诗文者甚详。再逾岁为元祐元年，安石卒，轼致书滕达道，乃谓“圣德日新众化大成”，且以为“哓哓不已则忧患愈深”；则神宗一朝施行新法之结果，当必有可观者。奈之何司马光一经执政，遂举各项新法——罢弃无余耶？司马光之是非功罪，非本书所应旁及；惟涉想及此，则令人不能无慨叹也！

第五节　取材之概说

本书取材，仍不能外于旧史籍。旧史所载，亦有决难掩毁之事实。且安石遗文具在，其事业思想，固犹斑斑可考见也。

其政治上之设施，如“青苗法”“募役法”“均输法”“市易法”“农田水利”，皆有合于现代急切需要之社会政策。

又如“方田法”“保甲法”“保马法”“置军器监”“修贡举法”“兴学校”，亦皆革新之方案，具有超常之见解者也。

其用兵西南诸役，后人至以黩武诬之；其实亦中国历史上有价值之武功也。

至于哲学、文学，后人尚认为不可以人废言；兹应反其说曰“人以言传”也。其经学、文字学乃至书法，颇蒙讥于后世；其实亦可观也。

安石传信后世之事状，略如上述，下文各有专章。若其时代之背景，思想之渊源，用人之贤不肖，在并世不能无党争，至后世不幸蒙积毁；其著述虽有幸而传者，亦颇有不幸而佚者，而其幸传于今者，则又有沿革可考焉；其蒙谤于后世也，尚不乏排众议以白沉冤者；亦各为专章以著其详云。

第二章　年表与世系

王安石年表

公元	中国年号	安石年岁	出处及其官职	国家大事纪要	同时名人大臣生卒进退	家事纪要	附　注
1021	宋真宗天禧五年辛酉	一岁	十一月十二日辰时，生于临江军。			安石父益为临江军判官。	生年月日据吴荣光《历代名人年谱》。
1022	乾兴元年壬戌	二岁		二月，真宗崩，仁宗即位。	刘攽生。郑獬生。		
1023	仁宗天圣元年癸亥	三岁					
1030	天圣八年庚午	十岁			沈括生。欧阳修试礼部第一。	安石父益以殿中丞知韶州。	
1032	明道元年壬申	十二岁			程颢生。		
1033	明道二年癸酉	十三岁			程颐生。	安石父益丁忧，解官还家。	
1036	景祐三年丙子	十六岁	随父益至汴京。		苏轼生。范仲淹、欧阳修、尹洙、余靖坐贬。修贬夷陵令。		安石《忆昨诗》云“丙子从亲走京国”。
1037	景祐四年丁丑	十七岁	随父益至江宁。			安石父益通判江宁。	安石《忆昨诗》云“明年亲作建康吏，四月挽船江上矶”。

续表

公元	中国年号	安石年岁	出处及其官职	国家大事纪要	同时名人大臣生卒进退	家事纪要	附注
1039	宝元二年己卯	十九岁	丁父忧家于江宁。		苏辙生。	是年二月二十三日，安石父益卒于官，葬江宁牛首山。	安石《忆昨诗》云“昊天一朝畀以祸，先子泯没余谁依”。
1041	庆历元年辛巳	二十一岁	入京应礼部试。		范祖禹生。欧阳修改集贤校理。		安石《忆昨诗》云“屡闻下诏收群彦，遂自下国趋王畿”。
1042	庆历二年壬午	二十二岁	三月，登杨寘榜进士第四名，旋签书淮南判官。				
1043	庆历三年癸未	二十三岁	仍官淮南。		是时韩琦知扬州。范仲淹参知政事。富弼为枢密副使。		
1044	庆历四年甲申	二十四岁	自扬州还临川。			安石子雱生。	
1045	庆历五年乙酉	二十五岁	秩满解淮南官。		黄庭坚生。欧阳修知滁州。		
1046	庆历六年丙戌	二十六岁	在京师。		欧阳修使河北，曾巩再上书于修，称道安石之贤。尹洙卒。		
1047	庆历七年丁亥	二十七岁	调知鄞县。				安石集有《鄞县经游记》。

续表

公元	中国年号	安石年岁	出处及其官职	国家大事纪要	同时名人大臣生卒进退	家事纪要	附　注
1048	庆历八年戊子	二十八岁	知鄞县。		苏舜钦卒。		
1049	皇祐元年己丑	二十九岁	知鄞县。		秦观生。		
1050	皇祐二年庚寅	三十岁	解官归临川。		夏竦卒。	安石兄安仁进士及第。	
1051	皇祐三年辛卯	三十一岁	官舒州通判。四月，因文彦博荐，诏召安石赴阙俟试，别取旨。安石不就。		米芾生。	安石兄安仁卒。	安石集有《乞免就试状》。
1052	皇祐四年壬辰	三十二岁	官舒州。		范仲淹卒。张耒生。		安石祭范仲淹文有“辱公知尤”语。
1053	皇祐五年癸巳	三十三岁	官舒州。		晁补之生。陈师道生。杨时生。	安石祖母谢氏卒。	
1054	至和元年甲午	三十四岁	除集贤校理，辞不赴，归临川。				安石集有《辞集贤校理状》。
1055	至和二年乙未	三十五岁			曾公亮参知政事。晏殊卒。		
1056	嘉祐元年丙申	三十六岁	为群牧判官。		苏轼举进士。		欧阳修《再论水灾状》内荐列四人，安石与焉。
1057	嘉祐二年丁酉	三十七岁	知常州。		欧阳修知贡举。孙复卒。王洙卒。		

续表

公元	中国年号	安石年岁	出处及其官职	国家大事纪要	同时名人大臣生卒进退	家事纪要	附　注
1058	嘉祐三年戊戌	三十八岁	三月，自常州移提点江东刑狱。				安石集有《上仁宗皇帝言事书》。
1059	嘉祐四年己亥	三十九岁	提点江东刑狱。 四月，中书门下以安石累辞馆职疏以闻，诏令直集贤院，累辞乃拜。		晁以道生。胡瑗卒。李觏卒。		
1060	嘉祐五年庚子	四十岁	五月，入为三司度支判官，寻直集贤院。	安石上万言书言天下事。	是年十二月，曾公亮为枢密使，张昪、赵抃参知政事，欧阳修、陈旭（升之）、赵概为枢密副使。 梅尧臣卒。江休复卒。		
1061	嘉佑六年辛丑	四十一岁	六月，知制诰。		四月，陈旭罢，以包拯为枢密副使。 六月，司马光知谏院。 八月，以曾公亮同平章事，张昪为枢密使，胡宿为副使。 闰八月，以欧阳修参知政事。宋祁卒。		安石集有《除知制诰谢表》。
1062	嘉祐七年壬寅	四十二岁	知制诰。		三月，赵抃罢，以赵概参知政事，吴奎为枢密副使。包拯卒。		

续表

公元	中国年号	安石年岁	出处及其官职	国家大事纪要	同时名人大臣生卒进退	家事纪要	附　注
1063	嘉祐八年癸卯	四十三岁	知制诰。 八月，丁母忧解官归江宁。	三月，仁宗崩，英宗即位。	五月，以富弼为枢密副使。 贺铸生。	八月，安石母吴太夫人卒于京师。	
1064	英宗治平元年甲辰	四十四岁	在江宁居丧。		五月，加韩琦尚书右仆射。 十二月，吴奎罢，以王畴为枢密副使。 余靖卒。		
1065	治平二年乙巳	四十五岁	在江宁居丧。 七月，服除，有旨召赴阙，安石以疾辞，自乞分司。		二月，王畴卒，以陈旭为枢密副使。 七月，富弼、张昇罢，以文彦博为枢密使，吕公弼为副使。		安石集有《辞赴阙状》。
1066	治平三年丙午	四十六岁	在江宁。	契丹改国号曰“辽”。	四月，胡宿罢，以郭逵同签书枢密院事。宋庠卒。 苏洵卒。		安石集有《辞知江宁尉状》。

续表

公元	中国年号	安石年岁	出处及其官职	国家大事纪要	同时名人大臣生卒进退	家事纪要	附　注
1067	治平四年丁未	四十七岁	在江宁。 闰三月，除知江宁府，一辞，旋起视事。 九月，因曾公亮荐，除翰林学士，未即赴，仍居江宁。	正月，英宗崩，神宗即位。	正月，以吴奎为枢密副使，韩琦为司空兼侍中。 三月，欧阳修罢，以吴奎参知政事，以司马光为翰林学士。 四月，以司马光为御史中丞。 九月，韩琦求去，罢，判相州。吴奎、陈升之（原名旭）罢，以吕公弼为枢密使，张方平、赵抃参知政事，韩绛、邵亢为枢密副使，复以司马光为翰林学士。 十月，张方平罢。蔡襄卒。	安石子雱登许安世榜进士，时年二十四。	知江宁府，谢表除翰林学士，谢表《贺韩魏公启》。
1068	神宗熙宁元年戊申	四十八岁	是年四月，奉诏越次入对，始至京师。	安石上《本朝百年无事札子》。	正月，赵概罢，以唐介参知政事。 七月，以陈升之知枢密院事。 十二月，邵亢罢。刘敞卒。	安石弟安国赐进士及第。	

续表

公元	中国年号	安石年岁	出处及其官职	国家大事纪要	同时名人大臣生卒进退	家事纪要	附　注
1069	熙宁二年己酉	四十九岁	二月，参知政事。旋与陈升之同领制置三司条例司。	二月，设制置三司条例司，议行新法。 四月，遣使察农田水利赋役于天下。 五月，安石上《进戒疏》。 七月，行均输法。 九月，行青苗法。 十一月，颁农田水利约束，置诸路提举官。	二月，以富弼同平章事。 四月，唐介卒。 八月，以程颢权监察御史里行。 九月，以吕惠卿为崇政殿说书。 十月，富弼退，以陈升之同平章事。 十一月，以韩绛同领条例司事。 是年，因沮新法贬黜者滕甫、郑獬、王拱宸、钱公辅、吕诲、范纯仁、苏辙、祖无择。		

续表

公元	中国年号	安石年岁	出处及其官职	国家大事纪要	同时名人大臣生卒进退	家事纪要	附注
1070	熙宁三年庚戌	五十岁	参知政事。 十二月，与韩绛并同中书门下事。	二月，韩琦上疏请罢青苗法，付条例司疏驳颁告天下。琦再疏申辩。 三月，始以策试进士，置刑法科。 五月，罢条例司归中书。 九月，作东西府以居执政。 十二月，改诸路吏成法。 立保甲法。 行募役法。	二月，以司马光为枢密副使，固辞不拜。 四月，吕公弼退，以韩绛参知政事。 五月，以吕惠卿兼判司农寺。 七月，以冯京为枢密副使。 八月，以冯京参知政事，吴充为枢密副使。 九月，以曾布为崇政殿说书，判司农寺。曾公亮致仕。 十月，陈升之丁母忧。 十二月，韩绛与安石同平章事，王珪参知政事。 是年，朝臣相继罢黜者张方平、韩琦、孙觉、吕公著、赵抃、宋敏求、苏颂、李大临、程颢、张戬、李常、胡宗愈、吕公弼、苏轼、刘庠、孔文仲、司马光、范镇。		

续表

公元	中国年号	安石年岁	出处及其官职	国家大事纪要	同时名人大臣生卒进退	家事纪要	附　注
1071	熙宁四年辛亥	五十一岁	同中书门下平章事。	正月，请鬻天下广惠仓田为常平本钱。 二月，更定贡举法，以经义策论取士。 三月，浚漳河。 九月，立太学生三舍法。	四月，以邓绾判司农寺。 五月，吕诲卒。 六月，欧阳修致仕。 八月，命王韶主洮河安抚司。 是年，朝臣相继罢黜者韩维、富弼、杨绘、刘挚。 郑獬卒。	八月，安石子雱为崇政殿说书，弟安国除馆职。	
1072	熙宁五年壬子	五十二岁	同中书门下平章事。 五月，求去位，不许。	正月，置京城逻卒察谤时政者。 三月，行市易法。 五月，行保马法。 八月，王韶击败吐蕃，城武胜。 颁方田均税法。 十月，置熙河路，以王韶为经略安抚使。 十一月，章惇招降梅山峒蛮，置安化县。	二月，蔡挺为枢密副使。 三月，富弼致仕。 闰七月，章惇为湖北察访使。 八月，欧阳修卒。 十二月，陈升之为枢密使。		

续表

公元	中国年号	安石年岁	出处及其官职	国家大事纪要	同时名人大臣生卒进退	家事纪要	附　注
1073	熙宁六年癸丑	五十三岁	同中书门下平章事。 三月，兼提举经义局。	二月，王韶克河州。 三月，置经义局。置律学。 四月，置疏浚黄河司。 六月，置军器监。 九月，初策武举之士。 复熙河洮岷迭宕等州，神宗解玉带赐安石。 收免行钱。 十月，开直河。 章惇击平南江蛮，置沅州。	三月，吕惠卿为经义局修撰。 四月，文彦博罢。 以范子渊提举浚河司。 五月，以熊本为梓夔察访使。 六月，周敦颐卒。	三月，安石子雱为经义局修撰。	

续表

公元	中国年号	安石年岁	出处及其官职	国家大事纪要	同时名人大臣生卒进退	家事纪要	附　注
1074	熙宁七年甲寅	五十四岁	同中书门下平章事兼提举经义局。 四月，乞解机务，凡札子六上而后报可。出知江宁府，仍兼提举经义局。	正月，熊本讨降泸夷。 四月，权罢新法，旋复行。 五月，罢制科。 七月，吕惠卿立手实法。 十月，用章惇议，置三司会计司，以韩绛提举。	四月，韩绛同平章事，吕惠卿参知政事。 五月，曾布提举市易司。吕嘉问免。 十二月，王韶为枢密副使。	安石弟安国卒。	
1075	熙宁八年乙卯	五十五岁	二月，复同中书门下平章事。 六月，进尚书左仆射兼门下侍郎。 九月，兼修国史。	六月，《诗书周礼三经新义》成，诏颁于学官。 十月，罢手实法。 十一月，交趾入寇，以赵高、李宪讨之。熊本击降渝州獠，置南平军。	正月，蔡挺罢。冯京罢。 四月，吴充为枢密院副使。 陈升之罢。 六月，韩琦卒。 八月，韩绛免。 十月，吕惠卿免。 十二月，元绛参知政事，曾孝宽签书枢密院事。陈襄罢。		

续表

公元	中国年号	安石年岁	出处及其官职	国家大事纪要	同时名人大臣生卒进退	家事纪要	附　注
1076	熙宁九年丙辰	五十六岁	领尚书左仆射兼门下侍郎，累疏乞退。 十月，以使臣罢判江宁府。	正月，交趾陷邕州。章惇招降五溪蛮。 十二月，郭逵败交趾兵于富良江。李乾德降。	二月，以郭逵为安南招讨使。 七月，邓绾免。 十月，以吴充、王珪同平章事，冯京知枢密院事。	七月，安石子雱卒。	
1077	熙宁十年丁巳	五十七岁	还江宁。辞判府事，表凡三上。 六月，为集禧观使。		二月，王韶免。 九月，邵雍卒。 十一月，张载卒。 叶梦得生。		
1078	元丰元年戊午	五十八岁	正月，进尚书左仆射，封舒国公、集禧观使。	九月，交趾入贡。	正月，曾孝宽罢。以孙固同知枢密院事。 九月，吕公著、薛向同知枢密院事。	安石子旁勾当江宁府粮料院。	
1079	元丰二年己未	五十九岁	居钟山。		五月，元绛罢。以蔡确参知政事。 十月，苏轼坐事下狱，贬为黄州团练副使。 宋敏求卒。		

续表

公元	中国年号	安石年岁	出处及其官职	国家大事纪要	同时名人大臣生卒进退	家事纪要	附　注
1080	元丰三年庚申	六十岁	居钟山。 九月，赐特进，改封荆国公。	安石奏《乞改三经义误字》。 六月，诏中书详定官制。 九月，新官制成，诏行之。	三月，吴充罢。章惇参知政事。 九月，以冯京为枢密使，薛向、孙固、吕公著为副使。向寻免。		安石集有《改〈诗义〉札子》《进〈字说〉札子》及表。
1081	元丰四年辛酉	六十一岁	居钟山。		正月，冯京罢。以孙固知枢密院事，吕公著、韩缜同知院事。 三月，章惇免。以张璪参知政事。		
1082	元丰五年壬戌	六十二岁	居钟山。	安石进《字说》。	四月，王珪为尚书左仆射兼门下侍郎。 蔡确为尚书右仆射兼中书侍郎。 章惇为门下侍郎，张璪为中书侍郎。 蒲宗孟为尚书左丞。 曾巩为中书舍人。 吕公著罢。	四月，安石弟安礼以翰林学士为尚书右丞。	

续表

公元	中国年号	安石年岁	出处及其官职	国家大事纪要	同时名人大臣生卒进退	家事纪要	附　注
1083	元丰六年癸亥	六十三岁	居钟山。	二月，夏人寇兰州。 六月，复来修贡。	四月，曾巩卒于江宁。 六月，富弼卒。 七月，孙固罢。韩缜知枢密院事。安焘同知院事。 八月，蒲宗孟免。以王安礼、李清臣为尚书左右丞。 十一月，文彦博致仕。		
1084	元丰七年甲子	六十四岁	居钟山。 以所居园屋为僧寺，又以田割入蒋山。	十二月，司马光上《资治通鉴》。	七月，苏轼赴汝州，过江宁谒安石。		七月，安石弟安礼罢。
1085	元丰八年乙丑	六十五岁	居钟山。 三月，诏特进司空。	三月，神宗崩。哲宗即位，高太后临朝。罢京城逻卒及免行钱，废浚河司蠲逋赋。 七月，罢保甲法。 十一月，罢方田法。 十二月，罢市易法，罢保马法。	五月，程颢卒。 王珪卒。 蔡确、韩缜为尚书左右仆射兼门下中书侍郎。 章惇知枢密院事。 诏起司马光知陈州，过阙，留为门下侍郎。 七月，以吕公著为尚书左丞。 十二月，吕嘉问贬。 祖无择卒。		

续表

公元	中国年号	安石年岁	出处及其官职	国家大事纪要	同时名人大臣生卒进退	家事纪要	附　注
1086	哲宗元祐元年丙寅	六十六岁	居钟山。 四月卒。哲宗辍朝，赠太傅，推遗表恩七人，诏所在给葬事。	闰二月，罢青苗法，复常平旧法。 三月，罢免役法。 八月，范纯仁以国用不足请再立常平残谷敛散出息之法，台谏交章言其非，遂再诏常平依旧法，青苗钱更不支支俵。	祖无择卒。 闰二月，蔡确免。 司马光为尚书左仆射兼门下侍郎。 吕公著为门下侍郎。 李清臣、吕大防为尚书左右丞。 章惇免。 范纯仁同知枢密院事。 三月，范子渊贬。 四月，程颐为崇政殿说书。 韩缜免。 苏轼为翰林学士。 九月，司马光卒。		

王氏世系表

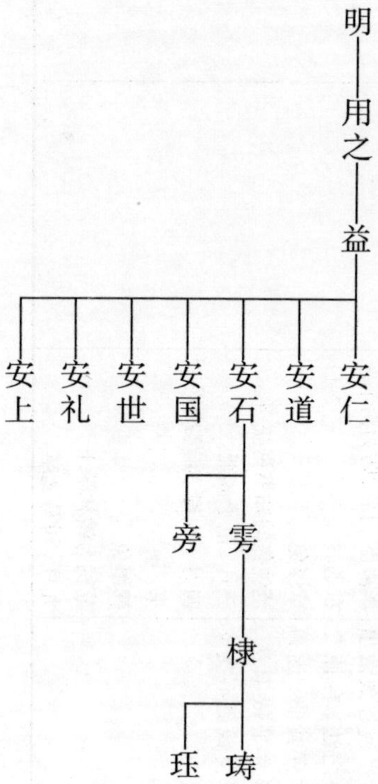

按明、用之两世，见安石自撰《先大夫述》。安石兄弟七人之次序，见曾巩撰《王公墓志铭》。又据巩文，安石子侄凡九人：曰雱，曰蒡，曰旁，曰旊，曰斻，曰防，曰斿，曰旗，曰放。雱、旁为安石子；旊、斿为安国子；余皆未详。

又按李焘《宋通鉴长编纪事本末》载徽宗政和六年正月，手诏料理王安石身后寺宇茔域，有“悉缘过房孙王棣自擅……”等语。据此，可知安石二子雱旁皆无子，以棣嗣雱为过房孙。但究为谁之孙，则无可考矣。又宣和四年八月，赐王棣进士出身，以安石孙故旌之。九月，诏：“熙丰政事，悉自安石建明，今其家沦替，理宜表恤。可赐第一区，孙棣，除显谟阁待制，提举万寿观，曾孙玮、珏，并转宣义郎。”安石曾孙之名据此。

1.
王安石画像。

2.
王安石纪念馆（抚州）。

第三章　时代背景

第一节　宋初国势之鸟瞰

自唐末历五代而至宋初，在中国历史上，为混乱时期。宋太祖得国于孤儿寡妇之手，用兵数十年，迄至太宗太平兴国四年，始完成政权之统一。凡一切制度典章，因仍苟且，居大半焉。真仁两朝，休养生息，对于民生国计，初未能有所建置，以起积弊，而垂无穷，上与汉之文景，唐之贞观媲美。加以契丹强盛于北，元昊崛起于西，不战言和，卑辞厚礼，岁输巨币，仅乃得安。逮神宗之时，盖捉襟见肘矣。君臣上下，苟不欲偷安旦夕，则未有不亟思求治者。故安石既相神宗，亟为除旧布新；岂故欲生事哉？诚迫于时势之不获已耳。

第二节　前于安石之建议图治者

宋代建议图治者，耳食之士，莫不以为仅一安石而已。不知范仲淹已尝有所建议，在安石之前数十年也。按《宋史》范仲淹本传云：

> 仁宗方锐意太平，数问当世事。仲淹语人曰："上用我至矣，事有先后，久安之弊，非朝夕可革也。"帝再赐手诏，……仲淹退而上十事：一曰明黜陟，二曰抑侥幸，三曰精贡举，四曰择长官，五曰均公田，六曰厚农商，七曰修武备，八曰推恩信，九曰重命令，十曰减徭役。

范仲淹倡言改革之方案，略如上述，其详惜不可考。今所传《范文正公全集》，亦不见此疏稿。史称"仲淹以天下为己任，裁削幸滥，考核官吏，日夜谋虑，兴致太平；然更张无渐，规模阔大，论者以为不可行”。可见仲淹当时颇欲有所建白，无如和之者寡，在位之士，反以为规模阔大不可行。苟仲淹亦持之坚，又得君专，如后之安石，则政党之争，将不待熙宁元丰之时矣。

欧阳修亦谓：

> 天下之势，方若敝庐；补其奥则隅坏，整其桷则栋倾，支撑扶持，苟存而已。……是以兵无制，用无节，国家无法度，一切苟且而已。……今宋之为宋，八十年矣；天下为一，海内晏然，为国不为不久，天下不为不广也。然而财用不足于上而下已敝，兵不足威于外而敢骄于内，制度不可为万世法而日益丛杂；一切苟且，不异五代之时，甚可叹也！

欧阳修说当时国家状况，尚谓不异五代之时，则后来王安石于嘉祐三年十月上万言书，远虑深谋，岂过当耶？

第三节　安石对于宋初百年无事之解释

神宗尝问安石，祖宗守天下，能百年无大变，且粗致太平，以何道？安石退而奏其说，颇能于粉饰太平之中，抉出隐忧所在。兹节要录下：

> 本朝累世因循末俗之弊，而无亲友群臣之义。人君朝夕与处，不过宦官、女子，出而视事，又不过有司之细故，未尝如古大有为之君，与学士大夫讨论先王之法，以措之天下也。一切因任自然之理势，而精神之运，有所不加，名实之间，有所不察。君子非不见贵，然小人亦得厕其间。正论非不见容，然邪说亦有时而用。以诗赋记诵求天下之士，而无学校养成之法。以科名资历叙朝廷之位，而无官司课试之方。监司无检察之人，守将非选择之吏。转徙之亟，既难于考绩；而游谈之众，因得以乱真。交私养望者，多得显官；独

> 立营职者，或见排沮。故上下偷惰取容而已。虽有能者在职，亦无以异于庸人。农民坏于徭役，而未尝特见救恤，又不为之设官以修其水土之利。兵士杂于疲老，而未尝申敕训练，又不为择将而久其疆埸之权。宿卫则聚卒伍无赖之人，而未有以变五代羁縻之俗。宗室则无教训选举之实，而未有以合先王亲疏隆杀之宜。其于理财，大抵无法，故虽俭约而民不富，虽忧勤而国不强。赖非夷狄昌炽之时，又无尧、汤水旱之变，故天下无事，过于百年，虽曰人事，亦天助也。……伏惟陛下……知天助之不可常恃，知人事之不可终怠，则大有为之时，正在今日。

观安石所胪举各节，何等深切恳挚，虽欲文致太平，亦不可得矣。故神宗览奏，亟加称赏，遂命一一详计治道。后来一切新法，胥无出此范围者。无如当时恬熙成习，臣僚惰逸相安，见有革新之议，则群以祖宗成法不可不守之说抵死阻挠。而安石得君既专，遂亦站定脚跟，不稍迁就，甘以一身为众矢之的。其后枝枝节节，纠葛蔓延，日相寻于党同伐异是丹非素之中，而图治之道，转为肇乱之媒；斯诚中国政治史上莫大之缺憾也。

第四章　政治思想之渊源

第一节　政治学派之判别

自来尚论古人者，往往以王安石与商鞅相提并论。斯二人者，得君之专，变法之锐，举国非之而不少挠屈，诚可云后先同揆。而鞅以严酷贾及身之惨刑，安石以执拗致后儒之贬抑，虽成败殊涂，而不能见谅于天下后世，亦无以异也。惟是就其论政之词，以寻其为政之道，则有大相径庭者在焉。

商鞅在中国政治思想史上，为纯粹的法家，自汉迄今，绝无异议。安石则不然。其变法之方案，惟在实行《周官》遗制，以冀国治而天下平。有所抒布，道必尊先王，言必称孔孟。按其施政之迹，虽不乏叛离儒术之处，而其从政论治之出发点，乃绝对囿于儒家思想之中。其商鞅之学说，见于今所传《商君书》者，安石何尝稍一援引奉为圭臬。观其《上仁宗皇帝言事书》，即可知其对于儒家政治学说，曾经过系统之研究，而获得赅通之见解也。

第二节　对于儒家政治学说之赅通

安石以仁宗嘉祐三年十月上书言事，累万余言。其识见之精深，议论之宏伟，在中国政治史上，诚为不可多觏。后儒虽曲贬安石者，而对于此书，尚谓不可以人废言。则斯文之在天壤间，其亦悬诸日月而不刊者欤！今读此文，当作政治意见书观，则其政治思想之渊源于儒家，而达于赅通之程度，可概见也。兹将原书分段举要于后：

〔绪言〕……陛下有恭俭之德，有聪明睿智之才，夙兴夜寐，无一日之懈；声色狗马观游玩好之事，无纤介之蔽，而仁民爱物之意，孚于天下。而又公选天下之所愿以为辅相者，属之以事，而不贰于谗邪倾巧之臣。此虽二帝三王之用心，不过如此而已。宜其家给人足，天下大治。而效不至于此，顾内则不能无以社稷为忧，外则不能无惧于夷狄。天下之财力日以困穷，而风俗日以衰坏。四方有志之士，諰諰然尝恐天下之久不安。此其故何也？患在不知法度故也。……方今之法度，多不合乎先王之政故也。……夫以今世去先王之世远，所遭之变，所遇之势不一，而欲一一修先王之政，虽甚愚者，犹知其难也。然臣以谓方今之失，患在不法先王之政者，以谓当法其意而已。……其为天下国家之意，本末先后，未尝不同也。……法其意，则吾所改易更革，不至乎倾骇天下之耳目，嚣天下之口，而固已合乎先王之政矣。

〔变法之难——人才不足〕虽然，以方今之势揆之，陛下虽欲变改更革天下之事，合于先王之意，其势必不能。……以天下之人才不足故也。臣尝试窃观天下在位之人，未有乏于此时者也，……又求之于闾巷草野之间，而亦未见其多焉。岂非陶冶而成之者非其道而然乎？……今以一路数千里之间，能推行朝廷之法令，知其所缓急，而一切能使民以修其职事者甚少；而不才苟简贪鄙之人，至不可胜数。……朝廷每一令下，其意虽善，在位者犹不能推行，使膏泽加于民，而吏辄缘之为奸，以扰百姓。……则陛下虽欲改易更革天下之事，以合先王之意；大臣虽有能当陛下之意，而欲领此者；九州之大，四海之远，孰能称指以一二推行此，而人人蒙其施者乎？臣故曰："其势未能也。"孟子曰："徒法不能以自行。"非此之谓乎？然则方今之急，在于人才而已。诚能使天下之才众多，然后在位之才，可以择其人而取足焉。在位者得其才矣，然后稍视时势之可否，而因人情之患苦，变更天下之弊法，以趋先王之意，甚易也。……

先王之时，人才尝众矣；何至于今而独不足乎？故曰：“陶冶而成之者非其道故也。”……

〔**陶冶人才之道**〕……所谓陶冶而成之者何也？亦教之，养之，取之，任之，有其道而已。

〔**教之之道**〕古者天子诸侯自国至于乡党皆有学，博置教导之官，而严其选；朝廷礼乐刑政之事，皆在于学。士所观而习者，皆先王之法言德行治天下之意；其材亦可以为天下国家之用。苟不可以为天下国家之用，则不教也。苟可以为天下国家之用者，则无不在于学。此教之之道也。

〔**养之之道**〕饶之以财，约之以礼，裁之以法也。

〔**饶之以财**〕人之情，不足于财，则贪鄙苟得，无所不至。……故先王之制禄，自庶人之在官者，其禄已足以代其耕矣；由此等而上之，每有加焉，使其足以养廉耻，而离于贪鄙之行。……又推其禄，以及其子孙，谓之世禄。……

〔**约之以礼**〕人情足于财，而无礼以节之，则又放僻邪侈，无所不至。……故为之制度婚、丧、祭、养、燕享之事，服食器用之物，皆以命数为之节，而齐之以律、度、量、衡之法。……

〔**裁之以刑**〕先王于天下之士，教之以道艺矣；不帅教，则待之以屏弃远方终身不齿之法。约之以礼矣；不循礼，则待之流杀之法。《王制》曰：“变衣服者其君流。”《酒诰》曰：“厥或诰曰群饮，汝勿佚，尽执拘以归于周，予其杀。”夫群饮，变衣服，小罪；流杀，大刑也；加小罪以大刑，先王所以忍而不疑者，以为不如是，不足一天下之俗而成吾治。

〔**礼法之运用**〕夫约之以礼，裁之以法，天下所以服从无抵冒者，又非独其禁严而治察之所能致也。盖亦以吾至诚恳恻之心力行而为之倡，凡在左右通贵之人，皆顺上之欲，而服行之；有一不帅者，法之加必自此始。……则天下之不罚而止者众矣。

〔取之之道〕先王之取人也，必于乡党，必于庠序，使众人推其所谓贤能，书之以告于上；而察之诚贤能也，然后随其德之大小，才之高下，而官使之。所谓察之者，……欲审知其德问以行，欲审知其才问以言；得其言行，则试之以事；……虽尧之用舜，亦不过如此而已；又况其下乎？若夫九州之大，四海之远，万官亿丑之贱，所须士大夫之才则众矣。有天下者，……已能察其才行之大者为大官矣；因使之取其类以持久试之，而考其能者以告于上，而后以爵命禄秩序之而已。

〔任之之道〕人之才德，高、下、厚、薄不同，其所任有宜有不宜。……故知农者，以为后稷；知工者，以为共工；其德厚而才高者，以为之长；德薄而才下者以为之佐属；又……久其任而待以考绩之法；……故智能才力之士，则得尽其智以赴功，而不患其事之不终，其功之不就也。偷惰苟且之人，虽欲取容于一时，而顾僇辱在其后，安敢不勉乎？若夫无能之人，固知辞避而去矣；……尚何有谗谄争进之人乎？取之既已详，使之既已当，处之既已久，至其任之也又专焉，而不一二以法束缚之，而使之得行其意；尧舜之所以理百官而熙众工，以此而已。……其所黜者，则闻之矣，盖四凶是也。其所陟者，则皋陶、稷、契，皆终身一官而不徙，……特加之爵命禄赐而已。

〔教养取任各得其道之效〕夫教之、养之、取之、任之之道如此，而当时人君，又能与大臣悉其耳、目、心、力、至诚、恻怛、思念而行；此其人臣之所以无疑，而于天下国家之事无所欲为而不得也。

〔今之教〕方今州县虽有学，取墙壁具而已；非有教导之官，长育人才之事也。唯太学有教导之官，而亦未尝严其选。朝廷礼、乐、刑、政之事，未尝在于学；学者亦漠然，自以礼、乐、刑、政为有司之事，而非己所当知也。学者之所教，讲说章句而已，近岁乃始教之以课试之文章。夫课试之文章，非博诵强举穷日之力，则不能。及其能工也，大则不足以用天下国家，小则不足以为天下国家用。……今之教者，非特不能成人之才而已；又从而困苦毁坏之，使不得成才。……人之才，成于专而毁于杂。故先王……处士于庠序，使之专其业，而不见异物；又……一示之以先王之道，而百家诸子之异说，皆屏之而莫敢习者焉。……今悉使置之不教，而教之以课试之文章。……及其任之官也，则又悉使置之，而责之以天下国家之事。……宜其才之足以有为者少矣。……又有甚害者，先王之时，士之所学者，文武之道也。……其大者，居则六官之亲，出则为将军之将也。其次，则此闾族党之师，亦皆卒、两、师、旅之帅也。故边疆宿卫，皆得士大夫为之，而小人不得奸其任。今之学者，以为文武异事，吾知治文事而已；至于边疆宿卫之任，则推而属之于卒伍。……边疆宿卫，乃天下之重任，而人主之所当慎重者也。……今乃……推而属之奸悍无赖，才行不足自托于乡里之人，此方今所以諰諰然常抱边疆之忧，而虞宿卫之不足恃以为安也。……夫不严其教，高其选，则士之以执兵为耻，而未尝有能骑射行阵之事，固其理也。凡此，皆教之非其道也。

〔今之养〕（分三段如下）

〔不能饶之以财〕方今制禄，大抵皆薄；自非朝廷侍从之列，食口稍众，未有不兼农商之利，而能充其养者也。其下州县之吏，……以守选待除守阙通之，盖六七年而后得三年禄。计一月所得，乃实不能四五千，少者乃实不能及三四千而已。……其养生、丧死、婚姻、葬送之事，皆当于此。夫出中人之上者，虽穷而不失为君子；出中人之下者，虽泰而不失为小人；唯中人不然，穷则为小人，泰则为君子。计天下之士，……穷而为小人，泰而为君子者，……皆是也。先王……制行，……以中人为制。……以为中人之所能守，则其志可以行乎天下，而推之后世。以今之制禄，而欲士之无毁廉耻，盖中人之所不能也。故今官大者，往往交赂遗，营赀产，以负贪污之毁。官小者，贩鬻乞丐，无所不为。夫士已尝毁廉耻以负累于世矣，则其偷惰取容之意起，而矜奋自强之心息，则职业安得而不弛，治道何从而兴乎？又况委法受赂，侵牟百姓者，往往而是也。此所谓不能饶之以财也。

〔不能约之以礼〕婚丧、奉养、服食、器用之物。皆无制度以为之节，而天下以奢为荣，以俭为耻。苟其财之可以具，则无所为而不得；有司既不禁，而人又以此为荣。苟其财不足，而不能自称于流俗，则其婚丧之际，往往得罪于族人亲姻，而人以为耻矣。故富者贪而不知止，贫者则强勉其不足以追之，此士之所以重因而廉耻之心毁也。凡此所谓不能约之以礼也。

〔不能裁之以刑〕方今陛下躬行俭约以率天下，此左右通贵之臣所亲见。然而其闺门之内，奢靡无节，犯上之所恶以伤天下之教者，有已甚者矣；未闻朝廷有所放绌，以示天下。……今朝廷之法所尤重者，独贪吏耳。重禁贪吏，而轻奢靡之法，此所谓禁其末而弛其本。……(中论理财一段另条附后)……诚能理财以其道而通其变，固知增吏禄不足以伤经费也。方今法严令具，所以罗天下之士，可谓密矣。然而亦尝教之以道艺，而有不帅教之刑待之乎？亦尝约之以制度，而有不循礼之刑待之乎？亦尝任之以职事，而有不任事之刑以待之乎？……此三者，先王之法所尤急也；今皆不可以诛。而薄物细故，非害治之急者，为之法禁，月异而岁不同，为吏者至于不可胜计。又况能一二避之而无犯者乎？此法令所以玩而不行，小人有幸而免，君子有不幸而及者焉。此所谓不能裁之以刑也。

（理财增禄以泯吏贪）世之识者，以为方今官冗，而县官财用，已不足以供之，其亦蔽于理矣。……财用之不足，盖亦有说矣；吏禄岂足计哉？臣于财利，固未尝学，然窃观前世治财之大略矣。盖因天下之力，以生天下之财；取天下之财，以供天下之费。自古治世，未尝以不足为天下之公患也；患在治财无其道耳。今天下不见兵革之具，而元元安土乐业，人致己力，以生天下之财。然而公私常以困穷为患，殆以理财未得其道，而有司不能度世之宜而通其变耳。

〔今之取〕方今取士：强记博诵，而略通于文辞，谓之茂才异等，贤良方正。茂才异等，贤良方正者，公卿之选也。记不必强，诵不必博，略通于文辞，而又尝学诗赋，则谓之进士。进士之高者，亦公卿之选也。夫此二科所得之技能，不足以为公卿，不待论而后可知。而世之议者，乃以为吾常以此取天下之士，而才之可以为公卿者，常出于此；……其亦蔽于理矣。先王之时，尽所以取人之道，犹惧贤者之难进，而不肖者之杂于其间也。今悉废先王所以取士之道，而驱天下之才士，悉使为贤良进士。……不肖者，苟能雕虫篆刻之学，以此进乎公卿。才之可为公卿者，困于无补之学，而以此绌死于岩野，盖十八九矣。……今使不肖之人，幸而至乎公卿，因得推其类，聚之朝廷，此朝廷所以多不肖之人，而虽有贤智，往往困苦无助，不得行其意也。且……朝廷之不肖，又推其类以备四方之任使，又各推其不肖，以布于州郡；则虽有同罪举官之科，岂足恃哉？适足以为不肖者之资而已。其次九经、五经、学究、明法之科，朝廷固已尝患其无用于世，而稍责之以大义矣。然大义之所得，未有以贤于故也。今朝廷又开明经之选，以进经术之士。然明经之所取，亦记诵而略通于文辞者则得之矣；彼通先王之意，而可以施于天下国家之用者，顾未必得与于此选也。其次，则恩泽子弟，庠序不教之以道艺，官司不考问其才能，父兄不保任其行义，而朝廷辄予以官而任之以事。武王数纣之罪则曰："官人以世。"夫官人以世，而不计其才行，此乃纣之所以乱亡之道，而治世之所无也。又其次曰流外，朝廷固已挤之于廉耻之外，而限其进取之路矣；顾属之以州县之事，使之临士民之上；岂所谓以贤治不肖者乎？……凡在流外者，其所成立，固尝自置于廉耻之外，而无高人之意矣。夫以近世风俗之流靡，虽士大夫之才势足以进取，而朝廷尝奖以礼义者，晚节末路，往往怵而为奸。况又其素所成立，无高人意，而朝廷固已挤之于廉耻之外，限其进取者乎？其临人亲职，放僻邪侈，固其理也。至于边疆宿卫之选，则臣固已言其失矣。凡此皆取之非其道也。

〔今之任〕……至于任之，又不问其德之所宜，而问其出身之后先；不论其才之称否，而论其历任之多少。以文学进者，且使之治财。已使之治财矣，又转而使之典狱。已使之典狱矣，又转而使之治礼。是则一人之身，而责之以百官之所能备，宜其人才之难为也。夫责人以其所难为，则人之能为者少矣；人之能为者少，则相率而不为。……天下之人，亦已渐渍于失教，被服于成俗。见朝廷有所任使，非其资序，则相讥而讪之。至于任使之不当其才，未尝有非之者也。且在位者数徙，则不得久于其官；故上不能狃习而知其事，下不肯服驯而安其教；贤者则其功不可以及于成，不肖者则其罪不可以至于著；若夫迎新将故之劳，缘绝簿书之弊，固其害之小者，不足悉数。……取之既已不详，使之既已不当，处之既已不久；至于任之，则又不专，而又一一以法束缚之，不得行其意。臣故知当今在位多非其人，稍假借之权，而不一一以法束缚之，则放恣而无不为。虽然，在位非其人，而恃法以为治，自古及今，未有能治者也。即使在位得其人矣，而一一以法束缚之，不使之得行其意，亦自古及今未有能治者也。……故虽贤者在位，能者在职，与不肖而无能者，殆无以异。夫如此，故朝廷明知其贤能足以任事，苟非其资序，则不以任事而辄进之。……明知其无能而不肖，苟非有罪，为在事者所劾，不敢以其不胜任而辄退之。……臣前以谓不能任人以职事，而无不任事之刑以待之者，盖谓此也。

〔今后之隐忧〕夫教之，养之，取之，任之，有一非其道，则足以败天下之人才。又况兼此四者而有之，则在位不才苟简贪鄙之人，至于不可胜数，而草野闾巷之间，亦少可任之才；……则岂特行先王之政而不得也，社稷之托，封疆之守，陛下其能久以天幸为常，而无一旦之忧乎？盖汉之张角，三十六万人同日而起，所在郡国，莫能发其谋；唐之黄巢，横行天下，而所至将吏，无敢与之抗者；汉唐之所以亡，祸自此始。……陵夷至于五代，……变置社稷，甚于奕棋之易，而元元肝脑涂地，幸而不转死于沟壑者无几耳。夫人才不足，其患盖如此。而方今公卿大夫，莫肯为陛下长虑后顾，为宗庙万世计，臣窃惑之。昔晋武帝趣过目前，而不为子孙长远之谋，当时在位，亦皆偷合苟容；……其后海内大扰，中国列于夷狄者二百余年。

〔**陶冶人才之要道**〕臣愿陛下鉴汉唐五代之所以乱亡，惩晋武苟且因循之祸，明诏大臣，思所以陶成天下之才。虑之以谋，计之以数，为之以渐，期为合于当世之变，而无负于先王之意，则天下之人才不胜用矣。人才不胜用，则陛下何求而不得，何欲而不成哉？

〔**勉之以诚**〕然先王之为天下，不患人之不为，而患人之不能；不患人之不能，而患己之不勉。……人之情所愿得者，善名，尊爵，厚利也；而先王能操之以临天下之士。天下之士，有能遵之以治者，则悉以其所愿得者以与之。士不能，则已矣；苟能，则孰肯舍其所愿得，而不自勉以为才。……先王之法，所以待人者尽矣；自非下愚不可移之才，未有不能赴者也。然而不谋之以至诚恻怛之心，力行而先之，未有能以至诚恻怛之心力行而应之者也。……陛下诚有意乎成天下之才，则臣愿陛下勉之而已。

〔**断之以果**〕臣又观朝廷异时欲有所施为变革，其始计利害，未尝不熟也；顾有一流俗侥幸之人，不悦而非之，则遂止而不敢。夫法度立，则无独蒙其幸者；故先王之政，虽足以利天下，而当其承弊坏之后，侥幸之时，其创法立制，未尝不艰难也。以其创法立制之艰难，而侥幸之人不肯顺悦而趋之；故古之人欲有所为，未尝不先之以征诛，而后得其意。《诗》曰："是伐是肆，是绝是忽，四方以无拂。"此言文王先征诛而后得意于天下也。……及至孔子以匹夫游诸侯，所至则使其君臣捐所习，逆所顺，强所劣，憧憧如也；卒困于排逐。然孔子亦终不为之变，以为不如是不可以有为。此其所守，盖与文王同意。……今有天下之势，居先王之位，创立法制，非有征诛之难也。虽有侥幸之人不悦而非之，固不胜天下顺悦之人众也。然而一有流俗侥幸不悦之言，则遂止而不敢为者，惑也。陛下诚有意乎成天下之才，则臣又愿断之而已。

〔**余论——不徇俗议**〕夫虑之以谋，计之以数，为之以渐，而又勉之以诚，断之以果，然而犹不能成天下之才，则以臣所闻，盖未有也。然臣之所称，流俗之所不讲，而今之议者，以谓迂阔而熟烂者也。窃观近世士大夫，所欲悉心力耳目以补助朝廷者有矣，彼其意非一切利害，则以为当世所能行者。士大夫既以此希世，而朝廷所取于天下之士，亦不过如此。至于大伦大法礼义之际，先王之所力学而守者，盖不及也。一有及此，则群聚而笑之，以为迂阔。今朝廷悉心于一切之利害，有司法令于刀笔之间，非一日也；然其效可观矣。则夫所谓迂阔而熟烂者，陛下亦可以少留神而察之矣。昔唐太宗贞观之初，人人异论，如封德彝之徒，皆以为非杂用秦汉之政，不足以为天下。能思先王之事开太宗者，魏文正公一人而已。其所设施，虽未能尽当先王之意，抑其大略可谓合矣。故能以数年之间，而天下几致刑措，中国安宁，蛮夷顺服。自三王以来，未有如此盛时也。唐太宗之初，天下之俗，犹今之世也。魏文正公之言，固当时所谓迂阔而熟烂者；然其效如此。贾谊曰："今或言德教之不如法令，胡不引商周秦汉以观之。"然则唐太宗之事，亦可以观矣。臣……窃谓在位之人才不足，而无以称朝廷任使之意；而朝廷所以任使天下之士者，或非其理，而士不得尽其才。……释此不言，而毛举利害之一二，以污陛下之聪明。……伏惟陛下详思而择其中，天下幸甚！

此书要旨，在“陶冶人才徐图变法”；其悬为目的者，“先王之政”也。且明明谓“在位非其人，而恃法以为治，自古及今，未有能治者也。……”可证其政治思想，全属儒家之“人治主义”“德治主义”；本于孔子所谓“人能弘道，非道弘人”；荀子所谓“有治人，无治法”。与彼所谓“百度皆准于法”（尹文子语）、“释法术而治，尧不能正一国”（《韩非子·用人篇》）绝对崇拜法治，反对人治者，固相去甚远，不可以道里计也。

第三节　对于法治主义之辩正

安石之政治思想，与法治主义，尚不仅不相及已也；且尝以为：“治国者徒劬劬于法令诰诫，是谓失其本而求之文，不知其可。”盖本于孔子“道之以政，齐之以刑，民免而无耻；道之以德，齐之以礼，有耻且格”之义。其《原教》篇曰：

> 善教者藏其用，民化上而不知所以教之之源。不善教者反此，民知所以教之之源，而不诚化上之意。善教者之为教也：致吾义忠，而天下之君臣，义且忠矣；致吾孝慈，而天下之父子，孝且慈矣；致吾恩于兄弟，而天下之兄弟，相为恩矣；致吾礼于夫妇，而天下之夫妇，相为礼矣。天下君君，臣臣，父父，子子，兄兄，弟弟，夫夫，妇妇，皆吾教也。民则曰：“我何赖于彼哉？”此谓化上而不知所以教之之源也。不善教者之为教也：不此之务，而暴为之制，烦为之防；劬劬于法令诰诫之间，藏于府，宪于市，属民于鄙野；必曰“臣而臣，君而君，子而子，父而父，兄弟者无失其为兄弟也，夫妇者无失其为夫妇也”；率是也有赏，不然则罪；乡闾之师，族党之长，疏者时读，密者日告，若是其悉矣。顾有不服教而附于刑者，于是嘉石以惭之，圜土以苦之，甚者弃之于市朝，放之于裔末，卒不可以

已也。此谓民知所以教之之源而不诚化上之意也。善教者浃于民心，而耳目无闻焉，以道扰民者也。不善教者施于民之耳目，而求浃于心，以道强民者也。扰之为言，犹山薮之扰毛羽，川泽之扰鳞介也。岂有制哉？自然然耳。强之为言，其犹囿毛羽沼鳞介乎？一失其制，脱然逝矣。噫！古之所以为古，无异焉，由前而已矣！今之所以不为古，无异焉，由后而已矣。或曰："法令诰诫，不足以为教乎？"曰："法令诰诫，文也；吾云尔者，本也。失其本而求之文，吾不知其可也。"

此篇所谓"教"，非"教育"之谓，乃"政教"之谓。易辞言之，即"治国"或"施政"之谓也。故以劬劬于法令诰诫为不善为教，即谓劬劬于法令诰诫者为不善治国，为不善施政也。

第四节　置安石于法家者流之谬误

后之史论家最贬抑安石者，莫如清初王夫之。其言曰："王安石之允为小人，无可辞也。"试读安石《上仁宗皇帝言事书》，但觉其深思远虑，推尊先王耳；何缘而为小人，且至于无可辞。王夫之则曰：

立圣人之言于此以求似，无不可似也。……为申韩管商之言者曰："足兵食，正刑赏。"二者亦圣人之用也。匿其所师之邪慝，而附以君子之治教，奚辩哉？揣时君之所志，希当世之所求，以猎取彝训，而迹亦可以相冒。当其崇异端尚权术也，则弁髦圣人以恣其云为；及乎君子在廷，法言群进，则亦据拾尧舜周公之影似，招摇以自诡于正。夫帝王经世之典，与贪功谋利之邪说，相辨者在几微；则苟色庄以出之，而不易其怀来之所挟，言无大异于圣人之言，而君子亦为之动。

循夫之之说，则安石者，信乎其为崇尚异端权术，师承管商申韩者矣。顾夫之之论，殊未免过当。如谓其“揣时君”“希当世”，以言神宗与安石之遇合可也；何以仁宗之时，其君初未尝有汲汲图治之意，其世亦未尝有何种需求，而安石便已上书言事，竭其居安思危之忠，而又骤未能有补于国；则安石揣摩之术，不已拙乎？故遍考安石之言论文章，其叛于儒术而近于法家者盖寡。不过柄政以后，骤感物议之阻挠，一任其强毅之天性，强施法令以济其穷，遂与法家之尊重法令，殊涂同归，而迷其本来面目。又其理财一端，因鉴于当时社会情形，出其精深之见解，亦与法家者流不谋而合耳。必谓其允为小人无可辞，抑亦过矣！

第五节　反对法治主义之余论

试更举安石之言论，证明其渊源于儒家，且反对法治。其《上张太傅书》有云：

> 某愚不识事务之变，而独古人是信。闻古有尧舜也者，其道大中至正常行之道也。得其书，闭门而读，不知忧乐之存乎己也。穿贯上下，浸淫其中，小之为无间，大之为无崖岸，要将一穷之而已矣。

又熙宁五年，神宗以举官多苟且不用心，宜严立法制。安石则曰：

> ……刑名法制，非治之本，是为吏事，非王道也。今于群臣邪正情伪勤怠，未明示好恶，使知所劝惧，而每事专仰法制，固有所不及也。

又安石《通州海门兴利记》有云：

> ……既叹其吏之能，民又思其君之所以待吏，则欲善之心，出

于至诚而已；盖不独法度有以敺之也。以赏罚用天下，而先王之俗废。……

此文末记至和元年六月日，时安石除集贤校理不赴，方归临川也。

观上述各节，则安石之拳拳服膺于王道，而反对以刑法为政，为何如耶？朱熹于此点亦有说曰：

或谓安石之学，独有得于刑名度数，而道德性命，则为有所不足。是不知于此既有不足，则于彼也亦将何自而得其正耶？……若其实有得于刑名度数也，则其所以……施于政者，岂至于乖事理拂民情；而于当世礼乐文章教化之本，或有失于其道理者，乃不能一有所正乎？……

朱熹对于安石颇多过论，独议其无所得于刑名度数之学，良为知言。顾又谓"于此既有不足"，则亦不许其列于儒家，则又门户之见为之限也。

第六节　安石之言论与行事

抑安石之见讥于后世，后世之强纳安石于法家，更有甚苛刻之说焉。清《四库全书》著录安石之《周官新义》，其提要有云：

……安石以《周礼》乱宋，学者类能言之。然《周礼》之不可行于后世，微特人人知之，安石亦未尝不知也。安石之意，本以宋当积弱之后，而欲济之以富强，又惧富强之说，必为儒者所排击，于是附会经义，以钳儒者之口，实非真信《周礼》为可行。迨其后用之不得其人，行之不得其道，百弊丛生，而宋以大坏。……

是说也，其归结为判定安石在政治上有怙权植党之罪，亦即确定其为法家者流。司马光与安石书中有云："何介甫总角读书，白首从政，乃尽弃其所学而从今世浅丈夫之谋乎？”朱熹亦尝谓：“安石之言，与其生平行事心术，略无毫发肖。”是诚一大疑点。意者安石执政以后，为欲速达其目的起见，遂不能无迷其本真之处乎？

第五章　政治思想之转移

第一节　对于唯法主义之倾向

安石改革政治，以“大明法度众建贤才”为前提，且有“每事专信法制固有所不及”之语，在中国政治学派上，可确定其为儒家，已详前章。然观其施于政事者，虽未必如司马光所谓“尽弃其所学”，朱子所谓“略无毫发肖”，诚亦有所转移。试先下一概括语：迷信《周礼》，推尊先王，而为环境所驱迫，因习惯之转移，致倾向于法家之唯法主义；其理财政策，则因社会之需要，亦同化于法家。

按安石《周礼义序》曰：“惟道之在政事，其贵贱有位，其后先有序，其多寡有数，其迟数有时。制而用之存乎法，推而行之存乎人。其人足以任官，其官足以行法，莫盛乎成周之时。其法可施于后世，其文有见于载籍，莫具乎《周官》之书。”此其迷信《周礼》之铁证也。

法家《管子》之言曰：

> 国之重器，莫重于令。亏令者死，益令者死，不行令者死，留令者死，不从令者死。

又《韩非子》之言曰：

> 明主之治国也，使民以法禁。
>
> 治民无常，唯法为治。

安石亦有言曰：

> 自古作事，未有不以势率众，而能令上下如一者。
>
> 如止欲任民情所愿而已，则何必立君？

此皆大类唯法主义之言。故其《陈时政疏》内有云："夫天下，至大之器也，非大明法度，不足以维持。"然又作一转语曰：

> 非众建贤才，不足以保守。苟无至诚恻怛忧天下之心，则不能询考贤才，讲求法度。

故安石之政治思想，虽稍具唯法之倾向，而终为儒家人治主义所囿焉。

虽然，唯法主义之流弊，则安石固尝蹈之而不知悟也。何以明之？商鞅之施行新法于秦也，禁民不许议法。故《荀子》评之曰："法而不议，则法之所不至必废。"是"法而不议"者，乃法家之所以为严酷也。安石在相位时，尝置京城逻卒，察谤时政者。此与商鞅诽谤之禁何以异？司马光与安石书，责其侵官。安石答谓："受命于人主，议法度而修之于朝廷，以授之于有司，不为侵官。"安石推尊儒术，固尝口孔孟之言；岂不思孔子有云："民之所好好之，民之所恶恶之。"孟子亦有云："徒法不能以自行。"夫同俗媚众，固非大有为者所屑道；今于平昔游处相好之友朋，乃亦不惜深闭固拒而一意孤行；则又何论于民之好恶耶？此其所以启后世之诟病，而不能无唯法主义之倾向也欤！

第二节　倾向唯法主义之由来

中国自秦汉以后，国家虽施行尊儒政策，而当因革否泰之会，为政者往往杂施法家之手段。盖缘秦人既用之以成一统之业，人民经一度之约束，殆已相习为风。汉代萧何、曹参、张汤、贾谊、晁错之徒，其所措施与议论，皆挹取法家之余波。魏晋隋唐各朝，皆于政治状况中保存法家精神之一部分，凡有以苛酷著名，如《酷吏传》中诸人则其特出之雄也。

安石执政以后，稍稍流于严酷，盖亦感受此种余风。换言之，即系为环境所驱迫，因习惯而转移。必谓其政治思想胎息于管商申韩，而诬其推尊先王之说，为希世揣时之奸，非笃论也。

第三节 理财政策与法家之关系

安石执政以后，凡所措施，属于财政方面者居多。其制法之根据，多独创之见解。法家者流有所谓“我能为君辟土地充府库”云者，安石殊能挹其绪余而实行之。然安石于嘉祐间，尝议榷茶法，亦颇以聚敛之臣尽财利于毫末之间为非计。略云：

> 国家罢榷茶之法，而使民得自贩，于今实为便，于古义实为宜。而有非之者，盖聚敛之臣，将尽财利于毫末之间，而不知与之为取之道也。……昔桑弘羊兴榷酤之议，当时以为财用待此而给，万世不可易者；然至霍光不学无术之人，遂能屈其论而罢其法，盖义之胜利久矣！今朝廷……为法度，乃欲出于霍光之所羞为者则可乎？以今之势，虽未能尽罢榷货，而能缓其一，亦所以示上之人恤民之深，而兴治之渐也。……扬雄曰：“为人父而榷其子，纵利，如子何？”以雄之聪明，其讲天下之利害宜可信。然则今虽国用甚不足，亦不可以复易已行之法矣。是以国家之势，苟修其法度，以使本盛而末衰，则天下之财不胜用，庸讵而必区区于此哉。

又有《答马运判书》云：

> 尝以为方今之所以穷空，不独费出之无节，又失所以生财之道故也。富其家者资之国，富其国者资之天下，欲富天下，则资之天地。今为家者，……阖门而与其子市，而门之外莫入焉；虽尽得其子之财，犹不富也。盖近世之言利虽善矣，皆有国者资天下之术耳！直相市于门之内而已！此其所以困欤！

观其援扬雄之言，以相市于门内尽得其子之财为喻，盖其理财也，不主张厉民以富国，而主张惠民以足国。今日欧美之财政学家，往往以“社会最大效益”为理财之先决问题，殆亦同符合契矣。

安石作相时，汲汲理财，固具有法家所谓“为君辟土地充府库”之精神。然其对于财务行政，则仍不能逾越儒家之人治主义。其《度支副使厅壁题名记》曰：

> 合天下之众者财，理天下之财者法，守天下之法者吏也。吏不良，则有法而莫守；法不善，则有财而莫理；有财而莫理，则阡陌闾巷之贱人，皆能私取予之势，擅万物之利，以与人主争。……而天子犹为不失其民者，盖特号而已耳。……然则善吾法而择吏以守之，以理天下之财，虽上古尧舜，犹不能毋以此为先急而况于后世之纷纷乎？……

此段议论，要在“择吏守法以理财”；苟其法虽善而吏不能守，则财亦莫由得而理。是又未尝不合于儒家“徒法不能以自行”之说也。

第四节　安石与商鞅

安石尝有《咏商鞅》诗云：

> 自古驱民在信诚，一言为重百金轻。今人未可非商鞅，商鞅能令政必行。

玩此诗语意，当系罢相后，憾己执政时，未能令政必行；故以商鞅为未可非。然商鞅治秦，特以无情的法度，为严厉之约束耳；何尝以诚心结信于民？故安石之视商鞅，尚杂成见。即前所谓“苟无至诚恻怛忧天下之心，则不能询考贤才讲求法度”是也。然则其政治思想虽略有法家之倾向，而终囿于儒家，此又可证。

第六章 整理财政之初步

第一节 整理财政之根本观念

安石变法之前提为“富国”，其对于政治之设施，大半属于“理财”；故当执政之初，即请设“制置三司条例司”，掌经画邦计，以通天下之利。其建议之说曰：

> 周置泉府之官，以权制兼并，均济贫乏，变通天下之财。后世惟桑弘羊、刘晏粗合此意。学者不能推明先王法意，更以为人主不当与民争利。今欲理财，则当修泉府之法，以收利权。

安石之意，盖谓为国家整理财政，不仅对于有司之簿书钱谷已也；对于社会上之贫富阶级，亦当以国家权力，剂之使平。故尝咏《兼并》诗曰：

> 三代子百姓，公私无异财；人主擅操柄，如天持斗魁；赋予皆自我，兼并乃奸回；奸回法有诛，势亦无自来。后世始倒持，黔首遂难裁；秦王不知此，更筑怀清台；礼义日已偷，圣经久堙埃；法尚有存者，欲言时所咍。俗吏不知方，掊克乃为材；俗儒不知变，兼并可无摧。利孔至百出，小人私阖开;有司与之争，民更可怜哉！

夫欲以调剂社会经济之权柄，归于国家，以打破人民私有财产制度，此安石从事理财之根本观念也。在当时虽系以回复三代旧观为说；然于私有财产制度既已盛行，国家对于社会经济既无权调剂之后，则复古云者，即不啻革新之谓耳。故必专设机关，详为规画；是则制置三司条例司之所由产生也。

安石整理财政之根本观念，略如上述。今若旁稽近代之新经济思潮，殊有若合符节之处。今之社会主义者，欲以一切资产之所有权，归于国家，不许人民占为私有。即安石所谓“公私无异财”也。此种学说，现方风靡一世；凡资本主义发达之国家，莫不畏之如洪水猛兽。在今日之中国，尤不能适用；政府亦厉行禁止。而安石则已于千载以前发其义而施诸政矣；其思想之精透，良可惊异！

第二节　制置条例司之始末

“制置三司条例司”简称“条例司”，或曰“制置条例司”，以熙宁二年二月置。其诏书曰：

> 朕以为欲致天下于治者，必先富之，而后可为也。今县官之费不给，而民财大屈，故特诏辅臣，置司于内，以革其弊。夫事颛于所习，则能明得失之原。今将权天下之财，而资于有司。有司能习知其事，则其所得必精，其所言必通，物聚而求足，是洵富吾民之术也。若夫苛刻之论，朘削其下，而敛怨于上者，朕所不取。宜令三司判官诸路监司及内外官，受诏后两月，各具财用之利害以闻！

此诏盖当“条例司”初成立，征取内外臣僚对于理财意见者。而不取苛刻之论，以示限制。陈升之与安石同领其事，苏辙、程颢、吕惠卿等，亦皆为属官。其职务官衔，史不具载；故其详细组织，今无从考定。

从来论安石者，莫不咎其汲汲理财。其实亦缘神宗急于求治，迫之使然。按李焘《续通鉴长编》，载熙宁二年三月戊子两府同奏事。神宗问安石，制置条例如何？安石对曰：“已检讨文字，略无伦绪，亦有待人而后可举者。然今欲理财，则须使能。天下但见朝廷以使能为先，而不以任贤为急。但见朝廷以理财为务，而于礼义教化之际，有所未及。恐风俗颓坏，不胜其敝。陛下当深念国体有先后缓急。”神宗颔之。据此则安石初欲置理财于缓图，而先以正风俗为务也。外廷诸臣不知，遂交章责安石躁扰，而神宗迄不纳者，非庇安石也，恨其毁沮朝廷求治之殷耳。

陈升之初与安石同领条例司事，既而请罢之。安石执不可，曰："古之六卿，今之执政，有司马、司徒、司寇、司空，各名一职，何害于理？"升之曰："若制置百司条例则可；但令制置三司一官，则不可。"安石曰："今中书支百钱以上物，及转补三司吏人，皆奏得旨乃行；至于制置三司条例，何为不可？"安石遂请以韩绛代陈升之。至熙宁三年，韩琦言："条例司虽大臣所领，然止是定夺之所；今不关中书，而径自行下，则是中书之外又一中书也。"是年五月，遂罢归中书；以"常平"（即青苗）"免役""农田水利"新法归司农。计制置条例司自成立至撤废，仅一年零三个月云。

安石原欲大施其精深之社会经济思想，为国家理财，通天下之利，故建议专置一司，以制置关于理财之一切条例。凡"青苗""募役""均输""市易"等法，均于是焉倡之。（三司者，宋初掌管财政之机关；说详后节。）彼陈升之、韩琦等，初未尝有"通天下之利"之思想，但以财政为国家行政之一事而已。故陈升之有"但令制置百司条例则可"之说；韩琦亦有"中书之外又一中书"之说；而制置条例司遂终不能保存矣。惜乎其详细组织，史不具书，今无从究其得失也。

第三节　掌管财政机关之原状

于此有当兼及者，宋初掌管财政之机关曰"三司"，故安石为欲整理财政，特建议设立"制置三司条例司"。以今语释其义，即"修订财政法令之机关"也。其"三司"之组织，史具其详。爰兼录于此，以备参考。

"三司"之职，宋初沿五代之"制置使"，以总国计，应四方贡赋之入，朝廷不预，一归三司；通管"盐铁""度支""户部"，号曰"计省"；位亚执政，目为"计相"；其恩数廪禄，与参枢同。此三司之权限地位，特隆于他部；良以财政重于其他政务也。

"三司"分下列三部：

（一）"盐铁"　掌天下山泽之货，关市河渠军器之事，以资邦国之用度。

（二）"度支"　掌天下财赋之数，每岁均其有无，制其出入，以计邦国之用。

（三）"户部"　掌管天下户口税赋之籍，榷酒工作衣储之事，以供邦国之用。

各部又各分案：

（一）"盐铁"　分掌七案：

（1）兵案，（2）胄案，（3）商税案，（4）都盐案，（5）茶案，（6）铁案，（7）设案。

（二）"度支"　分掌八案：

（1）赏给案，（2）钱帛案，（3）粮料案，（4）常平案，（5）发运案，（6）骑案，（7）斛斗案，（8）百官案。

（三）"户部"　分掌五案：

（1）户税案，（2）上供案，（3）修造案，（4）曲案，（5）衣粮案。此"三司"之详细组织；其职务析为二十案，分隶于三部，犹今之财政部各司，司以下又分各科也。其官属名目，屡有变更，文繁不具录。

依上述观之，宋初掌管财政之三司，本赋有特别隆重之权限与地位。安石既欲从事于整理财政，苟不特设机关，专以修订关于财政之一切法令，而徒循旧制，秉于中书，安能一事权而策功效耶？故"制置三司条例司"有设立之必要，观于此而益信矣。"条例司"既旋罢，其后元丰新官制行，以天下财计归于"户部"（六部之一，非三司内之户部），"三司"所掌职务，散于诸寺监，"三司"之名遂泯云。

第四节　制置条例司之成绩

“制置条例司”之成立，虽仅一年有三月而遽罢；而其整理财政积弊之成绩，尚有可得而言者。

神宗即位之初，尝命司马光等置局看详，裁减国用制度。后数日，司马光谓：“必须陛下与两府大臣及三司官吏，深思救敝之术，磨以岁月，庶几有效；非一朝一夕所能裁减。”盖知难而退也。

“制置条例司”既设，神宗即命考三司簿籍，商量经久废置之宜。凡一岁用度，皆编著定式。内廷土木工作，多所罢省。计裁省冗费十之四。此则司马光所不能者，而安石能之，不可谓非“制置条例司”之成绩也。

且宋初财政之积弊，如后来元祐间苏辙所言者，实至堪骇怪。苏辙《栾城集》有《论户部乞收诸路帐状》，元祐元年七月上。其略云：

> ……窃闻熙宁以前，天下财赋文帐，皆以时上于三司。至熙宁五年，朝廷患其繁冗，始命曾布删定法式。布因上言：“三部胥吏所行职事非一，不得专意点磨文帐，近岁因循不复省阅，乞于三司选吏二百人，颛置一司，委以驱磨。”是时朝廷因布言，于三司取天下所上帐籍视之，至有到省三二十年不发其封者。盖州郡所发文帐，随帐皆有贿赂，各有常数，常数已足者，皆不发封；一有不足，即百端问难，要足而后已。朝廷以布言为信，帐司之兴，盖始于此。设张官吏，费用钱物，至元丰三年，首尾七八年间，帐司所管吏仅六百人，用钱三十九万贯；而所磨出失陷钱，止一万余贯，朝廷知其无益，遂罢帐司。……

观此状所述，州郡发文帐，皆随以贿赂云云，则其时财务行政之上下相蒙，营私舞弊，腐败之程度，可谓极矣。惜乎“制置三司条例司”之未能竟其功也！

第七章　社会政策——青苗法

第一节　青苗法之由来

安石之青苗法，人但知其为放债征利，漫为诟病，其实乃常平仓法之变相者耳；故当时官文书皆称常平新法。盖宋初各州县原有常平广惠仓，安石因其旧规，斟酌改革。欲知青苗法之源流，不可不明宋初建置仓储之沿革。后世言青苗法者，往往迷其所自，故特详焉。据史载历朝建置如下：

（一）宋太祖乾德元年，诏以多事之后，义仓浸废，令诸州于所属县各置义仓。自令官收二税，石别税一斗贮之，备凶歉给与民。

（二）太宗端拱二年，置折中仓，许商人输粟，优其价，令执券抵江淮，给其茶盐。

（三）淳化三年，分遣使臣于京城四门置场，增价以籴，令有司虚近仓以贮之，俟岁饥即减价粜与贫民。

（四）淳化五年，令诸州置惠民仓，如谷稍贵，即减价粜与贫民，不过一斛。

（五）真宗景德三年，诏于京东、京西、河北、河东、陕西、淮南、江南、两浙各置常平仓。（惟沿边州郡则不置）以逐州户口多少，量留上供钱一二万贯，小州或二三千贯。各州委幕职一员，专掌其事。每岁夏秋加钱收籴，遇贵减价出粜。凡收籴比市价量增三五文，出粜减价亦如之，所减不得过本钱。大率万户岁粜万石止于五万石。或三年以上不充粜，即回充粮廪，别以新粟充数。

（六）天禧四年，诏荆湖、川陕、广南并置常平仓。

（七）仁宗朝，发内藏库金帛以助粜者，前后不可胜数。

（八）英宗治平三年，常平入五十万一千四十八石，出四十七万一千一百五十七石。

观上述沿革，可知宋代仓储之法，肇始于太祖，而大备于真宗，至英宗治平三年而有籴粜石数之统计。安石相神宗，励精图治，是时常平仓法日久玩生，因循隳坏，特加修改，冀以助民。以钱代谷，钱曰青苗，遂相沿曰青苗法云。初陕西转运使李参，以部内多戍兵，而粮储不足。令民自隐度麦粟之赢，先贷以钱，使谷熟还官，号“青苗钱”。经数年，廪有余粮。青苗之名，实沿于此。

是时常平仓法隳坏之情形，有如司马光所言：

> 常平之法，……向者有因州县阙常平籴本钱，虽遇丰岁，无钱收籴。又有官吏怠慢，厌籴粜之烦，虽遇丰岁，不肯收籴。又有官吏不能察知在市斛斗实价，只信凭行人与蓄积之家通同作弊；当收成之时，农人要钱急粜之时，故意小估价例，令官中收籴不得，尽入蓄积之家；直至过时，蓄积之家，仓廪盈满，方始顿添价中粜入官。是以农夫粜谷，止得贱价；官中籴谷，常用贵价；厚利皆归蓄积之家。又有官吏虽欲趁时收籴，而县申州，州申提点刑狱，提点刑狱申司农寺，取候指挥，比至回报，动涉累月，已至失时，谷价倍贵。是致州县常平仓斛斗，有经隔多年，在市例价，终不及元籴之价，出粜不行，堆积腐烂者。此乃法因人坏，非法之不善也。

司马氏此项札子，系进于元祐之初，其所述腐败情形，皆指治平以前而言。后朱熹亦谓：

> 常平义仓，为法太密；使吏之避事畏法者，视民之殍而不肯发，往往令其封钥，递加传授，或至累数十年不一訾省。一旦甚不获已，然后发之，则已化为浮埃聚壤而不可食矣！

司马光谓为法因人坏，故主张因旧法以整顿之。安石则主张彻底改革，故除旧法而布新令。其青苗之名词，并非安石创设。先是，陕西籴谷，已尝有以钱代谷之例，即名曰青苗钱，至天圣中，始罢不复给。安石任鄞县令时，尝行此法而有利，故执政后，即推行于天下也。

第二节　由常平法至青苗法

青苗法即系常平广惠仓法之变相，已如上述。夫宋初之常平法已行之百余年，曷为而必修改乎？据《宋史》载：

> 神宗熙宁二年九月，制置三司条例司请以常平广惠仓见在斗斛，遇贵量减市价粜，遇贱量增市价籴。可通融转运司苗税及钱斛，就便转易者，亦许兑换，仍以见钱，依陕西青苗钱例，愿豫借者给之。随税输纳斗斛，半为夏料，半为秋料。内有请本色，或纳时价贵愿纳钱者，皆从其便。如遇灾伤，许展至次料丰熟日纳。非惟足以待凶荒之患，民既受贷，则兼并之家，不得乘新陈不接以邀倍息。又常平广惠之物，收藏积滞，必待年俭物贵，然后出粜；所及者不过城市游手之人。今通一路有无，贵发贱敛，以广蓄积，使农人有以赴时趋事，而兼并不得乘其急。凡此皆以为民，而公家无取利其入；是亦先王散惠兴利以为耕敛补助之意也。……仍先自河北、京东、淮南三路施行，俟有绪，推之诸路。……诏可。

安石有《答曾公立书》，论青苗事略云：

> 示及青苗事。治道之兴，邪人不利，一兴异论，群聋和之，意不在于法也。孟子所言利者，谓利吾国，非利吾身耳；至狗彘食人食则检之，野有饿莩则发之，是所谓政事；政事所以理财，理财乃所谓义也。一部《周礼》，理财居其半；周公岂为利哉？……二分不及一分，一分不及不利而贷之，贷之不若与之。然不与之，而必至于二分者，何也？为其来日之不可继也。不可继，则是惠而不知

为政，非惠而不费之道也；故必贷。然而有官吏之俸，辇运之费，水旱之逋，鼠雀之耗；而必欲广之，以待其饥不足，而直与之也；则无二分之息可乎？则二分者，亦常平之中正也；岂可易哉？

观上述二段，可略知改革之旨趣。盖旧有常平法，虽大备于真宗朝，然救荒之政，本以博施济众为原则；博施济众，尧舜犹病，故持续既久，年有蚀耗，未有不渐形支绌者。故仁宗朝，尝数出内帑以为接济。司马光尝谓：比来所以隳废者，由官吏不得其人。可见此项仓法，陵夷至于神宗之世，实有革新之必要。安石既执政，悬理财之前提，为仓法策久远，于是有青苗钱之变相。其改善之点，计如下列：

（一）民既受贷，则兼并之家，不得邀其倍息。

（二）使农人得以赴时趋事，则兼并之家，不得乘其急。

（三）按年贵发贱敛，以广蓄积，庶不虞来日之不继；仍以待年岁之饥，而散之于民。

安石尝语神宗云："修常平法，所以助民。"故原其初意，殊未可厚非。盖旧法必待凶年物贵，而后乃发谷平粜；是国家对于人民，待其饥然后济其食；此消极的救济政策，所谓煦煦为仁也。今以仓谷之出纳，酌量代以现钱，按年推致，费其周转，每届青黄不接之时，招民领钱，俟收成后，依价纳谷。其愿纳现钱者，酌加利息，以济官需。于仓储既无虞蚀耗，于人民可通其缓急。以云上裨国计，下益民生，其谁曰不宜。然而颁行之始，即遭物议，持之数年，迄无大效，何也？请俟详述于后。

第三节　青苗法之内容及其修正

《宋史》所载青苗法之内容，不逮《韩魏公家传》所载之详。兹分条列举于后：

（一）常平广惠仓现钱，许依陕西出俵青苗钱例，每于夏秋未熟以前，约逐处收成时酌中物价，立定预支每斗例价，出晓示召人请领。

（二）凡人情愿请领者，十户为一保，即不拘户等高下。

（三）凡人不愿请领者，不得抑配。

（四）若客户愿请，即与主户合保。

（五）若约度物数，支与乡村人户有剩，亦即许准上法支俵与坊郭，以物力抵当。

（六）如纳时斗斛价贵，愿纳现钱者，亦听；仍相度量减时价送纳。

（七）夏料于正月三十日以前支俵，秋料于五月三十日以前支俵。

以上系朝廷敕文原订之办法。

（八）支俵青苗价钱，每十户以上结成一保，须第三等有力以上人物充甲头。

（九）第五等并客户，每户不得过一贯五百文；第四等每户不得过三贯文；第三等每户不得过六贯文；第二等每户不得过十贯文；第一等每户不得过十五贯文。

（十）如所支钱外，更有剩数，第三等以上人户，委本县量度物力，于所定钱数外，更添数支给。

（十一）若更有剩钱，如坊郭人户，实有自己物业可以充抵当，愿借请官钱者，仍五家以上结为一保，依乡村青苗例支借，不得过抵当物业所值钱价之半。

（十二）其逐县不得避免逐时出纳，致令诸色人等扇摇人户，却称不愿请领。

（十三）仰逐县官吏用心晓告人户，如不愿请领，即具结状递司，以凭选差清强官往彼晓谕。如人户却愿请领，其本县干系人必定别作行遣。如事理稍重，必具事由申奏。

（十四）夏秋收成，合纳所请过价钱斛斗。如物价稍贵，愿纳现钱者，当议于市价上量减钱数，仍比附原请价钱，十分不得过三分。假令一户请过钱一贯文，如送纳现钱，即不得过一贯三百文。

以上系转运常平广惠仓司补叙之办法。

其主办俵散青苗钱之官员，则以熙宁二年九月，于诸路各置提举官一员，以朝官为之；管勾一员，以京官为之；或共置二员；开封府界一员；凡四十一人。至熙宁七年，神宗虑俵散青苗钱官吏多违法，安石请于俵散稍多县分，专置一主簿，各路约共置五百员。神宗从之。

施行以后，其办法仍随时变更。列举于下：

（一）熙宁三年，下诏禁止抑配，其敢沮遏愿请者亦按罚。

（二）七年，神宗谕辅臣："天下常平仓，以一半散青苗钱取息，一半备年荒减价平粜，使二者如权衡之相依。"遂诏各路州县，据已支现在钱谷，常留一半外，方得给散。

（三）九年，神宗以青苗钱散在民间者，因连岁灾伤，倚阁殆半，督索艰难；既亏失官物，且百姓被鞭挞必众。特诏司农寺，自今两经倚阁青苗钱人户，更不得支借。

按安石以是年十月罢相，青苗法循旧施行。至元丰八年，神宗崩，哲宗立，高太后临朝，司马光为相，青苗法遂罢，仍复常平旧制。

第四节　青苗法之争议

安石所倡行诸新法，当时无不异议蜂起，而以青苗法为尤甚。如韩琦、范镇、欧阳修、司马光、苏轼、苏辙、刘攽等，皆尝表示其反对之意见。大抵见其施行后流弊丛生，因而诘责之者居多；从根本上剖晰其利害者较少。故安石终排众议而力行之。惟拟行新法之初，苏辙适任条例司检详文字，曾有说云：

> 以钱贷民，使出息二分，本非为利；然出纳之际，吏缘为奸，法不能禁；钱入民手，虽良民不免非礼费用；及其纳钱，虽富民不免违限；如此，则鞭笞必用，州县事多矣。唐刘晏掌国计，未尝有所

1
———
2

1.
王祯《农书》中记载的北宋秧马。

2.
宋代《耕织图》。原图失传，此为清代修订本。

借贷；有尤之者，晏曰："使民侥幸得钱，非国之福；吏倚法督责，非民之便。"……

苏辙此说，安石为之且止。其后韩、范、欧阳、司马等纷纷上疏抗争，而安石则不为少却也。观熙宁三年韩琦与制置三司条例司往复辩驳之文，可略见当时争议之概要。兹具录于次：

韩琦第一次疏云：

……臣窃以国之颁号令，立法制，必信其言而使民受实惠，则四方观听，孰不欣服。伏详原降敕语，务在优民，不使兼并之家乘其急以邀倍息，皆以为民，而公家无所利其入；谓合先王散惠兴利抑民豪夺之意也。今乃乡村自第一等而下，皆立借钱贯百，其第三等以上人户，更许添数支给，坊郭人户，有自己物业可充抵当愿借请官钱者，依青苗例支借，不得过抵当物业价值之半；乡村上三等并坊郭有物业人户，乃从来兼并之家也，今皆得多借钱，每借一贯，令纳一贯三百文，则是官放息钱也。与原敕抑兼并济困乏之意，绝相违戾，欲民信服，不可得也。又乡村每保须要第三等以上有力人充甲头，虽云不得抑勒，而上等之户既有物力，必不愿请，官吏既防保内近下贫户不能送纳，岂免差充甲头，以备代赔；复峻责逐县，如人户不愿请领，即令具结申报；若选官晓谕之时，岂无贫下浮浪愿请之人，苟免捃拾，则其势须行散配。且贫下人户，见官中散钱，虽不愿请；然本户夏秋各有赋税，又有豫买及转运司和买两色紬绢，积年倚阁借贷钱粮麦种钱之类，名目甚多；今添纳此一种出利苗钱，愚民一时借请则甚易，至纳时则甚难也。故自敕下以来，一路州县，上下惶惑。皆谓若不抑散，上户不愿请领，只据近下等第与无业客户愿请者支俵，则实难催纳，将来必有行刑督索及勒干系书手典押耆户长同保人等均赔之患。大凡兼并所放息钱，虽取利稍厚，缘有逋欠，官中不许受理，往往旧债未偿其半，早已续得贷钱；兼并者既有资本，故能使相因岁月，渐而取之。今官贷青苗，则不然。须是夏秋随税送纳，如人户灾伤及五分以上，方许次料催还，若连两料灾伤，则必官无本钱接续支俵，而官本因而浸有失陷也，其害明白如此。更有缘此烦费虚扰之事，不敢具述。去岁河朔丰熟，常平仓所籴白米，每斗不过七十五文至八十五文，年来少有似此价贱之时。若乘时收敛，遇价贵出粜，不惟合于古制而无失陷之弊，兼民实被惠，亦足收其羡赢。今诸仓方有籴入，而提举司亟令住止；盖尽要散充青苗钱，指望三分之利，而遂收为己功，县邑小官，敢不奉行，岂暇更恤贻民久远之患哉？诸路所行事体，料必大率如此。朝廷若谓陕西尝放青苗钱，官有所得，而民以为便。此乃转运司因军储有阙，遇自冬涉春，雨雪及时，麦苗滋盛，决见成熟，行于一时可也。今乃差官置司，为每岁春夏常行之法，而取利三分；又岂陕西权宜之比也？兼原敕明言："且于京东、淮南、河北三路先行此法，俟成次第，即令诸路依此施行。"今此三路自睹新制，州县方忧不能奉行，而遽于诸路遍差提举官员，以至西川广南亦皆置使。伏惟陛下……若但躬行节俭以先天下，常节浮费，渐汰冗食，自然国用不乏。何必使兴利之臣，纷纷四出，以致远近之疑哉？臣职当安抚，日闻一路官吏所论，皆云散青苗钱不便；转运司明知侵挠利权，不可经久，尚皆不敢陈说；而小臣畏罪，孰敢言者？臣若顾避形迹，从而默默，大惧有误陛下委寄之重。欲望圣慈矜臣愚直，更赐博访。若臣言不妄，即乞尽罢诸路提举之官，只委逐路提点刑狱臣僚，依常平旧法施行，以安众心。天下幸甚？

韩琦此疏，系要求恢复常平旧法。其攻讦青苗法，计分下列各要点：

（一）支俵青苗钱，而令缴纳现钱，取息三分，直是官放息钱，并非公家无所利其入。

（二）坊郭有物力及三等以上人户，仍许借贷，殊非抵抑兼并之意。

（三）理财重在节流，若能常节浮费，自然国用不乏，何必大举兴利？

制置三司条例司对于韩琦之疏，析为五项，逐项辩正。疏上，颁行天下。据史称悉安石意也。兹分项节录于下：

（一）对于官放息钱之辩正　言者以为原降敕命云："公家无所利其入。"今河北提举官乃令取息三分，是与原敕绝相违戾，失信于百姓。本司按:《周礼》泉府之官，民之贷者有至二十，而曰国事之财用取具焉。今常平新法，预俵青苗价钱，但约熟时酌中物价。若熟时物贵，即许量减市价纳钱，即是未定合纳实数。故河北提举官则约束州县，若情愿纳钱，不得过三分。于京西、陕西等路提举官，则大抵约束不得过二分而已。此盖为量减时价指挥，未有约定实数，恐遇纳时斛斗价例倍贵，州县量减钱数不多，却被亏损百姓，所以有此约束，即非法外擅为侵刻也。就诸路提举官所纳，惟河北所约分数最多；然云不过三分之息，非定取三分之息。若物价抵平，即有合纳本色，不收其息，或只收二分息之时。多少相补，比《周礼》贷民取息，已不为多。近降指挥，又令诸路预俵价钱。若遇物价极贵，亦不得过二分，即比《周礼》所取尤少。

（二）对于缴纳现钱之辩正　提举官约束州县，不得过三分二分，盖为量减时价指挥，未有约定实数，恐遇纳时斛斗价例倍贵，州县量减钱数不多，却致亏损百姓。若物价低平，即合纳本色，不收其钱。

（三）对于抵抑兼并之辩正　言者以为上三等户及城郭有物力人户，许之贷借，即非抵抑兼并之意。……本司今按：乡村上三等及城郭有物力业户内，亦有阙乏之人，岂皆是兼并之家？今贷贫民有余，则以俵于此等人户，免令就私家取一倍之息，乃是原敕抑兼并之意。河北提举官每保须要上三等一名者，盖为关防浮浪之人请去，将来难为催纳；若有上等户肯与同保，即非浮浪之人，自不须忧难为催纳。若无上三等户肯与同保，即自依准提举官公文，不许支俵，何须更行散配。若谓上三等必不肯请领，须是差作甲头，即自是抑勒，有违前法。况今年开封诸县，已经俵散，甚有上三等户情愿请领即非官吏抑勒。以近验远，事理可知。

至于提举司约束官吏，如无人情愿，即结罪申报，别官晓谕，乃只是关防因循避事坏法之人，即非迫胁官吏，须令抑配百姓。若提举官急于功利，讽令州县抑配与人；即诸路各有安抚转运提刑，其为朝廷委任，皆在提举之上，若有州县官员故欲隳坏新法，曲徇提举官，抑勒百姓，自当纠举，依法施行，并具事状闻奏。岂宜以官吏违法之故，遂欲废法？

（四）对于兴利之辩正　言者以为躬行节俭，常节浮费，自然国用不乏，何必使兴利之臣四出，以致远近之疑。本司今按：先王之政，未尝不以食货为始，张官置吏，大抵多为农事也。近世以来，农人尤为困苦，若朝廷，但有徭役加之，初无岁时补助之法。近自京畿，陂防沟洫，多有不治。乃至都城侧近，绵地数百里，废弃污莱，父子夫妇，流离失业；四方遐僻，不可周知。一方水旱，则饿死者相枕藉，而流移者填道路。如前岁河北一饥，不免漕江淮之米以救之，然于人之流亡饿莩，未有补也。至于非常用度，或不免就等第人户强借钱物，百姓典鬻产业，以供暴令，此亦可谓国用之穷矣。至于差役困苦农民，使之失职，则士大夫之所共见，不待论说而后可知。故陛下即位诏书，叮咛以务农理财免人役为政事之急，诚方今宜忧为在此也。今置提举常平广惠仓官，兼管干农田水利差役事者，凡以为此而已。固非使之朘削百姓，以佐人主之私费；亦岂得谓之兴利之臣，而以为致远近之疑？

（五）对于坊郭人户不可贷借之辩正　言者以为坊郭人户既无青苗，不可贷借。本司今按：常平旧法，亦粜与坊郭之人。今若俵散农民有余，仍不许坊郭之人贷借，是令常平有积滞余藏，而坊郭之人独不被赈救乏绝之恩也。《周礼》设贷民之法，即无都邑鄙野之限。今新法乃约《周礼》太平已试之法，非专用陕西青苗条贯也。

是年八月，韩琦复上疏抗辩。原疏首段云：

……今准都进奏院牒，却蒙制置司以臣言皆为不当，条件疏驳。……臣详制置司疏驳事件，即将臣原奏要切之语多从删去，惟举其大概，用偏辞曲为沮难。又引《周礼》国服为息之说，文其谬妄，上以欺罔圣听，下以愚弄天下之人，将使无复敢言其非者。臣不胜痛愤，须至再有辩列，欲望圣慈特抒亲览，然后降付中书枢密院看详，送御史台集百官定议。如臣所言不当，即甘从窜殛。若是制置司处置乖方，天下必受其弊；即乞依臣前奏，尽罢诸路提举官，只委提点刑狱臣僚依常平旧法施行，以慰众心。……

以下仍分五段，一一辩诘。兹节录于下：

（一）臣窃以既立太平之法，必无剥民取利之理。但汉儒以去圣之远，解释或有异同耳。按《周礼·泉府》："掌以市之征布，敛市之不售，贷之。滞于民用者，以其价买之，物揭而书之，以待不时而买者各从其抵。"郑众释云："书其价，揭著其物也。不时买者，为急求者也。抵，故价也。"臣谓周制民有货在市而无人买，或有积滞而妨民用者，则官以时价买之，书其物价以示民，若有急求者，则以官元价买与之。此所谓王道也。《经》又云："凡赊者，祭祀无过旬日，丧祭无过三月。"郑众释云："赊，贳也。以祭祀丧祭，故从官贳买物。"唐贾公彦疏云："赊与民，不取利也。"《经》又云："凡民之贷，与其有司办之，以国服为之息。"郑众释云："贷者，谓从官借本贾也，故有息。使民弗利，以其所贾之国所出为息也。"此所谓王道也。而郑康成释云："以其于国服事之税为息也。于国事受园廛之田，而贷万泉者，则期出息五百。"臣谓：《周礼》园廛二十而税一，近郊十一，远郊二十而三，甸稍县都，皆无过十二。唯其漆林之征，二十而五。漆林自然所生，非人力所作，故税重。康成乃约此法，谓从官贷钱，若受园廛之地，贷万钱者出钱五百。公彦因而疏解，谓："近郊十一者，万钱期出息一千；远郊二十而三者，万钱期出息一千五百；甸稍县都之民，万钱期出息二千。"臣谓：如此，则须漆林之户取贷，方出息二千五百也。然当时未必如此。今放青苗钱，凡春贷十千，半年之内，使令纳利二千；秋再放十千，至年终又令纳利二千；则是贷万钱者，不问远近之地，岁令出息四千也。《周礼》至远之地，止出息二千。今青苗取利，尚过《周礼》一倍。则制置司所言比《周礼》贷取民息，立定分数，已不为多，亦是欺罔圣听，自谓天下之人皆不能辨也。且今古异制，贵于便时。《周礼》所载，有不可施于今者，其事非一。若谓泉府一职，今可施行，则上言以官钱买在市不售，及民间取利已厚，伤农已深；奈何更引《周礼》国服为息之说，谓放青苗钱取利，乃周公太平已试之法。此则诬污圣典，蔽惑睿明，老臣不得不太息而恸哭也。

（二）臣窃谓此论之不实也。缘小麦最为不耐停蓄之物，自来常平粜不粜；盖恐积留损坏。今岁诸路雨雪及时，一麦有望，麦价必贱，提举官必不肯令人送纳本色。盖纳下本色，则无由变转。若于转运司兑换价钱，则诸处军粮支麦绝少，必难兑换。既难兑换，则占压本钱；下决却无散钱与人户。臣以此知制置司与提举官本无令人户送纳斛㪷之意，故开此许纳见钱一门；将来只令言人户情愿送纳本色，则人户须至粜麦纳钱，岂不殃害百姓。唯陛下早悟臣言。

（三）臣窃以乡村上三等及城郭有物业户，非臣独知是从来兼并之家，此天下之人共知也。今制置司以为不是兼并之家者，只要多散青苗钱与之，而得利亦多也。其如元降敕意，本务拯济困乏，却将钱放与此等人户，则天下明知朝廷专以取利为意，实伤国体。制置司若谓《周官》有贷民之法，取之以道，于理无嫌。则今兼并之家，例开质库，置课场。若恐取民倍息以伤贫细，则所在皆可官自开置，以抑兼并。然自祖宗以来，恶其太近朘削，不忍为之。今青苗钱一事，无乃近于此乎？又云："每保须要上三等户一名者，盖关防浮浪之人请去，难为催纳。"此则抑勒之势；不待臣言而自明矣。又云："若谓上三等人户必不肯请，领须至差作甲头，即自是抑勒，有违前法。"此又殊不察事势人情，有不得已而为之者。

且青苗之法，内有大臣力主，事在必行；外有专差之官，唯以散多为职办；州县官吏，往往变抑勒而为情愿者。盖事势不得不惧，而人情不得不从也。监司之官，其于事势人情，亦何异此？九重高远，岂得尽知？唯陛下早赐察辨。

（四）臣详制置司所言提举常平仓官员，不是兴利之臣。今既明举贷钱取利之法，谓取之以道，于理无嫌，则非兴利而何？至于东南所差均输之官，亦皆兴利之臣也。且西川四路乡村民多大姓，每一姓所有客户，动是三五百家，赖衣食贷价，聊以为生。今若差官置司，更以青苗钱与之，则客户与主户处，从来借贷，既不可免，又须出此一重官中利息。其他大姓，则固不愿请领青苗钱。又广东南西路，土旷人稀，水乡之俗，粗足生计。今亦置官司贷钱取利，故于远民尤为不便。岂得不谓之致远近之疑也。国家幅员至广，一方之有水旱，时所不免。然朝廷未尝不假贷粮种，尽救荒之政，以济恤之；故得饥馑者复苏，流亡者复安。自祖宗以来，可谓仁政充洽矣；而未尝就等第人户处强借钱物。唯是英宗皇帝及陛下即位之初，天下各有优赏，朝廷自京师应副未及，间有三两路州军，曾于坊郭富民处权暂支借者，然亦即时搴还。今制置司指为暴令，以颁布天下。是唯知主张青苗之法，而不顾毁谪之甚，诚可骇下。唯陛下早赐省察。

（五）臣详制置司此说，尤为不实。盖自来常平仓遇岁不稔，物价稍高，合减元价出粜之时，其乡村，则逐处多下诸县，取逐乡近下等第户姓名，印给关子，令收执赴仓，每户粜与三石或两石以来。坊郭，则每日零细粜于浮居人户，每口五升或一斛以来。故民受实惠，甚济饥乏。即未曾见坊郭有物业人户，乃来零粜常平仓斛㪷者。此盖制置司以青苗为名，欲剩钱借与坊郭有物业之人，以望得利之多。假称《周礼》太平已试之法，以为无都邑鄙野之限，以文其曲说。惟陛下深详其妄。

韩琦侃侃力争，神宗意稍动，而安石终持之以强毅。青苗法之施行，如故也。他如翰林学士范镇言：

陛下初诏云："公家无所利其入。"今提举司以户等给钱，皆令出三分之息，物议纷纷，皆云："自古未有天子开课场者。"

司马光时为右谏议大夫，其反对青苗法，则以"坏常平仓之害尤大"为说。略云：

彼言青苗钱不便者，大率但知所遣使者，或年少位卑，倚势作威，陵轹州县，骚扰百姓。止论今日之害耳。臣所忧乃在十年之后，非今日也。富者宁劳筋骨，恶衣菲食，终不肯取偿于人。贫者呰窳偷生，不为远虑，一醉日富，无复赢余。急则取债于人，积不能偿，至于鬻妻卖子，冻馁填沟壑，而不知自悔。今州县乃自出息钱，以春秋贷民。民之富者，皆不愿取；贫者乃欲得之。提举官欲以多散为功，故不问民之贫富，各随户等抑配与之。富者举债仍多，贫者举债差少，官吏恐以逋欠为负，必令贫富相兼，共为保甲。贫者得钱，随手皆尽，将来粟麦小有不登，二税皆不能输，况于息钱，固不能偿。吏督之急，则散而之四方。富者不去，则独偿数倍所负。贫者既尽，富者亦贫。闻条例司尽以常平仓钱为青苗钱，又以其谷换转运司钱，是欲尽坏常平，专行青苗也。若有丰年，将以何钱平籴？若有凶年，将以何谷赈赡乎？臣以为散青苗钱之害犹小，而坏常平仓之害尤大也。

欧阳修知青州时，言青苗第一札子云：

臣伏见朝廷新制，俵散青苗钱以来，中外之议，皆称不便，多乞寝罢，至今未蒙省察。臣以老病昏忘，虽不能究述利害，苟有所见，其敢不言。……臣窃见议者言青苗钱取利于民为非，而朝廷深恶其说，至烦圣慈，命有司具述本末，委曲申谕中外，以朝廷本为惠民之意。然告谕之后，搢绅之士，论议益多。至于田野之民，蠢然固不知《周官》泉府为何物，但见官中放债，每钱一百文，要二十文利尔。是以申告虽烦，而莫能谕也。臣亦以谓等是取利，不许取三分，而许取二分，此孟子所谓以五十步笑百步者。以臣愚见，必欲使天下晓然知取利非朝廷本意，则乞除去二分之息，但令只纳元数本钱。如此，始是不取利矣。盖二分之息，以为所得多耶？固不可多取于民。所得不多耶？则小利又何足顾，何必以此上累圣政。臣检详元降指挥，如灾伤及五分已上，则夏料青苗钱令于秋料送纳，秋料于次年夏料送纳。臣窃谓年岁丰凶，固不可定；其间丰年常少，而凶岁常多。今所降指挥，盖只言偶然一料灾伤尔。若连遇三两料水旱，则青苗钱积压拖欠数多。若才遇丰熟，却须一并催纳，则农民永无丰岁矣。至于中小熟之年，不该得灾伤分数。合于本料送纳者，或人户无力，或顽猾拖延，本料尚未送纳了当，若令又请次料合俵钱数，则积压转多，必难催索。臣今欲乞人户遇灾伤，本料未曾送纳者，及人户无力或顽猾拖延不纳者，并更不支俵与次料钱。如此，则人户免积压拖欠，州县免鞭扑催驱，官钱免积久失陷。臣窃闻议者多以抑配人户为患，所以朝廷屡降指挥，丁宁约束州县官吏，不得抑配百姓。然诸路各有提举管勾等官，往来催促，必须尽钱俵散而后止。由是言之，朝廷虽指挥州县，不得抑逼百姓请钱，而提举等官，又却催促尽数散俵。故提举等官，以不能催促尽数散俵为失职；州县之吏，亦以俵钱不尽为弛慢不才。上下不得不递相督责者，势使之然，各不获已也。由是言之，理难独责州县抑配矣。以臣愚见，欲乞先罢提举管勾等官，不令催督，然后可以责州县不得抑配。其所俵钱，取民情愿，专委州县，随多少散之，不得须要尽数，亦不必须要阖县之民户户尽请。如此，则自然无抑配之患矣。……臣以衰年昏病，不能深识远虑，所见目前，止于如此。然而青苗之议，久已喧然中外，群臣乞行寝罢者，不可胜数。其所陈久远利害，必已详尽而无遗矣。一日陛下赫然开悟，悉采群议，追还新制，一切罢之，以便公私，天下之幸也。若中外所言虽多，犹未能感动天听，则见行不便法中，有此三事，尤系目下利害，如臣画一所陈，伏望圣慈特赐裁择。

又其第二札子云：

臣近曾奏为起请俵散青苗钱不便事疏内一件，乞遇灾伤，夏料未纳，及不系灾伤人户，顽猾拖欠者，并更不俵散秋料钱数。至今未奉指挥。臣勘会今年二麦才方成熟，尚未收割，已系五月，又合俵散秋料钱数。窃缘夏料已散钱，尚未有一户送纳，若又俵散秋料钱，窃虑积压拖欠，枉有失陷官钱。臣已指挥本路诸州军，并令未得俵散秋料钱，别候朝廷指挥去后。臣伏思除臣近所起请灾伤未纳及人户拖欠不纳者，乞且不俵次料一事外，臣今更有愚见，不敢缄默。臣窃见自俵青苗钱已来，议者皆以取利为非，朝廷深恶其说，遂命所司条陈申谕。其言虽烦，而终不免于取利。然犹有一说者，意在惠民也。以臣愚见，若夏料钱于春中俵散，犹是青黄不相接之时，虽不户户阙乏，然其间容有不济者。以为惠政，尚有说焉。若秋料钱于五月俵散，正是蚕麦成熟，人户不乏之时。何名济阙？直是放债取利尔。若二麦不熟，则夏料尚欠，岂宜更俵秋料钱，使人户积压拖欠。以此而言，秋料钱可以罢而不散。欲望圣慈特赐详择，伏乞早降指挥。

又知山阴县事陈舜俞具状自劾奉行青苗新法不力，谪监南康军盐酒税。遂复上书，言青苗法实便，初迷不知耳。盖一反覆小人也。其初状甚详悉，可供参考。兹录于次：

熙宁三年五月，具位臣陈某，准州牒前后录降敕命，及转运司牒，提举常平广惠仓司牒榜等，近准敕条，将常平广惠仓钱斛，依陕西青苗钱例，每于夏秋以前，约逐处收成时酬价，立定额支每斗价例，晓示召人情愿请领。随税送纳斛㪷，或纳时价贵，愿纳见钱者，并许从便。虽时价极贵，比之元数取利，不过二分。即不得障遏民户，不令请领。及有不愿请者，亦不得一例抑配者。臣伏见民间出举财物，其以信好相结之人，月所取息，不过一分半至二分。其间亦有乘人危急，以邀一时之幸，虽取息至重，然从不过一倍。比及收敛，或赍持馈饷，务为欢悦，诣门负载，不责输送。或始约缗钱而偿谷粟，始约粱稻而偿布缕。敛者以得为幸，偿者不一而足。至有改为后期，变取庸赁，下虽鱼盐薪蔌耰锄锜釜之类，皆以其价取之。盖苟不务此，贫疾逃亡，空有质剂，官不为理。此天下出举之常也。今朝廷所置官局，募民以青苗贷取钱斛，以为宽农赈乏之惠。故所设法，概以周密，出举给纳，皆从民便。然要之人情以米粟出纳，不若用钱之简便也。今使有司必约中熟为价，贷民以钱；度吾民非岁大稔，米谷至贱，亦必偿缗钱，而出所谓二分之息耳。然所谓二分之息者，今约为六月，而以算数求之，在民间一倍，取之于民，犹足为补助。盖不似责办州县期会输送，卒无逋负。若官局如私家，杂偿他物，势亦无由，仓库给纳，人情乞取，如影随形，虽皋陶设法而身行之，亦不能尽。比之民间取与相安，而无督责威刑之惧，臣以为虽曰官所取之息尚轻，固已不减民间一倍之重矣。敕意又虑州县不能晓知新法之意，而以钱斛抑配百姓，故复申饬讲解，著为条约。然臣体问方今小民匮乏，十室八九，应募之人，不召而至，何可胜计。为国论者，反忧抑配，斯过计矣。盖譬如孺子见饴蜜，必染指争食；然父母疾止之，恐其积甘足以生疾。今为民官长，止其穷滥，示使受贷轻费，终蹈督责之困，爱之惜之，不为无意。臣又比见民间挟豪势欲为倾夺人之计者，必先多以金帛，阳为好言，以相假借；又包藏微意，谓之书契，不收其利。乃使愚夫贱子，不思后悔，恬然坐费，以及期会，因蹑其无所偿之时，痛为迫逐。始既未尝论利，则诉于州县，州县不得不受，公私交迫，禁锢鞭箠，日以危急。故能卖其田宅，佣其妻孥，如此者多矣。故世之有识耆老诫其乡党，贤父兄诲其子弟，未有不以贷赁逋负为生事之不善也。昔者祖宗著令，诸以财物相出举，任从书契，官不为理。保全元元之意，盖深远矣。今乃官自出举，设为赏罚奖劝，恶吏诱之以便利，督之以威刑。方之旧法，亦已异矣。且臣再读诏书，以为振民乏绝，抑兼并，法无出此。乃见有司申明科条，又使十户为甲，甲中须有上三等一人充保，浮浪无抵当之人，不得一例俵散。夫谓之浮浪，乡人之所不保，正是乏绝，至甚滨于转徙沟壑之人，今固不蒙其惠矣。复欲借此以抑兼并，臣恐法终行，特为天下兼并之地耳。何以言之？天下之有常平仓，非能人人计口而受饷也。盖市井田里，常有谷价踊贵之时，官以常平之粟减价贱粜，则积谷者自然不得复珍市深藏，以邀贵价，于是生民阴受其赐矣。且如越州，去年民田未尝有水旱虫螟之灾，只因邻州不稔，米商罕至，谷价日增。本州以常平仓米自正月出粜至五月，凡四万五千余石，乃仅能裁止贵粜，民免艰食。以一州而言天下，理势略同。今朝廷以新法散常平为青苗，唯恐不尽，使仓库既空，饥馑荐至，则兼并之民，必乘此时有闭籴而贵粜者，未知州县将何法以制之？斗粟万钱，未可知也。此岂不为兼并之利哉？臣又窃谓兼并者之计，今官既放，无庸争利，但可藏镪，坐待邻里之人，逋负青苗，恶吏严督之时，贱买人之田宅，和质人之妻孥而已。臣故曰："此特为兼并之利也。"诏意又恐州县避事，不务推行新法，抑遏人户，不肯俵散。是尤不然。臣尝私为州县主者之计，今必使奉行新法，姑纵之贷，亦不患敛之之难也。盖朝廷设法，已分为夏秋二料，五月放秋料，正月放夏料。所敛秋料，正在正月间；所敛夏料，正在五月间，不过给秋料使以纳正月所举者，给夏料使以纳五月所举者。则其出民力者，但计所当息钱，益所给为所纳耳。若然，则是使吾民一取青苗钱，终身以及世世，一岁当两输息钱，无有穷已。万一如此，则是别为一赋，以敝生民，非朝廷王道之举也。臣虽愚暗，尝深世务，官于县道，职在爱民。今不敢苟免按问，雷同官吏，诱陷小民，日入困敝。在犬马之心，亦深惜轻误圣朝，别生此赋。所有青苗新法，难以奉行，谨具状自劾以闻。

刘攽尝致书安石论青苗利弊。略云：

见所与曾公立书，论青苗钱大意，不觉怅惋。仲尼云："听讼，吾犹人也，必也使无讼乎？"听讼而能曲直，岂不为美？然而圣人之意，以无讼为先者，贵息争于未形也。今百姓所以取青苗钱于官者，岂其人富赡饱足，乐输有余于公，以为名哉？公私债负逼迫，取于己无所有，故称贷出息以济其急。介甫为政，不能使人家给人足，无称贷之患，而特开设称贷之法，以为有益于民，不亦可羞哉？甚非圣人之意也。自三代以来，更历秦汉，治道驳杂，俗益浇薄，其取于民者，百头千绪。周公之书有之而今无者，非实无之也，推类言之，名号不同而已矣。若又取周公所言，以为未行而行之，吾恐不但重复，将有四五倍蓰者矣。一部《周礼》，治财者过半，其非治财者，未闻建行一语；独此一端，守之坚如金石，将非识其小者近者与？今郡县之吏，方以青苗为殿最，又青苗钱未足，未得催二税。郡县吏惧其黜免，思自救解，其材者，犹能小为方略，以强民；其下者，直以威力刑罚督迫之。如此，民安得不请？安得不纳？而谓其愿而不可止者，吾谁欺？欺天乎？凡人臣之纳说于时君，劝其恭俭小心，所谓道也，莫不逆耳难从。及至劝其为利，取财于民，广肆志意，不待辞之毕而喜矣。故奸臣争以言财利求用，不复取远古事言之。在唐之时，皇甫镈、裴延龄用此术致位公相。虽然，二人者，犹不敢避其聚敛之名，不如介甫直以周公圣人为证，上则使人主无疑，下则使廷臣莫敢非。若是乎周公之为桀跖嚆矢，桁杨椄槢也。商鞅为秦变法，其后夷灭；张汤为汉变法，后亦见杀。为法逆于人心，未有保终吉者也。且朝廷取青苗之息，专为备百姓不足。至其盈溢，能以代贫下赋役乎？府库既满，我且见其不复为民矣。外之则尚武开斥境土，内之则广游观崇益宫室。鄙谚曰："富不学奢而奢自至。"自然之势也。介甫一举事，其敝至此；可无念哉！可无念哉！

哲宗元祐初，司马光入相，凡安石所建新法，相继革除。既已诏罢青苗法，复行平常旧法矣。未几，而复有再给散出息之令，时元祐元年四月也。于是王岩叟、刘挚、苏辙等，交章言其非。司马光札子乞约束州县抑配青苗钱。中书舍人苏轼奏曰：

臣伏见免役之法，已尽革去。而青苗一事，乃独因旧少加损益，欲行缪臂徐徐月攘一鸡之道。熙宁之法，本不许抑配，而其害至此，今虽复禁其抑配，其害犹在也。

按是时再给散青苗钱之议，出于范纯仁，系以国用不足为说。司马光虽以病在告，不预知，然亦有乞禁抑配之奏。卒以苏轼力争，乃尽罢不复散。范纯仁者，不可谓非端人也，而亦鉴于国用之不足，请复青苗法。司马光居相位，亦不觉自食前言，而谓青苗本为利民，仅以禁抑配自圆其说。则此法之有裨于国用，从可知矣。善乎马端临之言曰："兴利之徒，虽君子不得尽窒之。"奈之何安石秉政时，而韩欧诸公，皆以决不可行之说激之，坐使群小得以阿附登庸，而征利毒民哉？

第五节　青苗法之流弊

安石对于青苗法自信虽笃，惜不能策事功于不败。而其所以败也，则不肖官吏当尸其咎。苏轼尝言：

官吏无状，于给散之际，必令酒务设鼓乐倡优，或关扑卖酒牌，

> 农民至有徒手而归者。但每散青苗，即酒课暴增。……二十年间，因欠青苗，至卖田宅，雇妻女，溺水自缢者，不可胜数。……

如苏轼所言，则不肖官吏之为虐，又岂止于抑配已哉？然惟其弊之端于不肖官吏，则青苗法本身之价值，正不必以未获效果而漫为诋訾也。

其官吏奉行青苗法之张皇骚扰，则韩琦第二次辩疏内，指陈最悉，节录于次：

> 臣近准真定府路安抚使司公文称：准河北都转常平广惠仓司牒，真定府准制置条例司札，据河北都转运常平广惠仓司状，准朝旨，于内藏库支到山东绢二千万匹，充常平本钱，寻分擘与诸州县发卖，必是破货不了，欲将绢分作两等，上等每匹作一贯三百五十文省，次等每匹作一贯三百文省，召人户情愿依青苗见钱法请领。仰更切相度，如依减定价例，委是人户情愿，即依所申施行。坊郭人户情愿请领者，亦听。常平司差帖殿侍康承丙称：自京搬来绢二千万匹，唯有真定府未曾差人赴恩州请搬，帖康承丙疾速往真定府管下县分，遍行催促，火急和雇传乘，赴恩州请搬，趁时支俵。勘会真定府于恩州支下绢三万匹，虽未搬到，缘系准备充秋料青苗价钱，即不阙钱支用。若更差使臣下州府县分催促支散，及取索文字，深属张皇骚扰。牒臣本司，请照会者。臣遂备录闻奏，庶朝廷见其为害之深。乞察臣前奏散青苗钱不便事理，早赐施行。却准中书札子，奉圣旨：康承丙元系皮公弼等乞差充差使干当，兼累降指挥，令提刑司常切觉察所散青苗钱，召人户情愿请领，不得抑勒。或有抑配俵散，便令止绝，当职官员具姓名闻奏。札与臣知者。臣勘会转运司昨将山东绢配卖与诸州军坊郭等第人户，每一匹估钱一贯五百三十文至一贯六百文以来，限半年纳钱。尚犹近下等第人户，有破卖家财，方能贴赔送纳了当者。今常平提举官将山东绢二十万匹，上等者作一贯三百五十文，每一贯取利二分，每匹已是一贯六百五十文省；下等者每匹作一贯

三百文，并利亦是一贯六百文省；并随税，只是百余日省限纳足。与转运司配卖与坊郭人户价例，全不相远；即于农民，岂不为害？更差使臣督迫支俵，公文内动是火急之言，则州县小官，唯是应命，苟免罪咎，将抑配以为情愿，何处更可辨明？

观韩琦所陈，则人民之苦于张皇骚扰，又不仅州县亲民之官独尸其咎。如使臣之更番督迫，公文措词之火急，皆不免违背朝廷原降敕旨，遂使良法加害于民。果孰使之然哉？

第六节　青苗法之评价

安石自道青苗法之大利曰："昔之贫者，举息之于豪民，今之贫者，举息之于官，官薄其息，而民救其乏。"故此法之旨趣，实基于"救济农民"。与今之倡办农民银行，及提倡农民合作社者，同为社会救济政策。苟行之得其人，毋使不肖官吏从而张其虐，何尝不大便于农民。即在当时，亦有可证者。按袁守定《图民录》云：

宋行新法，苏文忠（轼）通判杭州，每因法以便民，民赖以安。

又黄庭坚撰《湖南转运判官吴革墓志铭》有云：

方使者行新令，给青苗钱。公不格诏令，而实予可贷之民。使者按常平钱不尽予民，取文书视之，皆如令。

夫所谓"予可贷之民"云者，即视人民果有借贷之需要，乃借以青苗钱也。苏轼通判杭州时之"因法以便民"，当亦类此。然而其有所谓"使者"者，遍按州县，务督常平钱必尽予民，苟有不尽予民者，必责其玩法。果尔，则不必甚不肖之官吏，亦相率而尽力抑配，以顾考成，而以多散为功矣。黄庭坚为吴革志墓，亟称其"取文书视之皆如令"，此其所以为便民之贤吏；而青苗法苟得其人而行之，信乎其非不能便民也已。安石亦有言曰：

"得其人而行之，则为大利；非其人而行之，则为大害。"是则此法之不能为利，而终于为害者，其故从可思矣。

马端临《文献通考》对于青苗法有折衷之论云：

> 以常平之储，贵发贱敛，以赈凶饥，广蓄储，其出入以粟而不以金，且不取息，亦可以惩常平积滞不散侵移他用之弊，则青苗未尝不可行。

此盖本于朱熹之论。南宋孝宗乾道四年，朱熹令崇安时，因民间艰食，尝请于府。得常平米六百石，请本乡土居刘如愚共任赈济。夏受粟于仓，冬则加二计息以偿。自后逐年敛散，凡十有四年，得息米造成仓廒，以原数六百石还府，现管米三千一百石，以为社仓。后此不复收息，每石只收耗米三升。此朱熹社仓法之大概。其夏散粟于民，冬则加二以偿，与安石之青苗法，固无以异也。朱氏殆依青苗法而加以改善者。观其《金华社仓记》有云：

> ……凡世俗所以病乎此者，不过以王氏之青苗为说耳。以予观于前贤之论，而以今日之事验之，则青苗者，其立法之本意，固未为不善也。但其给之也以金，而不以谷；其处之也以县，而不以乡；其职之也以官吏，而不以乡人士君子；其行之也以聚敛急疾之意，而不以惨怛忠利之心；是以王氏能行之于一邑，而不能行之于天下也。

朱熹此论，极为平允。吾人试以今日之事验之，亦甚觉贫农之举债于私人者，往往苦于债权人之盘剥，不可无农民银行薄其息而救其乏也。

按"青苗"之名称，当时虽系沿自陕西，然唐之季世，即已有税青苗钱之制。但其实际，则有迥不相侔者。清赵翼《陔余丛考》有一条云：

> 青苗钱之名，不自安石始也。《宋史》赵瞻对神宗云："青苗法，唐行之于季世。"范镇亦云："唐季之制不足法。"按《通鉴》唐代

> 宗广德二年秋七月，税青苗钱，以给百官俸。此青苗之始也。《旧唐书》乾元以来，用兵，百官缺俸，乃议于天下地亩青苗上量配税钱，命御史府差官征之，以充百官俸料，遂为常制。寻又特设使者，如崔涣兼税地青苗使，刘晏兼诸道青苗使，杜佑充江淮青苗使，是也。《食货志》大历元年，天下青苗钱共四百九十万缗，每亩税三十文。永泰八年，诏天下青苗地头，每亩一例十五文。德宗又增三文，以给骑骑。《通鉴辑览》谓："青苗钱者，不及待秋敛，当苗方青，即征之也。"是唐所谓青苗钱，并与宋制不同。宋制尚有钱贷民，而加征其息，唐直计亩加税耳。则安石虽沿其名，而尚异其实也。按唐时长安万年二县，有官置本钱，配纳各户，收其息以供杂费。宋之青苗钱，正唐之杂税钱之法耳。然宋青苗钱，虽曰不得过加二之息，而岁凡两放两收，则其息已加四。又有司约中熟为价，令民偿必以钱，则所言之价，又必逾于市价，而民之偿息，且十加五六矣。此所以病民也。

杨希闵对于赵说纠其误曰："按荆公立法初意，是要摧豪强兼并，其所放之钱，必在上户中户，而下户不放。无如上户其势力足以夤缘津要，地方有司，亦未便威压之使应令，又或多方贿赇营脱。故所放，反不免抑勒下户也。至两放两收，按期按数征息，各还其二，亦不可云加四。以中熟为价，果有司得人，何以遽加之五六？有司贤否不一，大概不肖者总多耳。当时各人奏疏，言其不便者，有云：'人情多钱到手，必至多用，及后征回，便成訾窳。'此亦得一端。然则唐代杂税，并无钱相贷，直是加赋取民，又何如耶？总之，群欲梗令，不愿委曲迁就，劳心费力，欲加之罪，患无辞乎？其法琐碎扰民，固有之；比于暴征横敛之极，则言之太过。程正叔有言：'青苗一事，放过何害？'则知当日多甚其词，而后世耳食之徒，亦一味随声附和而已。"

第八章　社会政策二——募役法

第一节　改革役法之必要

安石废差役，行募役。差役法何为而必废？是宜先详其所自。按差役之法，盖昉于三代。大抵以君主之威权，役人民为奴隶。苟调节得宜，尚不足为患。然孟子尝有“夺其民时”之叹，则暴君缘此以厉民，要为不可掩讳之流弊。秦汉以下，历代相沿；迄至宋初，循旧制，以“衙前”主官物，以“里正”“户长”“乡书手”课督赋税，以“耆长”“弓手”“壮丁”逐捕盗贼，以“承符”“人力”“手力”“散从”供奔走驱使。在县“曹司”至“押录”，在州“曹司”至“孔目官”，下至“杂职”“虞候”“拣掐”等人，各以乡户等第差充。此差役制度之大凡也。

差役之弊，在真宗以前，时有补救，然终无根本改善之策。至仁宗即位，臣僚遂以民户供役之苦况上达。略谓：“伏见劝课农桑，曲尽条目，然乡闾之弊，无由得知。朝廷惠泽虽优，豪势役凌罔暇，遂使单贫小户，力役靡供。乃岁丰登，稍能自给。或时水旱，流徙无踪。户籍虽有增，农民日以减少。……才得归农，即复应役，直至破尽家业，方得休闲。所以人户惧见，稍有田产，典卖与形势之家，以避徭役，因为浮浪，或纵惰游。”景祐中，韩琦尝上疏曰：“州县生民之苦，无重于‘里正’‘衙前’。兵兴以来，残剥尤甚；至有孀母改嫁，亲族分居，或弃田与人，以免上等；或非命求死，以就单丁；规图百端，苟脱沟壑之患。”韩绛、蔡襄亦极论江南福建“里正”“衙前”之弊。当时虽力谋救弊补偏，罢“里正”“衙前”，而另选赀最高者，为“乡户衙前”，此诚惠及“里正”，终不免捉襟见肘；或权两害而得其轻耳，而衙前之弊终如故也。观其后司马光所言：“置‘乡户衙前’以来，民益困乏，不敢营生。……欲多种一桑，多置一牛，蓄二年之粮，藏十匹之帛，邻里已目为富室，指抉以为‘衙前’矣。况敢益田畴，葺闾舍乎？”又韩绛所言：“害农之弊，无甚差役之法。……向闻京东有父子二丁，将为‘衙前’，其父告其子云：‘吾当求死，使汝曹免冻馁。’自经而死。又闻江南有嫁其祖母及与母析居，以避役者。此大逆人理，所不忍闻。又有鬻田产于官户，田归不役之家，而役并增于本等户。其余戕贼农民，未易遽数。”然则欲使农民知为生之利，有乐业之心，可不亟求根本解决乎？今日言社会政策者所标榜之“解放农民”，即与此同一问题也。

第二节　改革役法之过程

神宗初即位，诏以州县差役仍重，劳役不均，令逐路转运司遍牒辖下州军，如官吏有知差役利害，可以宽减者，实封条析以闻。自是而中外臣庶，役法之议，蔚然兴起矣。

熙宁二年，王安石所领之制置三司条例司上言：“考合众论，悉以民出钱雇役为便。即先王之法，致民财以禄庶人在官者之意也。”遂以条目付所遣官，分行天下，博尽众议。其条目见下节。

司马光于哲宗元祐朝，力罢新法；对于募役法，固不稍爱惜也。然在英宗朝，任谏官时，乃亦倡募人充“衙前”之议。略谓：“臣愚以为凡农民租税之外，宜无所预，‘衙前’当募人为之。”按既曰募，则必酬以赀。国家骤增此项支出，将于何取抵？则安石之征助役钱，安得薄为聚敛；而后来元祐朝力罢新法，终亦及于募役，司马氏亦何以自圆其说耶？

第三节　募役法之内容

熙宁二年，条例司颁行天下之新役法条目，大抵所宽优者，皆乡村朴愿之穷氓；所裁取者，乃仕宦兼并之豪右。其第一要义曰："凡有产业物力，而旧无役者，今当出钱以助役。"其后新法既颁行，凡坊郭品官之家，皆须输钱。士夫豪右，不能无怨；而农民则享其利。此其宽优农民之意义，与今日所谓"解放被压迫阶级"者，宁非后先一揆欤？其条目如下：

（一）凡乡村及坊郭，计产业，分别就家资之贫富上下分为五等，岁以夏秋随等输钱。

（二）乡户自四等，坊郭自六等以下，勿输。

（三）两县有产业者，上等各随县，中等并一县输。

（四）析居者，随所析而升降其等。

（五）官户，女户，寺观，未成丁，减半输。

（六）凡向来当役人户，依等第出钱，名免役钱。

（七）凡坊郭等第户，及未成丁，女户，寺观，品官之家，旧无色役而出钱者，名助役钱。

（按）"当役户""坊郭户"及"官户""女户""寺观""未成丁"，即所谓六色钱也。"未成丁"，又曰"单丁"。

（八）凡敷钱，先视州若县应用雇直多少，而随户等均取。雇直既已足用，又率其数增取二分，以备水旱欠阙。虽增，毋得过二分。谓之免役宽剩钱。

（九）用以上输钱，募三等以上税户代役，随役轻重制禄。

（十）凡岁输之钱，除募役给禄外，留其赢以备凶荒欠阙。

（十一）凡买扑酒税坊场，旧以酬"衙前"者，从官自卖，以其钱同役钱随分数给之。其厢镇场务之类，旧酬奖"衙前"，不可令民买占者，即用旧定分数，为投名"衙前"酬奖。

（十二）凡坊郭每三年，乡村每五年，农隙集众，稽其物业，考其贫富，察其诈伪，为之升降。若故为高下者，以违制论。

（十三）募法，三人相任。"衙前"仍供物产为抵；弓手试武艺；典吏试书计；以三年或二年乃更为。

据史载，上列办法既具，揭示一月，民无异辞，著为令。令下，募者执役，被差者得散去。开封一府，罢“衙前”八百三十人，畿县放乡役数千。于是又颁其法天下；天下土俗不同，役重轻不一，民贫富不等，从所便为法。

其后于役法又续有增修。兹汇列如下：

（一）凡民户不愿就募而强之者，论如律。

（二）用役钱禄内外胥吏，既食禄而犯赃者，用仓法重其坐。

（按）胥吏向不赋禄，惟以受赇为生；至是，始用役钱禄之。

（三）凡县，皆以免役剩钱，用常平法给散收息，添支吏人餐钱。

（四）役钱每千，别纳头子五钱。凡修官舍，作什器，夫力，辇载之类，皆许取以供费。

（按）头子钱，即系就役钱带征；熙宁七年诏行。

（五）诸路公人，如弓箭手法，给田募人为之。凡逃绝监牧之田，籍于转运司者，以给应募者；而核其所直，准一年雇役，为钱几何，而归其直于转运司。

（按）此名给田募役法，熙宁七年诏行，旋罢。

（六）官户输役钱，免其半。所免虽多，各无过二十千。两县以上有物产者，通计之。两州两县有物产者，随所输钱等第。不及者，并一多处。

（按）此对于官户输役钱之特别规定也。

（七）宽剩役钱及买扑坊场钱，更不以给役人；岁具羡数，上之司农。余物，凡籍之常平者，常留一年。

（按）宽剩钱原所以备荒阙，买扑坊场钱原所以给投名衙前；至熙宁九年，乃有此诏，不以给役人，而归于司农寺。

（八）初许两浙坊郭户家产不及二百千，乡村户不及五十千，毋输役钱。已而乡户不及五十千者，亦不免输。

募役法之内容，略如上述。其变革之初意，本欲与民均财惜力。当役者，使之输钱以免役；无役者，使之输钱以助役。国家则以人户岁输之役钱，供募役之酬，与胥吏之禄。别有所谓宽剩钱，头子钱，则为额外之带征。其买扑坊场之收入，旧以酬“衙前”者，仍从官自卖，为募役之入款，其人户之分别等第，则以产业为标准，而定期考核，以为升降。此其大较然也。

第四节 募役法之利益

募役法之裨益于民生者，一言以蔽之曰：“农民得一意于稼穑，解除向日之困敝。”向日农民之困敝情形，已详前节，一旦解除，则享利宁为浅鲜。至其裨益于国计，亦有可得而言者。熙宁九年，诸路上司农寺，岁收免役钱一千四十一万四千五百五十三贯石匹两，支六百四十八万七千六百八十八贯石匹两，应在二百六十九万二千二十贯石匹两，见在八十七万九千二百六十七贯石匹两。至元丰七年，天下免役缗钱，岁计一千八百七十二万九千三百，场务钱五百五万九十，谷帛石匹九十七万六千六百五十七；较熙宁所入多三之一。按自熙宁九年至元丰七年，雇役不加多，而岁入比前增广。至元丰八年八月，神宗崩，哲宗即位，据户部结算役钱所留宽剩，竟有及三四分以上者。是于国计诚为加赢；而后来谤安石者，则亦以是为口实。盖以财敛于官，则货贿失其流通之用，于社会经济，亦未为得也。

第五节 募役法之争议与其价值

安石对于阻挠新法者，每以流俗薄之。当役法之方革也，诚有不值置辨之浮议。如苏轼之所谓：“士大夫从宦四方，宣力之余，亦欲取乐，此人之至情也；若厨传萧然，则似危邦之陋风，恐非太平之盛观。”直以诙谐出之，固无足论。至如文彦博与神宗问答之言，则亦不免于迂腐焉，是可怪也！彦博言：“祖宗法制具在，不须更张，以失人心。”神宗曰：“更张法制，于士大夫诚多不悦，然于百姓何所不便。”彦博曰：“为与士大夫治天下，非与百姓治天下也。”此即以儒家“民惟邦本”之说折之，已可以明其谬误。安石则一切措施，悉以人民生计为前提，更无怪其绝不容纳矣。

募役法之行，人民虽出役钱，而复其身体之自由，无复追呼刑责之虞，故莫不欣愿。惟坊郭品官之家，向无役者，亦与输助；则士夫豪右，不能无怨。当时不无物议汹汹者，殆士夫豪右有以致之耳。加以奉行之官吏，不能体会变法利民之意，惟聚敛是务，则引起人民之误解。而谤议者亦因而吹毛求疵，穿凿附会，疑窦纷然矣。如刘挚所论，其要点如下：

（一）旧法，上户之役，类皆数且重；下户之役，率常简而轻。今不问上下户，概视物力以差出钱。故上户以为幸，而下户苦之。优富苦贫，非法之善。

（二）州县上户常少，中下户常多。自助役法行以来，簿籍不改，务欲敷配钱数，故所在临时肆意升补，下户入中，中户入上。今天下往往中上户多，而下户少，富县大乡，上户所纳役钱，岁有至数百缗或千缗者。每岁输纳无已，至贫竭而后有裁减之期。

（三）役人必用乡户，为其有常产则自重。今既招雇，恐止得浮浪奸伪之人。则帑庾场务纲运，不唯不能典干，窃恐不胜其盗用，而冒法者众。至于“弓手”“耆壮”“承符”“散从”“手力”“胥吏”之类，恐遇寇则有纵逸，因事辄为骚扰。

（四）岁有丰凶；而役人有定数，助钱岁不可阙。则是赋税有时减阙，而助钱更无蠲损。

又如杨绘所谓难行之说有五：

（一）民惟种田，而责其输钱，钱非田之所出。

（二）近边州军应募者，非土著，奸细难防。

（三）逐处田税，多少不同。

（四）耆长雇人，则盗贼难止。

（五）专典雇人，则失陷官物。

刘挚、杨绘虽提出上列各疑义。然尚非根本反对，不过请求详究条目，慎防流弊，以便推行，而杜妄议而已。宋制，主管役务者曰司农寺。时同判司农寺者为曾布，遂摭绘、挚所言，而条奏辨诘之；绘、挚遂坐是落职外迁。兹将曾布所辨各节列后：

（一）畿内上等户，尽罢昔日衙前之役；故今所输钱，比旧受役时，其费十减四五。中等人户，旧充“弓手”“手力”“承符”“户长”之类，今使上等及坊郭寺观单丁官户皆出钱以助之；故其费十减六七。下等人户，尽除昔日冗役，而专充壮丁，且不输一钱；故其费十减八九。大抵上户所减之费少，下户所减之费多。言者谓优上户而虐下户，得聚敛之谤，臣所未谕也。

（二）提举司以诸县等第不实，故首立品量升降之法。……旧敕，每三年一造簿书，等第当有升降，则今品量增减，亦未为非。又况晓谕民户，苟有未便，皆与厘正；则凡所增减，实未尝行。言者则以为品量立等者，盖欲多敛雇钱，升补上等，以足配钱之数。至于祥符等县，以上等人户数多，减充下等，乃独掩而不言。此臣所未谕也。

（三）凡州县之役，无不可募人之理。今投名“衙前”半天下，未尝不典主仓库场务纲运。而“承符”“手力”之类，旧法皆许雇人，行之久矣。惟“耆长”“壮丁”，以今所措置，最为轻役，故但轮差乡户，不复募人。言者则以为专典雇人，则失陷官物；耆长雇人，则盗贼难止。又以为近边奸细之人应募，则焚烧仓廪；或守把城门，则恐潜通外境。此臣所未谕也。

（四）免役或输见钱，或纳斗斛，皆从民便。为法至此，亦已周矣。言者则谓直使输钱，则丝帛粟麦必贱；若用他物准直为钱，则又近抹乞索，且为民害。如此，则当如何而可？此臣所未谕也。

（五）昔之徭役，皆百姓所为，虽凶荒饥馑，未尝罢役。今役钱必欲稍有余羡，乃所以为凶年蠲减之备。其余，又专以兴田利，增吏禄。言者则以为助钱非如赋税，有倚阁减放之期。不知昔之"衙前""弓手""承符""手力"之类，亦尝倚阁减放否？此臣所未谕也。

当时对于役法持争议者，大抵胸有成见，偶摘一端，而张大其辞，借为口实；殊未有能权其平者。即如熙宁七年，神宗偶闻定州民有拆卖屋木以纳免役钱者，诏令安抚转运提举司体量具实以闻。安石则为之解曰："百姓卖屋纳役钱，臣不能保其无此。然论事有权，须考问从前差役卖屋陪填，与今卖屋纳役，孰多孰少？即于役法利害，灼然可见。"果能论事而一准于权，则利害之真际，宁有所遁耶？且弊之所在，与其由来，要莫非官吏之骫法乱纪有以致之。当其法之颁行也，征各色役钱，专以供乡户募人充役之用，而兼以其余分济官府之需，吏胥之廪而已。及其久也，则官吏肆意侵用，而役人未享实惠。其流弊至此，则虽谓为"假名敛财"，有何不可。此则非立法之人所应任咎者耳。

安石于所建诸新法，自信最坚者，惟免役。史称元祐之初，安石每闻朝廷变其法，夷然不以为意。及闻罢助役，复差役，愕然失声曰："亦罢至此乎？"良以役法之必须革新，而必不能复旧，其为利病，灼然可见。故当司马光之欲罢各色役钱，尽复旧时差法也，苏轼则极言："役法可雇不可差，第不当于雇役实费之外，多取民钱；若量入为出，不至多取，则自足以利民。"且谓："差役之变为免役，实大类民兵之变为长征卒；欲骤罢免役而行差役，正如罢长征而复民兵，盖未易也。"又谓："初行役法，取宽剩钱，不得过二分，以备灾伤。先帝圣意，固自有在。今日所当追探其意，以兴长世无穷之利。"而苏辙所议各端，尤可为募役法未始无利未必有害之证明。兹择其有关系者条列于下：

（一）旧差乡户为“衙前”，破散人家，甚如兵火。自新法行，天下不复知有“衙前”之患。……初疑衙前多悬浮浪投雇，不如乡差税户可托；然行之十余年，投雇者亦无大败阙，不足以易乡差“衙前”之害。今略计天下坊场钱，一岁可以得四百二十余万；若立定中价，不许添划，三分减一，尚有二百八十余万贯。而衙前支费，及召募非泛纲运，一岁共不过一百五十余万缗。则是坊场之直，自可了办衙前百费，何用更差乡户。

（二）坊郭人户，旧苦科配。新法令与乡户并出役钱，而免科配，其法甚便。但敷钱太重，未为经久之法。乞取坊郭、官户、寺观、单丁、女户，酌今役钱减定中数，与坊场钱用以支雇“衙前”，及召募非泛纲运外，却令桩备募雇诸色役人之用。

（三）熙宁以前，“散从”“弓手”“手力”诸役人，常苦迓送。自新法以来，官吏皆请雇钱役人，既便官，亦不至阙事。

元祐朝，司马光为相，免役法虽暂罢，然廷臣亦多异议，以为新法未必不善。至绍圣朝，新党用事，遂又复行。其后役法之争议，亦渐泯矣。

要之，安石之革新役法，实含有“解放人民生活之桎梏”及“打破社会因袭之阶级”两种精义。由今之说，即所谓“救济被压迫者”，及“打倒封建势力”是也。我国专制政体之推翻，虽近在二十年间，而社会阶级之泯除，则其来已远。明清两朝，即不复有差役之弊政，而肇其端者安石也。

第九章　社会政策三——均输法市易法

第一节　均输市易两法与今日之时代需要

安石建市易法，自谓昉于周之司市，汉之平准。建均输法，则挹桑弘羊之绪余，其目的在通货贿而饶国用，制物价之低昂，抑豪商之垄断；即今日“企业国营”“节制资本”之说也。当时交口诟病者，谓其以朝廷之尊，而与商贾争利耳。由今观之，资本与劳动阶级斗争之声，方甚嚣尘上，求所以剂其平者，不有所谓社会主义者风发云涌而兴乎？安石生千载之前，其所设施，殊足为千载以后导先河，洵所谓非常之人建非常之策；宜乎并世无有知者，而群以浅说劫持之，使不获竟其志也。

第二节　均输法议而未行之经过

中国旧有任土作贡之制度，国内诸州郡，各征取土产，依时贡献于政府。盖昉于《禹贡》八州各贡方物，其实即地税也。汉唐以后，帝制日隆，举天下以奉一人；人民除担负租税而外，仍以土产充贡。宋仍旧制，诸路上贡，岁有常数。而年岁丰俭靡常，诸路贡物不能稍有变更。往往为求副功令，迫不得已，而仰给于商贾。所谓“输”者，即各路上供之谓。因丰俭之不时，致赢绌之迥殊，患在不“均”也。安石为欲渐收轻重敛散之权，归之公上，且为去重敛，宽农民起见，于是有“均输”之法。

熙宁二年，制置三司条例司言：

> 今天下财用无余，典领之官，拘于弊法，内外不相知，盈虚不相补。诸路上供，岁有常数。丰年便道，可以多致，而不能赢。年

> 俭物贵，难以供亿，而不敢不足。远方有倍蓰之输，中都有半价之鬻。徒使富商大贾，乘公私之急，以擅轻重敛散之权。今发运使实总六路之赋入，而其职权，以制置茶盐矾酒税为事，军储国用，多所仰给。宜假以钱货，资其用度，周知六路财赋之有无而移用之。凡籴买税敛上供之物，皆得徙贵就贱，用近易远。令预知中都帑藏年支见在之定数，所当供办者，得以从便变易蓄买，以待上令。稍收轻重敛散之权，归之公上；而制其有无，以便转输，省劳费，去重敛，宽农民，庶几国用可足，民财不匮。

神宗旋诏条例司具条例以闻，而以发运使薛向领均输平准事，赐内藏钱五百万缗，上供米三百万石。向乃请置官设属，神宗使向自择其属。向相事辟置卫琪、孙珪、张穆之、陈倩为属。又请有司具六路岁所当供之数，中都岁所用，及见储，度可支岁月，凡当计置几何，皆预降付有司。从之。

此法虽曾明诏施行，命官建置，而终未能见诸事实。其停顿之原因，史无明文。或缘豪商大贾之相率观望。按前述条例司所言："今发运使宜假以钱货，资其用度，……凡籴买税敛上供之物，皆得徙贵就贱，用近易远。"此虽不明著贩卖之文，而于贵贱远近之间，既有所"就"，有所"易"，又复置官属，出缗钱，势必籴贱贩贵，与商贾周旋矣。况条例司又有"徒使富商大贾乘急擅权"之明文，则商贾安有不力谋破坏，而全其利薮耶？其不果行宜也。当时苏辙曾有说，逆料均输法之必无良好结果。均输法既未果行，其言亦无由取证。附录于后：

> 均输立法之初，其说尚浅，徒言徙贵就贱，用近易远。然而广置官属，多出缗钱，豪商大贾，皆疑而不敢动。以为虽不明言贩卖，然既已许之变易，变易既行，而不与商贾争利，未之闻也。夫商贾之事，曲折难行。其买也，先期而予钱；其卖也，后期而取直。多方相济，委曲相通，倍称之息，由是而得。今官买是物，必先设官

1

2

3

1.
“熙宁重宝”铜钱。

2.
北宋纸币交子。交子是类似存款收据的纸券，正反面都有出票人的印记，有密码花押，票面金额在使用时填写。

3.
《清明上河图》中的集市。

置吏，簿书廪禄，为费已厚；非良不售，非贿不行。是以官买之价，比民必贵。及其卖也，弊复如前。商贾之利，何缘而得？朝廷不知虑此，乃捐五百万缗予之；此钱一出，恐不可复。纵使其间薄有所获，而征商之额，所损必多矣。

苏辙之意，盖以为官吏致力疏而糜费多，不若商贾之兢兢业业，委曲以求通。观于近代我国大企业之官办不如商办，此说有一部分之理由。马端临于此法评安石云："介甫苟慕前史均输之名，张官置吏，废财劳人，而卒无所成。"是亦以成败论人之陋见也。

第三节　市易法之建置及其纲要

熙宁五年，诏以天下商族物货至京，多为兼并之家所困，宜出内藏库钱帛，选官于京师置市易务。先是，有魏继宗者，上言："京师百货所居，市无常价，贵贱相倾；富能夺，贫能与，乃可以为天下。"此市易法建置之理由，安石所极端赞许者也。按"天下商旅物货，多为兼并之家所困"，以及"夺富与贫"等语，均含有甚精深之社会思想，非浪言也。

施行市易法之议既定，京师市易务即成立。置监官二，提举官一，勾当公事官一。以吕嘉问为提举。发内藏库钱一百万缗，京东市钱八十七万缗，为市易本钱。其余合有交钞及折博物，令三司应副。提举官寻改为都提举市易司。

其各路市易司之建置，则有在京师市易务之前者。熙宁三年，王韶倡缘边市易之说，因于古渭城置秦凤市易司。此盖开边政策之一种，与魏继宗夺富与贫之说，稍有间也。安石方执政，亦颇赞助之，俾底于成云。

至其陆续分设于各路，并隶属于京师市易务者，有如下列：

（一）杭州，两浙市易司，熙宁六年置。

（二）黔州，夔路市易司，同上。

（三）成都，成都市易司，同上。

（四）广州，广州市易司，熙宁八年置。

（五）郓州，郓州市易司，同上。

京师市易务之规约如下：

> （一）凡在京诸行铺牙人，召充本务行人牙人。
>
> （二）凡行人，令供通己所有，或借他人产业金银充抵当，五人以上充一保。
>
> （三）遇有客人物货出卖不行，愿卖入官者，许至务中投卖，勾行人牙人与客人平其价。
>
> （四）据行人所要物数，先支官钱买之。
>
> （五）行人如愿折博入官物者，亦听。以抵当物力多少，许令均分赊请，相度立一限或两限，送纳价钱。若半年纳，即出息一分；一年纳，即出息二分；过期不输，息外更加罚钱。
>
> （六）以上并不得抑勒。
>
> （七）若非行人现要物，而实可以收蓄变转，亦委官司折博收买，随时估出卖，不得过取利息。
>
> （八）其三司诸库务年计物，若比在外科买，省官私烦费，即亦一就收买。

以上系熙宁五年京师设市易务初颁之市易规约。按《宋史》三司起请市易，计十三条。今全文无可考。所可考者，除上列各条外，又有神宗削去之一条云：

> 兼并之家，较固取利，有害新法，令市易务觉察按置。

此则对于豪商大贾，取严厉手段，切实取缔，而未获施行。殆当时豪商大贾，亦未可以严法取缔欤？按毕沅《续资治通鉴》云："帝削去此条，御史刘孝孙言：'于此见陛下宽仁爱民之至。'安石曰：'孝孙称颂此事，以为圣政，臣愚窃谓此乃圣政之阙也。’自是诸州上供蕉席黄芦之类，悉令计直，从民愿者，市之以给用。”又附考异如下：

> 陈瓘论王安石《日录》所载熙宁中奏帝语，多不实。其言曰：神考不欲于律外立较固之条，可谓仁厚爱民之意，刘孝孙将顺圣美，不为过也。《日录》但为显扬吕嘉问故，不以御批为是，不以孝孙为然。于是造神考之言曰："若设法倾之，则兼并不能为害。"又撰对上之言曰："若不能明立法令，但设法相倾，即是纸铺孙家所为。纸铺孙家所为，是百姓制百姓不得，故止如此。岂有为天下主，乃只如纸铺孙家所为，何以谓之人主？"李焘曰："设法相倾之语，谓之不诬可乎？纸铺孙家之语，谓之不诋可乎？"按帝既减去较固之条，岂更欲设法相倾，其诬帝明甚。若纸铺孙家之语，凌悖亵慢，无复人臣礼。削而不录，可也。

按《王氏日录》今不传，安石所争，在限制兼并之家，此固未易得人谅解也。

第四节　关于市易法之争执

据《宋史·吕嘉问传》：嘉问提举市易务二年，连以羡课受赏。神宗闻其扰民，语安石。安石曰："嘉问奉法不公，以是媒怨。"神宗曰："免行钱所收细琐，市易鬻及果实，大伤国体。"安石曰："非嘉问孰敢不避左右近习，非臣孰为嘉问辩。"神宗曰："即如是，士大夫何故以为不便？"安石请言者姓名，令嘉问条析。七年，旱，帝忧心恻怛，语韩维、孙永，集市人问之，减坐贾钱千万。安石遂持嘉问条析奏曰："此皆百姓所愿，不如人言也。"嘉问言："朝廷所以许民输钱免行者，盖人情安于乐业，厌于追扰。若一切罢去，则无人祇承。又吏胥禄廪薄，势不得不求于民，非重法莫禁。以薄廪申重法，则法有时而不行。县官为给事，则三司经费有限。今取民于鲜，而吏知自重，此臣等推行之本意也。议者乃欲除去，是殆不然。民未尝不畏吏，方其以行役触罪，虽欲出钱，亦不可得。今吏禄可谓厚矣，然未及昔日取民所得之半。市易所收免行钱，亦未足以偿仓法所增之禄。以此推穷，则利害立见矣。”

熙宁七年之久旱也，诏求直言，曾布论吕嘉问市易掊克之虐。略云：

> 天下之财，良由货不流通；货不流通，由商贾不行；商贾不行，由兼并之家，巧为摧抑。故设市易于京师，以售四方之货，常低昂其价，使高于兼并之家，而低于倍蓰之直；官不失二分之息，则商贾自然无滞矣。今嘉问乃差官于四方买物货，禁客旅无得先交易，以息多寡为诛赏殿最。故官吏牙驵，惟恐裒之不尽，而息之不伙。则是官自为兼并，殊非市易本意也。

又据《宋史·嘉问传》：曾布代薛向为三司使，以嘉问恃势凌三司，怀不能平。会神宗出手札询布，布访于魏继宗，继宗愤嘉问掠其功，列其与初议异者。布得实，具上嘉问多收息干赏，挟官府而为兼并之事。神宗将委布考之。安石言：“二人有私忿。”于是诏布与吕惠卿同治。惠卿故憾布，至三司，召继宗及市贾问状，其辞同。乃胁继宗使诬布，语言增加，继宗不从。布言惠卿不可共事，神宗欲听之，安石不可。神宗遂诏中书曰：“朝廷设市易，本为平准以便民，若《周官》泉府者。今顾使中人之家失业，宜厘定其制。”布见神宗曰：“臣每闻德音，欲以王道治天下。今所为骎骎乎间架除陌矣。嘉问又请贩盐鬻帛，岂不诒四方笑？”神宗颔之，事未决，安石去位，嘉问持之以泣。安石劳之曰：“吾已荐惠卿矣。”惠卿既执政，前狱遂成，布得罪，嘉问亦出知常州，魏继宗并夺秩；而市易如故。

后安石再相再罢，元丰初，嘉问入为吏部郎中光禄卿。言者交论市易之患，被于天下。本钱无虑千二百万缗，率二分其息，十有五年之间，子本当数倍，今乃仅足本钱。盖买物入官，未转售而先计息取赏。至于物货苦恶，上下相蒙，亏折日多，空有虚名而已。于是削嘉问三秩，黜知淮阳军，悉罪前被赏者。

第五节　均输市易之评价

均输法所以求各路贡输之均便。市易法所以求天下货物之流通。贡输何以不能均便？货物何以不能流通？皆由于富商大贾乘急居奇，肆其操纵之伎俩，以博赢利之丰厚；上使国用有匮乏之虞，下使民生感剥夺之困。安石知其然也，故为均输法，令各路凡粜买税敛上供之物，得从便变易蓄买，以待上令；而轻重敛散之权，公家得而制之。惜厄于豪商大贾之观望不前，而未果行。乃更由均输法进而为市易法，出国帑为资本，置官吏以从事经营，实行夺富与贫之政策，借以达其抑兼并之目的。以近代欧西之政治学说为之诠释，直可谓为“以国家权力，限制资本之独占，而求社会经济分配之均平”。此种见解，在十一世纪之中国，宁非可惊异之创造耶？

更就市易法分析言之，其法制大概有三：结保贷请，一也；契要金银为抵，二也；贸迁货物，三也。第一项之取保贷款，第二项之抵押贷款，与今之银行放款何殊？而以国家经营之，则谓为国家银行可也。其第三项之贸迁货物，即今日公卖之说；特其办法不尽同耳。

第十章　社会政策四——农田水利

第一节　治水政策之推行及其成绩

神宗即位之初，志切富国，尤以利农为先。熙宁元年，诏诸路监司：比岁所在陂塘湮没，濒江圩埠浸壤沃壤不得耕，宜访其可兴，劝民兴之。二年，从制置条例司之请，遣刘彝、谢卿材、侯叔献、程颢、卢秉、王汝翼、曾伉、王广廉八人，行诸路，相度农田水利税赋等利害。又下诸路转运司，各条上利害。又诏诸路各置农田水利官。以上系先事调查咨访之大略情形，是为筹备时期。

熙宁二年十一月，条例司具农田利害条约，诏颁诸路。原文如下：

> 凡有能知土地所宜种植之法，及修复陂湖河港；或元无陂塘圩埠堤堰沟洫，而可以创修；或水利可及众，而为人所擅有；或田去河港不远，为地界所隔，可以均济流通者。县有废田旷土，可纠合兴修。大川沟渎，浅塞荒秽，合行浚导。及陂塘堰埭，可以取水灌溉，若废坏可兴治者。各述所见，编为图籍，上之有司。其土田迫大川，数经水害；或地势污下，雨潦所钟；要在修筑圩埠堤防之类，以障水势；或疏导沟洫亩浍，以泄积水。县不能办，州为遣官。事关数州，具奏取旨。民修水利，许贷常平钱谷给用。

此乃关于农田水利事项之纲要，由条例司规定，诏颁诸路，征集具体方案，以备施行。

其后中书言：“诸州县古迹陂塘，异时皆畜水溉田，民利数倍；近岁多所湮废。”遂诏诸路监司，访寻可兴复水利，如能设法劝诱，兴修塘堰圩堤，功利有实，当议旌宠。自此之后，盖已次第实行；故国家以旌宠为鼓励人民之具。

至熙宁五年，治水兴作益繁，安石请捐常平息钱助民兴作，神宗则曰："纵用内帑钱，亦何惜也？"观于此，则神宗及安石推行此种政策之明决，为何如耶？

七年六月，有金州西城县民葛德，出私财修长乐堰，引水灌溉乡户土田；授本州司士参军。八月，诏司农寺具所兴修农田水利次第。九月，又诏籍所兴水利，自今遣使体访其不实不当者，案验以闻。此皆实行时期之事。按其工程之虚实当否，由国家分别奖惩之。惜《宋史》未作有系统之纪述，此不过略见一斑而已。

计其成绩，自熙宁三年起，至九年止，府界及诸路所兴修水利田，凡一万七百九十三处，为田三十六万一千一百七十八顷有奇。其较为艰巨之工程，计有黄河、漳河、御河，均分节详述于后。又如金水河、滹沱河、京畿沟洫、缘边诸水、河北诸水、东南诸水，当安石秉政时，皆尝有所兴作，兹亦未易殚述。史称："神宗对于河役，思顺水性，以节民力，惟水官难其人。安石则力荐程昉、范子渊，二人尤以河事自任。"元丰以后，安石虽罢相，仍续有兴作。如清汴一役，安石实早倡之，元丰元年始举工云。

第二节　疏浚黄河司之建置

黄河之为中国患，不自宋代始。熙宁中，安石秉政时，虽尝因其溃决而举工浚治，其为患亦未能永绝。惟熙宁六年四月，始置"疏浚黄河司"，则为较有价值之建置耳。先是，有选人李公义者，献铁龙爪扬泥车法以浚河。其法，用铁数斤为爪形，以绳系舟尾而沉之水，篙工急棹乘流，相继而下，一再过，水已深数尺。宦官黄怀信以为可用，而患其太轻。王安石请令怀信、公义同议增损，乃别制"浚川杷"。其法，以巨木长八尺，齿长二尺，列于木下，如杷状，以石压之，两旁系大绳，两端矴大船，相距八十步，各用滑车绞之，去来挠荡泥沙，已又移船而浚。或谓水深则杷不能及底，虽数往来无益；水浅则齿碍沙泥，曳之不动，卒乃反齿向上而曳之。此法人皆怀疑，惟安石善其法，使怀信先试之，以浚二股，又谋凿直河数里，以观其效。且言于神宗曰："开直河则水势分，其不可开者，以近河每开数尺即见水，不容施功尔。今第见水即以杷浚之，水当随杷改趋直河。苟置数千杷，则诸河浅淀，皆非所患，岁可省开浚之费几百千万。"神宗曰："果尔，甚善。闻河北小军垒当起夫五千，计合境之丁仅及此数，一夫至用钱八缗，故欧阳修尝谓：'开河如放火，不开如失火。'与其劳人以除害，所谓毒天下之民而从之者。"乃许春首兴工，而赏怀信以度僧牒十五道，公义与堂除，以杷法下北京，令虞部员外郎都大提举大名府界金堤范子渊，与通判知县共试验之；皆言不可用。会子渊以事至京师，安石问其故。子渊意附会，遽曰："法诚善，第同官议不合耳。"安石大悦。至是，乃置"浚河司"。

"浚河司"既成立，将自卫州浚至海，差子渊都大提举，公义为之属，许不拘常制，举使臣等人船木铁工匠，皆取之诸埽，官吏奉给视都水监丞司，行移与监司敌体。当是时，北流闭已数年，水或横决散漫，常虞壅遏。十月，外监丞王令图献议，于北京第四第五埽等处，开修直河，使大河还二股故道。乃命范子渊及朱仲立领其事，开直河，深八尺。又用杷疏浚二股，及清水镇河，凡退背鱼助河则塞之。王安石乃盛言用杷之功，若不辍工，虽二股河上流，可使行地中。

七年秋，判大名府文彦博言："河溢坏民田，多者六十村，户至万七千；少者九村，户至四千六百。愿蠲租税。"神宗从之。又命都水诘官吏不以水灾闻者。程昉以忧死。是年十月，安石去相位。

第三节　浚治御河之两度争议

御河源出卫州共城县百门泉，自通利乾宁入界河，达于海。其通塞，与黄河有关。神宗熙宁二年九月，刘彝、程昉言："二股河北流今已闭塞。然御河水由冀州下流，尚当疏导，以绝河患。"先是，议者欲于恩州武城县开御河，约二十里，入黄河北流故道，下五股河。故命彝、昉相度。而通判冀州王庠谓："第开见行流处，下接胡卢河，尤便近。"彝等又奏如庠言。遂命河北提举籴便粮草皮公弼、提举常平王广廉按视，二人议协，诏调镇、赵、邢、洺、磁、相六州兵夫六万浚之，以寒食后入役。

三年正月，韩琦言："河朔累经灾伤，虽得去年夏秋一稔，疮痍未复。而六州之人，奔走河役，远者十一二程，近者不下七八程，比常岁劳费过倍。兼镇、赵两州，旧以次边，未尝差夫。一旦调发，人心不安。又于寒食后入役，比满一月，正妨农务。"诏河北都转运使刘庠相度，如可就寒食前入役，即亟兴工；仍相度最远州县，辍减差夫，而筑修塘堤兵千人代其役。二月，琦又奏言："御河漕运通流，不宜减大河夫役。"于是止令枢密院调兵三千，并都水监卒二千。三月，又益发壮城兵三千，仍诏提举官程昉等促迫功限。六月，河成，诏昉赴阙，迁宫苑副使。四年。命昉为都大提举黄御等河。

八年，程昉等言："卫州沙河湮没，宜引大河水注之御河，以通江淮漕运；仍置斗门，以时启闭。其利有五：王供危急，免河势变移，而别开口地，一也。漕舟出汴，横绝沙河，免大河风涛之患，二也。沙河引水入于御河，大河涨溢，沙河自有节，三也。御河涨溢，有斗门启闭，无冲注淤塞之弊，四也。德博舟运，免数百里大河之险，五也。一举而五利附焉；请发卒万人，一月可成。"从之。九年秋，昉奏毕功。中书欲论赏，帝令河北监司按视，保明大名安抚使文彦博覆实。是年十月，文彦博言："去秋开旧沙河，取黄河行运，欲通江淮舟楫，彻于河北极边。自今春开口放水，后来涨落不定，所行舟楫，皆轻载，有害无利，枉费工料极多。今御河上源，止是百门泉水，其势壮猛。至卫州以下，可胜三四百斛之舟，四时行运，未尝阻滞，堤防不至高厚，亦无水患。今乃取黄河水以益之，大即不能吞纳，必致决溢。小则缓漫浅涩，必致淤淀。

凡上下千余里，必难岁岁开浚，况此河穿北京城中，利害易睹。今始初冬，已见阻滞。恐年岁间，反坏久来行运。傥谓通江淮之漕，即尤不然。自江浙淮汴入黄河，顺流而下，又合于御河，大约岁不过一百万斛。若自汴顺流，径入黄河，达于北京，自北京和顾车乘，陆行入仓，约用钱五六千缗。却于御河装载赴边城，其省工役物料，及河清衣粮之费，不可胜计。又去冬外监丞欲于北京黄河新堤开置水口，以通行运，其策尤疏。此乃熙宁四年秋黄河下注御河之处，当时朝廷选差近臣，督役修塞，所费不赀。大名恩冀之人，至今疮痍未平，今奈何反欲开口导水耶？都水监虽令所属相视，而官吏恐忤建谋之官，止作迁延回报，谓俟修固御河堤防，方议开置河口。况御河堤道，仅如蔡河之类，若欲吞纳河水，须如汴岸增修，犹恐不能制蓄。乞别委清强官相视利害，并议可否。”又言：“今之水官，尤为不职，容易建言，侥幸恩赏，朝廷便为主张，中外莫敢议。事若不效，都无谴罚。臣谓更当选择其人，不宜令狂妄辈，横费生民膏血。”已而都水监言：“运河乞置双闸，例放舟船，实便。”与彦博所言不同。十二月，命知制诰熊本，与都水监河北转运司官相视。本奏：“……博采众论，究极利病，咸以谓葺故堤，堰新口，存新牐而勿治，庶可以销淤淀决溢之患，而省无穷之费。万一他日欲由此河转粟塞下，则暂开亟止，或可纾飞挽之劳。”本之议如彦博，不悦于安石，遂出分司西京。

第四节　浚治漳河之争议

熙宁三年，漳河变徙为患，既诏程昉、王广廉相视。四年开修，兵万人，袤一百六十里。神宗因与大臣论财用，而臣僚对于浚治漳河之争议遂起。史载其详，今犹可考焉。

文彦博曰：“足财用在乎安百姓，安百姓在乎省力役。且河久不开，不出于东，则出于西，利害一也。今发夫开治，徙东从西，何利之有？”

安石则曰："使漳河不由地中行，则或东或西，为害一也。治之使行地中，则有利而无害。劳民，先王所谨；然以佚道使民，虽劳不可不勉。"

会京东河北大风，有旨权令罢役；程昉愤恚，遂请退休。五月，御史刘挚言："昉等开修漳河，凡用九万夫，物料本不预备，官私应急，劳费百倍；逼人夫夜役，践蹂田苗，发掘坟墓，残坏桑柘，不知其数。愁怨之声，流播道路；而昉等妄奏民间乐于工役。河北厢军，刬刷都尽；而昉等仍于洺州调急夫，又欲令役兵不分番次。其急切扰攘，至于如此，乞重行贬窜，以谢疲民。"杨绘亦以为言。安石则为昉辨说甚力。后卒开之，五年，工毕。

六年十二月，河北提举常平韩宗师论程昉十六罪。神宗以问安石，安石令差官考实。还奏，得良田万顷，又淤四千余顷。已而宗师与昉同放罪。他日，安石言于神宗曰："程昉开闭四河，除漳河、黄河外，尚有溉淤及退出四万余顷，自秦以来，水利之功，未有及此。止转一官，又与韩宗师同放罪，臣恐后世有议圣德。"按程昉功成获罪，安石力为剖白，亦可见其主张修复水利之坚决；虽独排众议，所不顾也。

第五节　清汴之嚆矢

汴河在宋代于诸水为重，其浅深有度，置官以司之，都水监总察之。然大河向背不常，故河口岁易，易则必兴工役。神宗熙宁四年，创开訾家口，日役夫四万余，一月而成。才三月，已浅淀，乃复开旧口，役万工，四日而水稍顺。有应顺臣者，独谓："新口在孤柏岭下，当河流之冲，其便利可常用勿易，水大则泄以斗门，水小则为辅渠于下流以益之。"安石善之。其后张方平尝有反对之论，略云："汴河乃建国之本，非可与区区沟渎水利同言也。今陈说利害以汴河为议者多矣，臣恐议者不已，屡作更改，必致汴河日失其旧，国家大计，殊非小事。"

六年夏，安石用都水监丞侯叔献之说，引汴水淤府界闲田。水既数放，或至绝流，公私重舟不可荡，有阁折者。神宗命都水分析，并诏三司同府界提点官往视。十一月，范子渊建议，冬不闭汴口，以外江纲运，直入汴至京，废运般。安石以为然。诏汴口官吏相视，卒用其说。是后高丽入贡，即令泝汴赴阙。

八年春，安石再相。侯叔献言："昨疏浚汴河，自南京至泗洲，概深三尺至五尺。惟虹县以东，有礓石三十里余，不可疏浚。乞募民开修。"诏检计工粮以闻。七月，叔献又言："岁开汴口作生河，侵民田，调夫役。今惟用訾家口，减人夫物料各以万计；乞减河清一指挥。"从之。未几，汴水大涨，至深一丈二尺。于是复请权开汴口。九年十月，诏都水度量疏浚汴河浅深，仍记其地分。十年，范子渊请用浚川杷，以六月兴工。请今冬疏浚毕，将杷具舟船等分给逐地分使臣。于闭口之后，检量河道淤淀去处，至春水接续疏导。已而安石谢职，清汴之役，遂大兴于元丰以后云。

第六节　官吏操切苛扰之缺憾

中国向以农业立国，富国首在利农，利农端惟水利。文彦博竟以开治为何利之有，其迂拘诚可哂。然而土木之兴，最为专制帝王厉民之具；果使人民任一时之劳，而享久安之利，可也；若其间有不肖官吏，以操切邀功，不惜人民备尝力役之苦，则苛扰病民，亦未见其大有裨于国者何在也。

按《宋史》载："原武等县民，因淤田侵坏庐舍坟墓，又妨秋种，相率诣阙诉。使者闻之，急责其令追呼，将杖之。民即谬曰：'诣阙谢耳。'使者因代为百姓《谢淤田表》，遣吏诣鼓院投之。状有二百余名，但二吏来。安石喜，上亦不知其妄也。"此节自系形容安石之自蔽，然亦未必虚构；无非不肖官吏急切邀功有以致之。故闻其诣诉，遂急追呼而欲杖之也。

苏轼尝有说，对于不肖官吏借治水以操切苛扰病民，殆可谓抉发无遗。其言曰：

> 今欲凿空寻访水利，所谓即鹿无虞，岂惟徒劳，必大烦扰。所在追集老少，相视可否，吏卒所过，鸡犬一空。若非灼然难行，必须且为兴役。何则？沮格之罪重，而误兴之过轻，人多爱身，势必如此。且古陂废堰，多为侧近冒耕，岁月既深，已同永业。苟欲兴复，必尽追收。人心惑摇，甚非善政。又有好讼之党，多怨之人，妄言某处可作陂渠，规坏所怨田产；或指人旧物以为官陂。冒佃之讼，必倍今日。臣不知朝廷本无一事，何苦而行此哉？

观于此，殊不能不致慨于安石之未肯稍纳苏轼之议也。盖安石尝有言曰：“善吾法而择吏以守之。”苟于治水诸役，稍能审慎从事，使良法不致见累于恶吏，其庶几乎不徒托空言欤！

第十一章　改革田赋

第一节　方田法之由来

方田法者，神宗患田赋不均，制为法，以量田亩而均赋则者也。历来田赋科则，最易紊乱。大抵田亩数目之具于官籍者，无精确之编查，乏妥适之方法。及其弊也，则人民纳税之义务失均，争地之词讼滋繁，富者取巧抗匿，贫者转多桎梏。以今事证之，训政伊始，建设为先，有所谓“整理土地”者，即为扫除上述积弊而发也。宋初田赋制度，因仍前朝，蠹国病民，屡谋改革；欧阳修、王素、郭咨等，皆尝有所建议。无如在位者徒恤一时之劳，坐失经远之虑。驯致垦田增多，而岁入反减少。其弊之中于国计者如此；徒使豪民污吏，得以因缘为奸，民生固无缘望其舒泰也。安石既相神宗，日夕孜孜求治，故亦及于此。

第二节　方田法之条目

熙宁五年，重修定方田法。八月，诏司农以均税条约并式颁之天下。条举如下：

（一）以东、西、南、北各千步，当四十一顷六十六亩一百六十步，为一方。

（二）岁以九月，县委令佐分地计量，随陂原平泽而定其地，因赤淤黑垆而辨其色；方量毕，以地及色参定肥瘠，而分五等，以定税则。至明年三月毕，揭以示民。一季无讼，即书户帖连庄帐付之，以为地符。

（三）均税之法，县各以其租额税数为限；旧尝取蹙零，如米不及十合而为升，绢不满十分而收为寸之类，今不用其数，均摊增展，致溢旧额。

凡越额增数，皆禁之。

（四）若瘠卤不毛，及众所食利山、林、陂、塘、路、沟、坟墓，皆不立税。

（五）凡田方之角，立土为峰，植其野之所宜木，以封表之。

（六）有方帐，有庄帐；有甲帖，有户帖。

（七）其分烟、析生、典卖、割移，官给契，县置簿，皆以今所方之田为正。

以上为第一次颁行之条约。其后续有增补者，列下：

（一）土色分五等，疑未尽。下郡县，物其土宜；多为等，以期均当，勿拘以五。

（二）每方差大甲头二人，小甲头三人，同集方户，令各认步亩。方田官验地色，各勒甲头，方户同定。

第三节　方田法施行之经过

方田法以熙宁五年八月颁行。先行于京东路，诸路仿之。七年，京东十七州选官四员，各主其方；分行郡县，各以三年为任。元丰五年，从开封府之请，取税之不均县先行。府界十九县，岁方五县。其后岁稔农隙乃行。而县多山林者，或行或否。元丰八年，神宗知官吏奉行，多致骚扰，诏罢方田。至是。天下之田，已方而见于籍者，计二百四十八万四千三百四十有九顷。然元丰间天下垦田之数，总计为四百六十一万六千五百五十六亩。方田法施行十二年之久，而整理所及，才过半数；惜乎其功之未竟也！

其后徽宗崇宁朝，蔡京为政，复行方田法，自京西北两路始。中经权罢，旋复，至宣和元年，推行及于六路。二年，又罢。不久，宋室亦南迁云。

第四节　方田法之评价

方田法在熙丰新政中，绝鲜争议。盖其利害显然易睹，虽流俗畏事之人，殊无由肆其诋訾。今当千载之下，谋国是者，方揭橥"整理土地"之说，与方田之法，若合符节。则此法在社会政策上之价值，可无俟著者费词矣。若远溯当时，对于此法为赞美之论者，则有取于蔡京之说焉。其说曰：

> 自开阡陌，使民得田私相贸易，富者恃其有余，厚立价以视利；贫者迫于不足，薄移税以速售；而天下之赋调不平久矣。神宗讲究方田利害，作法而推行之。方为之帐，而步亩高下丈尺不可隐。户给之帖，而升合尺寸无所遗。以买卖，则民不能容其巧；以推收，则吏不能措其奸。今文籍具在，可举而行。……

观蔡京所言，可知方田之法，即就人民产权而论，足以杜民之巧，绝吏之奸，而使富者不能恃其余，贫者免致迫于绌。此皆今之言社会政策者所鳃鳃计及者也。

虽然，熙宁中行此法，至元丰八年，功未竟而遽罢之，何也？其后崇宁中复行此法，至宣和二年而终罢之，又何也？得毋其间尚有不利于民者在乎？此盖无伤于法之本身，实系官吏奉行不力有以致之也。元丰八年之罢，史有"官吏奉行多致骚扰"之明文。至徽宗朝，官吏奉法，日久玩生，其萎茶情形，见于诏疏者，有如下述：

> 方田官吏，非特妄增田税，又兼不食之山而方之，俾出刍草之值；民户因此废业失所。（大观四年诏）
>
> 推行十年，告成六路，可谓缓而不迫矣。御史台受诉，乃有二百余亩方为二十亩者，有二顷九十六亩方为七十亩者，虔州之瑞

金是也。有租税一十三钱而增至二贯二百者，有租税二十七钱则增至一贯四百五十者，虔之会昌是也。盖方量官惮于跋履，并不躬亲，而行缠拍峰，验定土色，一任之胥吏。望诏常平使者，密行检察。……（宣和元年臣僚言）

法虽尽善，而官吏玩忽，弊之所及，则是非迷惑；此固不仅方田一法为然。安石缘变法而蒙诟后世者，胥此之故也。儒家之论政曰："徒法不能以自行。"信哉！安石岂不知此，而无如命何也。

第十二章　改革学制

第一节　仁宗英宗两朝修改贡举之建议

宋初沿唐制，设进士科，以诗赋论取士，后增试策。仁宗朝，屡议修改。庆历中，范仲淹奏陈十事，其三曰“精贡举”欲复古兴学校，取士本行实。诏近臣议。于是宋祁等合奏言：“今教不本于学校，士不察于乡里，则不能核名实。有司束以声病，学者专于记诵，则不足尽人材。臣等参考众说，择其便于今者，莫若：使士皆土著，而教之于学校，则学者修饰矣。先策论，则文词者留心于治乱矣。简程式，则宏博者得以驰骋矣。问大义，则执经者不专于记诵矣。”乃诏州县立学，士须在学三百日，乃听预秋赋。旧尝充赋者，百日而止。三场：先策，次论，次诗赋。通考为取。而罢帖经墨义。士通经术，愿对大义者，试十道，可为永式。时言初令不便者甚众，以为：“诗赋声病易考，而策论汗漫难知。祖宗以来，莫之有改，得人尝多。”乃诏一依旧条。

嘉祐二年，欧阳修知贡举，尤裁抑钩章棘句之流。浇薄之士，竟候其晨朝，群聚诋斥之。甚者为祭文投其家。虽文体自欧阳修以后，稍变浮夸之习；然于取士之制，终未能根本改善。

英宗治平三年诏曰：“先帝下间岁之令，而自更法以来，其弊寖长。其令礼部三岁一贡举。”时欧阳修与司马光各于“分路取人”之制，有所建白，终无定议。而科举之制，亟须革新。举朝皆知为不可长此因循矣。

第二节　毅然更制之争议

自宋太祖开国，至神宗即位之初，因循百余年臣僚屡议修改之贡举旧法，一旦改弦而更张，其事悉主于王安石。安石始以为："古之取士，俱本于学，请兴建学校以复古。其明经诸科，应行废罢，取明经人数增进士额。"神宗因其说，诏群臣议之，于是赞成者有韩维、苏颂，异议者有苏轼。

韩维主张：罢诗赋，各习大经，问大义十道，以文解释，不必全记注疏，通七以上为合格。诸科以大义为先，黜其不通者。苏颂主张：先士行而后文艺，去封弥誊录。

苏轼之议略曰："得人之道，在于知人。知人之法，在于责实。使君相有知人之明，朝廷有责实之政，……虽用今之法，臣以为有余；使君相无知人之明，朝廷无责实之政，……虽复古之制，臣以为不足矣。……夫欲兴德行，在君人者修身以格物，审好恶以表俗。若欲设科名以取之，则是教天下相率而为伪也。……自文章言之，则策论为有用，诗赋为无益；自政事言之，则诗赋策论均为无用矣。……矧自唐至今，以诗赋为名臣者，不可胜数。何负于天下，而必废之？"神宗读轼疏，甚为所动。然安石终以坚决胜之。

第三节　安石主张之果决

安石之驳诘苏轼也，语至简而义至赅，拈出"齐道德"一义以折服之。其言曰："今人材乏少，且其学术不一；一人一义，十人十义，朝廷欲有所为，异论纷然，莫肯承听；此盖朝廷不能一道德故也。故一道德则修学校；欲修学校，则贡举法不可不变。若谓此科常得多人，自缘仕进别无他路，其间不容无贤；若谓科法已善，则未也。今以少壮时，正当讲求天下正理；乃闭门学作诗赋。及其入官，世事皆所不习。此乃科法败坏，人才致不如古。"于是卒如安石议。

自唐迄宋，有所谓"明经科"者，不过帖经墨义，尤为达士所贱视。仁宗庆历朝，尝诏废而旋复。马端临云："曾见吕许公夷简应举试卷，因知墨义之式，盖十余条。有云：‘作者七人矣；请以其名对？’对云：‘七人，某某也。谨对。’有云：‘见有礼于其君者，如孝子之养父母也；请以下文对？’则对云：‘下文曰：见无礼于其君者，如鹰鹯之逐鸟雀也。谨对。’有云‘请以注疏对’者，则对云：‘注疏曰：云云。谨对。’有不能记忆者，则只云:‘对未审。’大概如儿童挑诵之状。故自唐以来，贱其科不肯就。”安石特令士子就经文作大义，盖于其中发挥义理，不专尚记诵。较诗赋，则为近本原；较明经，则更发挥有文采；即明代八股所自始也。

第四节　新贡举制度之纲要

安石之议既行，遂于熙宁四年二月，罢明经及诸科，进士罢诗赋帖经墨义。其新所设施者，条举如下：

（一）凡进士，各占治《诗》《书》《易》《周礼》《礼记》一经，兼以《论语》《孟子》。

（二）每试四场:初大经，次兼经大义，凡十道;次论一首;次策三道。礼部试即增二道。

（三）中书撰大义式颁行。

（四）试义者，须通经有文采，乃为中格。不但如明经墨义，粗解章句而已。

（五）取诸科解名十分之三，增进士额，诸科如许用旧业，一试后，非尝应诸科人，毋得创以诸科求试。

（六）其京东西陕西河北河东五路之创试进士者，及府监他路之舍诸科而为进士者，乃得用所增之额以试，皆别为一号考取。

（七）又立新科明法，以待诸科之不能改试进士者；试以律令刑统大义，断案中格即取。

（八）选人任子，试律令始出官。又诏进士第三人以下试法。旋又诏进士第一人以下悉试。

观以上各条设施之旨趣，大抵以“士少壮时，正当讲求天下正理，俾入官后娴习世事”为前提。关于试律令始出官一点，当时搢绅先生，莫不耻言律令，甚有指试刑法为俗吏者。而安石毅然行之，其识见诚倜乎远矣。吴充曾有说曰：“汉陈宠以法律授徒，常数百人。律学在六学之一，后来搢绅多耻此学。近世补官必聚而试之，有以见恤刑之意。”此则差可为安石张目者。

第五节　统一思想之实行及其缺点

安石之议修贡举法，既揭“一道德”为前提，神宗亦尝虑谈经者言人人殊，何以一道德？熙宁六年三月，特置经义局，训释《诗》《书》《周礼》；以安石提举，吕惠卿、王雱同修撰。至八年六月，安石等以所训释《诗》《书》《周礼》三经进上，遂颁于学官，号《三经新义》。后安石罢居金陵，又作《字说》二十四卷以进，亦颁于学。

史称新义既颁，一时学者，无敢不传习，有司纯用以取士，先儒传注，一切废而不用。此在新法中，最为可訾。证诸安石齐一道德之素志，殆非诬罔。盖剥夺人民之思想自由，莫此为甚，宜乎攻安石者至以焚书坑儒为比也。元祐之初，司马光曾有说抉发其非。

司马光曰：“取士之道，当先德行，后文学。就文学言之，经术又当先于词采。神宗罢诗赋及诸科，专用经义论策，此乃复先王令典，百世不易之法。但王安石不当以一家私学，欲盖掩先儒，令天下学官讲解，及科场程试，同己者取，异己者黜。……己论果是，先儒果非，何患学者不弃彼而从此？何必以利害诱胁，如此其急也？”

近人梁启超尝著《王荆公传》，为翻千古沉冤，独于此事认为最陋。且为之评曰：“欲社会之进化，在先保其思想之自由。故今世言政治者，无一不以整齐画一为贵；而独于学术则反是，任其并起齐茁，而信仰各从乎人之所好，则理以辨而愈明。人心之灵，浚之而不竭；强束而归于一，则是敝之也。”按此说良中肯綮。然安石之意，盖以行新法须绝异议，绝异议须一思想。彼固以思想与政令有密切之关系，未有思想纷庞而能政令齐一者。而不知国家政令，正须以人民思想为基础；未有思想不自由，而政令能革新者也。

第六节　革新教育之根本计画

安石之以经义代诗赋，盖亦权宜之制，姑为革新教育之先声耳。观其请改科条试札子有云：“古之取士，皆本学校；道德一于上，习俗成于下，其人才皆足以有为于世。今欲追复古制，则患于无渐。宜先除去声病偶对之文，使学者得专意经术，以俟朝廷兴建学校；然后讲求三代所以教育选举之法，施于天下，则庶几可以复古矣。”又神宗初诏有曰：“化民成俗，必自庠序。进贤兴能，抑由贡举。而四方执经艺者，专于诵数。趋乡举者，狃于文辞。与古所谓三物宾兴，九年大成，亦已戾矣。”其说虽拘拘于复古；然科举之制，流传至于清末，承其变者，终为兴学校。此即有清末造之近事，无俟赘述。虽谓安石兴建学校改革教育之主张，垂千载而终白，宁过言欤？

第七节　兴建国学之概要

宋制，自京师至郡县，皆有学。在京师者曰国子监，仅容释奠斋庖，而生员无所容。安石执政，既以复古制兴学校为一道德齐风俗之根本计画，先于熙宁元年，增太学生员。至四年，纳邓绾之言，以锡庆院及朝集院西庑，建讲书堂，增直讲为十员，率二员共讲一经。生员厘为三等：始入太学为外舍，不限员额。外舍升内舍，额三百员。内舍升上舍，额一百员。各执一经，从所讲经授学。每月考试其业，拔其优者，以次升舍，并荐于中书除官。此太学生三舍之法，犹今日学校之分级制度也。

元丰二年，又颁学令，于是太学制度，益加完备。条举于下：

（一）增置八十斋，每斋容三十人。

（二）外舍生二千人，内舍生三百人，上舍生一百人，总二千四百人。

（三）月一私试，岁一公试，补内舍生。岁一舍试，补上舍生。封弥誊录，如贡举法。

（四）上舍试，则学官不与考。

（五）公试外舍生，入第一第二等，参以所书行艺与籍者，升内舍。

（六）内舍试入优平二等，参以行艺，升上舍。

（七）上舍分三等：俱优为上，一优一平为中，俱平或一优一否为下。上等命以官，中等免礼部试，下等免解。

（八）学正增为五人，学录增为十人。学录参以学生为之。

（附）续诏：许清要官亲戚入监为国子生听读，额二百人。仍尽以开封府解额，归诸太学。其国子生解额，以太学分数取之，毋过四十人。

第八节　分设专科之概要

（一）武学　熙宁五年，建武学于武成王庙。选文武官知兵者为教授，教以诸家兵法，纂次历代用兵成败，前世忠义之节足以训者解释之。生员以百人为额。

（二）律学　熙宁六年，于太学增置律学教授四员。凡命官学人皆得自占入学。需用古今刑书，许于所属索取。凡朝廷新颁条令，刑部画日关送。

（三）医学　初有医学之官，隶太常寺。神宗时，另置提举判局，并置医学教授一员，以翰林医官以下，与上等学生，及在外良医为之。学生以春试取三百人为额，三舍学生愿预者听。仿三舍法立三科：有方脉科、针科、疡科，考察升补等，略如诸学之法。其选用：最高者为尚药医师以次医职，余各以等补官，为本学博士正录，及外州医学教授云。

神宗朝次第建置之专科国学，见于史而可考者，略如上列。俨然今日专科大学之制也。

第九节　各路学校之建置

神宗时，对于各路学校，频颁条教，成绩粲然。兹约举如下：

（一）置京东、京西、河东、河北、陕西五路学，以陆佃等为学官。

（二）令中书采访逐路有经术行谊者，各三五人，虽未仕，亦给簿尉俸，使权教授。

（三）他路州军，命近日选荐京朝官有学行可为人师者，除逐路官令，兼所任州教授。

（四）州给田十顷为学粮，仍置小学教授。

以上熙宁四年诏行。

（五）诏诸州学官，先赴学士院试大义五道，取优通者选差。

以上熙宁八年诏行。

（六）置诸路州府学官，共五十三员。计京东路七员，京西路五员，河北路八员，陕西路九员，河东路四员，淮南路二员，两浙路三员，江南东路二员，江南西路二员，荆湖南路一员，荆湖北路一员，福建路一员，成都路二员，梓州路二员，利州路一员，夔州路一员，广南东路一员，广南西路一员。

以上元丰元年诏行。

观上述历次之建置，先后才十余年耳，而其兴学之成绩有如此者。安石尝云："使学者专意经术，以俟朝廷兴建学校。"其所谓"俟"者，良非漫为夸辞，徒托空言之比。苟能竟其所施，则其裨益于国者，宁有涯涘；惜乎其为功不竟也！

第十三章　改革兵制

第一节　宋初之乡兵制度

安石欲推行民兵制度，以革除募兵积弊，爰有保甲法。其作始也，有类于今日之警察。渐推而广之，则类于近世征兵制度中之后备兵。然宋初已有乡兵制度，盖即保甲法之所由昉。兹先述其崖略，以明渊源。

乡兵者，盖选自户籍，或土民应募，在所团结训练，以为防守者也。其名称随处而异，列举如下；

（一）陕西保毅。

（二）河北忠顺。

（三）河北、陕西强人砦户，——强人弓手。

（四）河北、河东强壮。

（五）河东、陕西弓箭手。

（六）河北等路弓箭社。

（七）河北、河东、陕西义勇。

（八）陕西护塞。

（九）荆、湖义军土丁弩手。

（十）夔、施、黔、思等处义军土丁。

（十一）广南西路土丁。

（十二）广南东路枪手。

（十三）邕钦、溪洞壮丁。

（十四）蕃兵。

以上皆英宗治平以前各路乡兵之名目。当治平元年，英宗尝纳韩琦言，整顿河北、河东乡兵，以佐募兵之不及。而司马光则反其说，谓：“兵

1

2 | 3

1.
《大驾卤簿图》中的宋代具装骑兵。

2.
北宋“鄜延第四将带器械”铜牌。鄜延路为北宋防御西夏进犯而设置的帅司之一，以延州（今陕西延安）为治所。

3.
北宋“威武左第贰十叁指挥第贰都朱记”铜印。“威武”是当时禁卫军侍卫亲军之一威武军的简称。

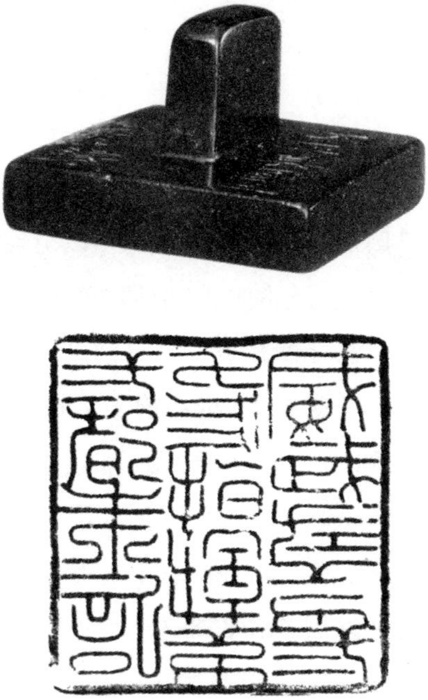

出民间者，名与古同而实异。”又谓：“观者见其旗号鲜明，钲鼓备具，行列有序，进退有节，莫不以为真可战；殊不知彼犹聚戏，若遇敌，则瓦解星散，不知所可矣。”后来司马光终反对保甲法，殆端于此。而韩琦之言，亦即推行保甲法之刍议也。

韩琦之说曰：“古者籍民为兵，数虽多而赡至薄。唐置府兵，最为近之，后废不能复。今之义勇，河北几十五万，河东几八万，勇悍纯实，出于天性，而有物力资产父母妻子之所系。若稍加练简，与唐府兵何异。陕西尝刺弓手为保捷，河北、河东、陕西皆控西北，事当一体。请于陕西诸州亦点义勇，止涅手背。一时不无小扰，终成长利。”

大抵宋朝士大夫，类能自由发挥政论，不以可否徇私情，良足表见正人君子大公无我之态度，如右述司马光之言与韩琦之言，显相刺谬，然皆就事论事，各以主观决其利害者也。其后王安石行保甲法，司马光亦有非议。元祐朝，司马光为相，终罢其法。可见熙宁新法是非之争，非一朝一夕之故，正不足为安石病也。

第二节　募兵之窳败

宋朝兵制，大概有三：一曰禁军，天子之卫兵，以守京师备征戍者也。二曰厢军，诸州之镇兵，以分给役使者也。三曰乡兵，或选于户籍，或土民应募，使之团结训练，以为在所防守者也。乡兵之选于户籍者，即保甲法之所由昉，已具前节。此外皆募兵也。我国自秦汉而下，得寓兵于农之遗意者，惟唐府卫为近之。府卫变而召募，因循姑息，至于藩镇盛，而唐以亡。更历五代，乱亡相踵。宋太祖起戎行，有天下，收四方劲兵，列营京畿，以备宿卫；分番屯戍，以捍边圉。凡其制，为什长之法，阶级之辨，使之内外相作，上下相制，截然而不可犯，足以矫累朝藩镇之弊。咸平以后，承平既久，武备渐宽；仁宗之世，西兵招刺太多，将骄士惰，徒耗国用。于时忧世之士，范镇、欧阳修、苏轼、司马光等，屡有建议，终莫能根本改革。迄安石相神宗，奋然更制，推行保甲，渐汰募兵，虽不能尽拯其弊，要足起一时之气。安石虽缘新法以蒙诟于后世，而其承弊革进之精神，终照耀简册，昭如日星。夫当时养兵蠹国之实况，果何如乎？则范镇、欧阳修等所言，可窥其概也。

范镇之言曰：

> 河北连岁招兵未已，皆是坊市无赖子弟，及陇亩力田之人，谓为军营子弟，求刺为军。况今田甚旷，民甚稀，赋敛甚重，国用甚不足，正由兵多故也。……夫取兵于民则民稀，民稀则田旷，田旷则赋役重，赋役重则民心离；寓兵于民则民稠，民稠则田辟，田辟则赋役轻，赋役轻则民心固。与其离民之心，孰若固民之心？……其利害若视黑白，若数一二，而今为难者，臣所以深惑也。

欧阳修之言曰：

> 国家自景德罢兵，三十三岁矣。兵尝经用者，老死几尽；而后来者，未尝闻金鼓，识战阵也。生于无事，而饱于衣食也，其势不得不骄惰。今卫士入宿，不自持被，而使人持之。禁兵给粮，不自荷，而雇人荷之。其骄如此，况肯冒辛苦以战斗乎？……古人凡民长大壮健者，皆在南亩，农隙则教之以战。今乃大异，一遇凶岁，则州郡吏以尺度量民之长大，而试其壮健者，招之去为禁兵。次不及尺度，而稍怯弱者，籍之以为厢军。吏招人多者有赏，而民方穷时争投之。故一经凶荒，则所留在南亩者，惟老弱也。……民力尽乎南亩者，或不免乎狗彘之食；而一去为兵，则终身安佚而享腴，则南亩之民，不得不日减也。

又曰：

> 今厢禁之军，有司不敢役；必不得已而暂用之，则谓之借倩。彼兵亦相谓曰："官倩我。"而官之文符亦曰："倩。"夫赏者所以

酬劳也。今以大礼之故，不劳之赏。三年而一遍，所费八九十万，有司不敢缓月日之期。兵之得赏，不以无功知愧，乃称多量少，比好嫌恶：少不如意，则持梃而呼，群聚欲击天子之命吏。无事之时犹若此，以此知兵骄也。……今宋之为宋，八十年矣。……兵不足以威于外，而敢骄于内。制度不可为万世法，而日益丛杂，一切苟且，不异五代之时，甚可叹也。

苏轼之言曰：

自井田废，兵农异处，兵不得休而为民，民不得息肩而无事于兵者，千有余年；而未有如今日之极者也。……今天下之兵，不耕而聚于畿辅者，以数十万计，皆仰给于县官。……天下之财，近自淮甸，而远至于吴楚，凡舟车所至，人力所及，莫不尽取以归于京师。晏然无事，而赋敛之厚，至于不可复加。而三司之用，犹苦其不给。其弊皆起于不耕之兵聚于内，而食四方之贡赋。非特如此而已，又有循环往来屯戍于郡县者。……大自藩府，而小至于县镇，往往皆有京师之兵。……出禁兵而戍郡县，远或数千里，其月廪岁给之外，又日供其刍粮。三岁而一迁，往者纷纷，来者累累。……农夫之力，安得不竭？馈运之卒，安得不疲？且今天下未尝有战斗之事，武夫悍卒，非有劳伐，……然皆不得为休息闭居无用之兵。……故美衣丰食，开府库，辇金帛，若有所负。一逆其意，则欲群起而噪呼；此何为者也？……今之士兵所以钝弊劣弱而不振者，彼见郡县皆有禁兵，而待之异等，是以自弃于贱隶役夫之间，而将吏亦莫训也。苟禁兵渐省，而以其资粮益优郡县之土兵，则彼固欢欣踊跃，……而愿效其力；又何遽不如禁兵耶？……

观上列诸说，可知安石既相神宗，而以变法图治自许；对于兵制，不得不亟谋推行保甲法以救其弊。岂可遽持苛论，绳其操切乎？

第三节　保甲法之内容及推行之次第

安石推行保甲，本欲渐以改革兵制。当施行之始，其编制甚类今之户籍，其服务则不啻今之警察。熙宁三年十二月，诏行保甲法。其内容条举如次：

（一）十家为保，选主户有干力者一人为保长。

（二）五十家为大保，选一人为大保长。

（三）十大保为一都保，选为众所服者为都保正。又以一人为之副。

（四）主客户两丁以上，选一人为保丁附保。两丁以上有余丁而壮勇者，亦附之。内家资最厚材力过人者，亦充保丁。

（五）逃移死绝，致同保不及五家，并他保。有自外入者，收为同保。户数俟及十家，则别为保。

（六）兵器非禁者，听习。

以上系保甲之编制。

（七）每一大保，放轮五人儆盗；凡告捕所获，以赏格从事。

（八）同保犯强盗，杀人，放火，强奸，略人，传习妖教，造畜蛊毒，知而不告，依律伍保法。

（九）余事非干已，又非敕律所听纠，皆毋得告；虽知情亦不坐。若于法类保合坐罪者，乃坐之。

（十）其居停强盗三人，经三日，保邻虽不知情，科失觉罪。

以上系服务之纲要。

保甲之法，初试行于畿甸。既就绪，遂推之五路，以遍于天下。就其服务之纲要观之，殊不外乎邻里守望相助之事；与武事，与军制，若不相及也。后则续有诏令，渐见寓兵于民之趋势矣。仍列举于次：

（一）熙宁四年，始诏畿内保丁肄习武事。每岁农隙，由所隶官，期日于要便乡村，都试骑步射。并以射中亲、疏，远、近，区为四等，奖励有差。其艺未精愿候阅视者；或附甲单丁愿就阅试，并听。

（二）熙宁五年，因曾布之说，令主户保丁，分番隶巡检司，十日一更，疾故者，次番代之，月给口粮薪菜钱，分番巡警。又令尉司上番保丁，如巡检之法。

（三）熙宁八年，以保甲改隶兵部，（初隶司农，至是始改。）其政令则听于枢密院。

（四）熙宁九年，枢密院请，自今都副保正义勇军校，三年一比选，县考其训习武艺及等最多，捕察而盗贼最少者，上于州，州上所辖官司，同比较以闻。

（五）元丰二年十一月，始立府界集教大保长法。置官二员提举，总二十二县，为教场十一所。大保长凡二千八百二十五人，每人一色事艺，置教头一。凡禁军教头二百七十，都教头三十，使臣十，当教时，月给钱三千，日给食，官予戎械战袍，又具银楪酒醪为赏犒。

（六）元丰三年，大保长艺成，乃立团教法，以大保长为教头，教保丁。凡一都保相近者，分为五团，即本团都副保正所居空地聚教之。以大保长艺成者十人衮教，五日一周之。五分其丁，以其一为骑，二为弓，二为弩。

（七）同年，府界法成，乃推之三路。各置文武官一人提举，以封桩养赡义勇保甲钱粮给其费。

（八）是岁、引府界保甲武艺成，神宗亲阅，录能用者，余赐金帛。

（九）元丰四年，改五路义勇为保甲。

（十）同年，府界河北、河东、陕西路，会校保甲。都保凡三千三百六十六，正长壮丁凡六十九万一千九百四十五。岁省旧缗钱一百六十六万一千四百八十三，岁增费缗钱三十万三千一百六十六，而团教之赏，为钱一百万有奇，不与焉。

观上述进行之次第，可知自卫乡里之保甲，渐进而加以军事训练；则安石所谓“有保甲即不须募兵”，又谓“民兵成则募兵当减”，岂徒托空言者哉?

第四节　保甲法之争议

保甲立法之初,故老大臣,皆以为不便;而安石主议甚力,神宗卒从之。其论难之词,悉著于《宋史·兵志》,可考见安石关于此法之政见也。兹节录于次:

(一)变更兵制之动议　神宗尝论租庸调法而善之,因及于兵制,谓:“府兵与租庸调法相须。”安石则曰:“今义勇土军,上番供役,既有廪给,则无贫富,皆可以入卫出戍,虽无租庸调法,亦自可为。第义勇皆良民,当以礼义奖养;……使害在于不为义勇,而利在于为义勇,则俗可变,而众技可成。臣愿择乡间豪杰以为将校,稍加奖拔,则人自悦服。矧今募兵为宿卫,及有积官至刺史以上者;移此与彼,固无不可。况不至如此费官禄,已足使人乐为哉?”神宗甚以为然。时有欲以义勇代正兵者,曾公亮谓:“置义勇弓手,渐可以省正兵。”安石则曰:“诚然;但今江淮置新弓手,适足以伤农。”富弼亦论京西弓手非便。安石曰:“揆文教,奋武卫,先王所以待远迩者固不同。今处置江淮与三边,事当有异。”观上说,则可见安石于兵制之更张,亦非颟顸从事者。

神宗尝言节财用,安石对以减兵最急。又曰:“今更减兵,即诚无以待缓急;不减,则费财困国无已时。臣以为倘不能理兵稍复古制,则中国无富强之理。”观此说,则安石之终欲变更兵制者,实以节财用为前提。神宗发其端,而安石襄其成也。

(二)乡兵可用与否之争议　按上文所云复古制者,盖即远溯三代之“寓兵于农”,近征唐代之“府兵制度”是也。神宗以“府兵盛则京师反不足”为疑。安石则曰:“府兵在处可也;又可令入卫,则不患本不强。”韩绛吕公著皆以入卫为难,文彦博且虑曹濮人专为盗贼。安石则曰:“曹濮人岂无应募,皆暴猾无赖之人,尚不以为虞;义勇皆良民,又以物力户为将校，岂当复以为可虞也？”彦博等又以为土兵难使千里出戍。安石曰：“前代征流求讨党项，岂非土兵乎？”神宗复谓：“募兵专于战守，故可恃；至民兵则兵农之业相半，可恃以战守乎？”安石则曰：“唐以前未有黥兵，然亦可以战守。臣谓募兵与民兵无异，顾所用将帅何如尔？”

（三）立法之详慎　义勇土兵之可用与否，方在争议中，陈升之遽欲令义勇以渐戍近州。安石曰：“若欲去数百年募兵之敝，则宜果断详立法制，令本末具备；不然，无补也。”诚以凡百政教，制而用之在法；非预立条制，以渐推行，鲜有不乱其国家者。其后神宗仅欲什伍其民，使与募兵相为用。安石则曰：“欲公私财用不匮，为宗社长久计，募兵之法，诚当变革。”按神宗所谓“什伍其民”，即保甲法之原则；神宗不过欲兴其法，与募兵互相为用；安石则欲革募兵之弊法。故其于保甲之新法，审之也详，而施之也慎，本末具备，堪以经远也。

（四）民间可否自备武器之争议　保甲习武事，必使民自置武器。熙宁时，开封鞠保户有质衣而买弓箭者，神宗恐其贫乏难于出备。安石则言于神宗曰：“民贫宜有之，抑民使置弓箭，则法所弗去也。往者冬阅及巡检番上，唯就用在官弓矢，不知百姓何故至于质衣也？然自生民以来，兵农为一，耒耜以养生，弓矢以免死，皆凡民所宜自具，未有造耒耜弓矢以给百姓者也。然则虽使百姓置弓矢，亦不为过。”

（五）推行渐遽与民情苦欲之争议　保甲法推行之初，乡民既忧无钱买弓箭，加以传惑，徙之戍边，往往父子聚首号泣。神宗且闻民间有斩指以避抽丁者。因谓安石，此事宜缓而密。安石曰：“日力可惜。”神宗曰：“然亦不可遽，恐却沮事。”安石曰：“此事自不敢不密。”时曾孝宽为府界提点，榜募告捕扇惑保甲者，虽甚严，有匿名书封邱郭门者，于是重赏捕之。安石曰：“……今居藏盗贼，及为盗贼之人，固不便新法，其计无聊，专务扇惑。比闻为首扇惑者，已就捕，然至京师，亦止有二十许人。以十七县十数万家，而被扇惑者才二十许人，不可谓多。自古作事，未有不以势率众，而能天下如一者。……为天下者，如止欲任民情所愿而已，则何必立君，而为之张官置吏也。今辅郡保甲，宜先遣官谕上旨，后以法推行之。”神宗以为然。其曾孝宽所言民有斩指避保甲者一节，安石亦有说曰：“此事得于蔡驷、赵子几，使驷验问，乃民因斫木误斩指，参证者数人。大抵保甲法，上自执政大臣，中则两制，下则盗贼及停藏之人，皆所不欲。然臣召乡人问之，皆以为便。则虽有斩指以避丁者，不皆然也。”安石于民情殊非悍然不恤者，尝论保甲籍丁之法有云：“大略不过如此，当遣人与经略转运司及诸州长吏议之，及访本路民情所苦欲，因以寓法。”

（六）保甲与义勇孰得孰失之商榷　神宗谓：“什伍百姓如保甲，恐难成，不如便团结成指挥，以使臣管辖。”安石曰：“诚能果断，不恤人言，既便团结指挥，亦无所妨。然指挥是虚名，五百人为一保，缓急可唤集，虽不名为指挥，与指挥使无异，乃是实事。幸不至大急，即免令人骇扰而事集，为上策。”神宗遂变三路义勇如府畿保甲法。

（七）保甲与义勇可否并行之商榷　神宗问安石曰：“河东修义勇强壮法，又令团集保甲，如何？”安石对曰：“义勇须隐括丁数，若因团练保甲，即分为两事，恐民不能无扰。”

（八）保甲可否替代正兵之商榷　安石谓：“俟保甲习熟后，可代正军上番，东兵技艺，亦弗能优于义勇保甲。”又曰：“今为募兵者，大抵皆偷惰顽猾不能自振之人；为农者，皆朴力一心听令之人，则缓急莫如民兵可用。”冯京难之曰：“太祖征伐天下，岂用农兵？”安石曰：“太祖时接五代，百姓困极，豪杰多以从军为利。今百姓安业乐生，而军中不复有如向时拔起为公侯者。即豪杰不复在军，而应募者，大抵皆偷惰不能自振之人尔。”神宗卒从安石议。神宗复与安石计及保甲刍粮之费。安石曰：“当减募兵之费以供之。所供保甲之费，才养兵十之一二。”神宗曰：“畿内募兵之数，已减于旧。强本之势，未可悉减。”安石曰：“既有保甲代其役，即不须募兵。今京师募兵逃死停放，一季乃数千，但勿招填，即可为减。今厢军既少，禁兵亦不多，臣愿早训练民兵。民兵成，则募兵当减矣。”

（九）保甲上番考校武艺之商榷　枢密院传上旨，以府界十日一番虑太促，无以精武事；其以一月为一番。安石奏曰：“……昨与百姓约十日一番，今遽改命，恐愈为人扇惑。宜俟其习熟，徐议其更番。且今保甲阅艺八等，劝奖至优，人竞私习，不必上番，然后就学。愿以数年，其艺非特胜义勇，必当胜正兵。正兵技艺，取应官法而已；非若保甲人人有劝心也。”

第五节　同时对于募兵之措施

安石笃信《周礼》一书，其改革政治之各种设施，往往欲还诸三代，故其于兵制也，亦悬“全民皆兵”为鹄。而推行保甲之制，原以替募兵之穷。保甲虽渐推行，而募兵犹未可遽废也。故先事汰减，以省其冗；齐其节制，而济其极；则有省兵之举。此系对于原有募兵之措施，而与推行保甲法有关连者也。

省兵之议，发之于神宗，而赞之者安石也。神宗即位之初，总治平之兵，一百十六万二千，而禁军步骑六十六万三千。帝患兵冗不继，始议销并。熙宁元年，诏诸路监司察州兵，拣不如法者案之，不任禁军者降厢军，不任厢军者免为民。是年兵免为民者甚众，冗兵由是大省。二年，复诏并废诸军营，计一岁所省，为钱四十五万缗，米四十万石，细绢二十万匹，布三万端，马稿三百万。初议时，大臣皆以为兵骄已久，遽并之必召乱；帝不听，独王安石赞帝力行之。盖安石之意，以为欲节财用，减兵为急。推行保甲，渐规民兵，为治本之策。先行省兵，以节冗费，则治标之策也。自熙宁至元丰，岁有销并甚众。此省兵之大略情形也。

夫省兵，岂缩减军备之谓哉？安石之志，直欲以保甲法之实，充后备兵之用，冀达其“兵寓于农”“全民皆兵”之目的。无如限于事实，保甲推行伊始，民兵未可骤用，故不得不姑先销并冗杂之募兵，而精其训练，徐俟保甲制度完成，以实行“兵寓于农”耳。观其对神宗之言曰：“既有保甲，即不须募兵。今厢军既少，禁兵亦不多，臣愿早训练民兵，民兵成，则募兵当减矣。”则安石亦未欲尽废募兵；故别有将兵之法，则所以整顿募兵者，即谓为划一常备兵制度可也。

安石之画一常备兵制度也，鉴于当时更戍法之“将不知兵，兵不知将”；且遣调纷纭，兵民交病。因部分诸路将兵，总隶属于禁旅。使各路将兵，平居有训练之勤，而无番戍之劳；一旦有事，则有如臂使指之便。计神宗一朝，凡四度置将；自京畿而西北，而东南，都凡九十二将；又马军十三指挥，忠果十指挥，土军两指挥，都为二十五。所谓“将”者，并非职官之衔名，乃一种组织之称谓；其在马军等，则曰“指挥”；殆有类于今日之所谓“军”所谓“师”也。其建置之次第如下：

（一）熙宁七年，总开封府畿京东西河北路兵，分置将副，自河北始。分布如下：

自第一将至第十七将，在河北四路。

自第十八将至二十四将，在府畿。

自第二十五将至三十三将，在京东。

自第三十四将至第三十七将，在京西。

又不列次者九将，在鄜延。

又不列次者十一将，在泾原。

又不列次者八将，在环庆。

又不列次者五将，在秦凤。

又不列次者九将，在熙河。

（二）熙宁八年，增置马军，并募教阅忠果各指挥。分布如下：

马军十三指挥，分京东西两路。

忠果六指挥，在京西唐邓。

忠果四指挥，在京西蔡汝。

（三）元丰二年，又增置土兵。（与忠果同类）分布如下：

土兵第十一指挥，在京西唐州方城，为右。

土兵第十二指挥，在京西汝州襄城，为左。

（四）元丰四年，团结东南诸路军，置十三将，自淮南始。分布如下：

第一将，在淮南东路。

第二将，在淮南西路。

第三将，在浙西路。

第四将，在浙东路。

第五将，在江南东路。

第六将，在江南西路。

第七将，在荆湖北路。

第八将，在荆湖南路潭州。

第九将，在全邵永州，应援广西。

第十将，在福建路。

第十一将，在广南东路。

第十二将，在广南西路桂州。

第十三将，在邕州。

又汉蕃弓箭手，附隶诸将，在鄜延五路。

上列置将次第，乃安石整顿常备兵之大略情形。观其部区策应，有如善弈者之布置棋局，内则拱卫京畿，外则分防四裔。当国家并无大变之时，而治兵如此，不可谓非策之至善者已。

其一将一指挥之编制若何，今无从详考。姑以可考者条举如下：

（一）每一将兵数在三千以上者，置正副两将。在三千以下者，惟置一将。

（二）每一将兵数无定，视所将兵多寡，置部将，队将，押队，使臣，各有差；又置训练官，次诸将佐。

（三）忠果十指挥，每一指挥五百人。

（四）土兵两指挥，每一指挥四百人。

（五）凡将，副，皆选内殿崇班以上，尝历战阵亲民者充之。亦诏监司奏举。

安石此举，幸未横遭朝臣沮议，诚以理有必然，法之至善，无懈可击，无疵可求也。惜乎史氏未记其详。然观其一鳞一爪，即可以叹服其规模宏远矣。

第六节　保甲法之评价

安石自言保甲法之利曰："保甲非特除盗，固可渐习为兵。既人皆能射，又为旗鼓变其耳目，且约以免税上番代巡检兵；又自正长而上能捕贼者，奖之以官；则人竞相劝。然后使与大兵相参，则可以销募兵骄志，且省财费，此宗社长久之计。"按安石鉴于当时募兵骄惰，因推行保甲法以革之，此其最切要之说明。其最后目的，则前文所谓"民兵成则募兵减"是也。果能循序以渐进于预悬之鹄，则远规先秦，信所谓"寓兵于农"；更旁证近世，实行国民皆兵之征兵制度，亦何以尚兹？惜乎其为功不竟，神宗甫殂，安石犹存，而司马光已一举而废之也。

虽然，推行保甲法之成绩，见于史者，果何如哉？按安石"成民兵以代募兵"之最后目的，实未能终达，故其效仅略见于检阅。若其初步之除盗，则颇有美绩。史载长社一县，捕获府界剧贼，为保甲迫逐外出者，至三十人。又开封府素多群盗，攻劫杀掠，一岁之间，至二百火；保甲之法既行，止盗之效立见。今之警察制度，或未尽完善者，往往不能获效若此也。

安石之为新法，每托于复古；其于保甲法也，亦然。尝曰："古者民居则为乡，伍家为比，比有长；及用兵，即五人为伍，伍有伍司马。二十五家为闾，闾有闾胥；二十五人为两，两有两司马。两司马即闾胥；伍司马即比长；第随事异名而已。此乃三代六乡六军之遗法，其法见于书，自夏以来，至周不改；秦虽决裂阡陌，然什伍尚如古制；此所以兵众而强也。近代唯府兵为近之。今舍已然之成宪，而乃守五代乱亡之余法，其不足以致安强无疑。然人皆恬然不以因循为可忧者，所见浅近也。”夫恬然不以因循为可忧，信乎其所见之浅近。安石独抱殷忧，力谋革进，宜也。然五代之乱，实承李唐藩镇之敝；宋继五代，承其敝而策其变。苟绳以演进之说，则唐之遗制如府兵者，可否遂谋恢复？至于三代成宪，尤其远矣！此其所以贻拗世泥古之讥，而司马光、冯京诸人，皆有“太祖定天下，曷尝用民兵”之难。安石之言虽辨，犹且谓“募兵与民兵无异，顾所用将帅何如耳”。然则前代遗规之所以垂示后世者，在其合于环境之用，而不在于徒存具文之体可知矣。安石断断然援成宪而图变法，此其所以终失之也。

徽宗朝，蔡京擅国，徒有继述熙宁新法之虚名耳；故保甲法亦名存而实替。未几，而靖康之祸作。明陈汝锜论安石，尝有说曰：

> ……即保甲一事，已足以尊武救败，杜南牧之萌，而寝北辕之衅矣。何者？宋武衰而积弱之国也。将权释于杯酒，而藩方之兵弱。天子之禁军，以戍边备征讨，而王畿之兵弱。招游手而涅刺之，既违土著，兼困民供，而所在防御之兵弱。以故金虏一讧，陷朔、代，围太原，下燕、蓟，直捣汴京，有南朝无人之叹。而太后手诏，亦有人不知兵之恨。使保甲不废，则训练以时，韬钤日熟，家有干橹，而人皆敌忾。纵胡马南嘶，亦何至掉臂行数千里，无一城一垒撄其锋者。而又何至纷纷召集下哀痛之诏哉？故吾以为编保甲习民兵，已逆知他日之必有靖康。而靖康之所以河决鱼烂者，正以保甲之法坏，蒙其名而弃其实，额日广而锐日销。驱病妇弱子，张空拳以与饿豺狼斗，而立碎于爪吻之下耳。尚介甫之诅且詈乎？……

向来论安石者，莫不以宋室之南迁，归咎于熙宁之变法。如陈氏之说，则熙宁之新政，如能持续至徽钦两朝而不废，则中州汴洛，或未许金人牧马也。而保甲法当居功首。

第七节　保马法之概要与利弊

保马法又曰户马法，初行于熙宁五年，再行于元丰七年。马端临曰：“按熙宁五年所行者，‘户马’也；元丰七年所行者，‘保马’也。皆是以官马责之于民，令其字养。‘户马’则是蠲其科赋；‘保马’则是蠲其征役。”今按史籍相沿，概曰“保马法”。蠲科赋与蠲征役，所蠲者异，而蠲免则同也。

熙宁五年五月，诏开封府界诸县保甲，愿养马者听，仍以陕西所市马选给之。六年，又诏司农寺立养马法。于是曾布等上条约如下：

（一）凡五路义勇保甲愿养马者，户一匹；其物力高者，愿养二匹者，听。

（二）凡愿养马者，皆以监牧现马给之，或官予其值，令自市，毋或强予。

（三）府界毋过三千匹；五路毋过五千匹。

（四）袭逐盗贼之外，乘越三百里者，皆有禁。

（五）在府界者，免输粮，草二百五十束，加给以钱布。

（六）在五路者，岁免折变缘纳钱。

（七）三等以上十户为一保，四等以下十户为一社，以待病毙补偿者。

（八）保户马毙，马户独偿之。社户马毙者，社人半偿之。

（九）岁一阅其肥瘠，禁苛留者。

以上条约，先从开封府界颁行，次第行于诸路。先是，文彦博吴充力言：“欲令马死备偿，恐非民愿。”安石则以为：“令下之初，京畿百姓多自以为便，愿投牒者，已千五百户，决非有所驱迫。”力请行之。

元丰七年，京东提刑霍翔，请募民养马，蠲其赋役。乃诏京东西路保甲免教阅，每一都保，养马五十匹，匹给十千。限以京东十年，京西十五年而数足。置提举马官领其事，而罢乡村先以物力养马令。尚养户马者，免保马。凡养马，免大小保长税租支移等七事。

观元丰七年之更制，可知熙宁五年之法，尚未确定保马之名词。按《宋史》亦曰“保甲养马”；至马端临务以别于元丰七年之法，以其养马于民，因曰“户马”。其实庆历中已早有户马法，令民养马，以备官买，又与熙宁五年之法不同也。至元丰七年，则容纳旧法于保甲法之中，而“保马法”之名词乃成立。

当时言养马于民之利者，有曰：“官养一马以中价率之，为钱二十三千。募民养牧，可省杂费八万余缗，且使入中刍粟之家，无以邀厚利。计前二年，官马死倍于保甲马；而保甲有马，可以习战御盗，公私两利。”

古时武器不逮近世之精利，故治军以马与兵士并重；夸军实者，则曰“士饱马腾”是也。保马法可以节国用，便肄习，自无可议。其施行之初，如安石所谓“百姓多以为便”，当亦无待于官府抑逼；其投牒应募之数，亦未必全虚。良以当时赋役繁重，苟有得以自免之法，则亦靡然从之，而不暇计及久远矣。及其久也，马之不幸而毙者，赔偿不赀；且奉行之吏，务为苛峻；于是滥增其数，妄促其期，始重为民病矣。近人梁启超于安石诸法中，最薄保马法。谓：“马者生物，其肥瘠生死，往往不尽由人力；而责民养之，有失则令其赔偿，此非政体也。”然当时既厉行保甲法，练民兵，则不可使民无马。给民以马，使之自养，凡以与保甲法相维系而已。故梁氏亦终原之，而不以为甚非。诚以其时代之背景，有与今日不相侔者，未可以一概论之也。

第八节　军器监之建置

宋初军器领于三司胄案，官无专职。熙宁六年，废胄案，乃按唐令，置监，总内外军器之政。以吕惠卿判监事，凡知军器利害，听诣监陈述；于是吏民献器械法式者甚众云。

此议发于安石之子雱，时为崇政殿说书。熙宁五年，神宗欲详定军器制度，诏在京及三路主兵官，监官工匠，审度法度所宜，又患有司苟简。雱因上疏曰："汉宣帝号中兴贤主，而史称技巧工匠，独精于元成之时，是虽有司之事，而上系朝廷之政。方今外御边患，内虞盗贼，而天下岁课弓弩甲胄入充武库者，以千万数，乃无一坚好精利，实可为备者。臣尝观诸州作院，兵匠乏少，至拘市人以备役，所作之器但形式而已。武库之吏，计其多寡之数而藏之，未尝贵其实用；故所积虽多，大抵敝恶。夫为政如此，而欲抗威决胜，外攘内修，未见其可也。倘若弛武备示天下以无事，则金木丝枲筋胶角弓之材，皆民力也；无故聚工以毁之，甚可惜也。莫若更制法度，敛数州之作，聚为一处，若今钱监之比，择知工事之臣，使专其职。且募天下良工，散为匠师，而朝廷内置工官，以总制其事，察其精窳而赏罚之，则人人务胜，不加责而皆精矣。闻今武库，太祖时弓，尚有如新者；而近世所造，往往不可用；此可见法禁之张弛矣。"疏上，神宗嘉纳。明年，遂置军器监。

雱之建议，盖鉴于旧制之敝坏，旧器之恶劣；欲精其器，必更其制。神宗亦正欲利戎器，而患有司之苟简；更其制，即所以杜有司之苟简也。在昔君主专制时代，臣下献替，理有固然。而《宋史》则讥雱为此言以逢迎上意，欲妄更旧制。殊不知此并非王氏之新法，不过恢复唐代之旧制耳。秉笔者思想之顽钝，为何如耶？

第十四章　外交及其武功

第一节　外交政策之概要

安石蒙冤于后世之罪状，首曰“急疾聚敛”，次则曰“穷兵黩武”也。诋之者有曰：“王韶洮河之役，乃安石生事之谋。暂得一幸，神宗即有赐带之举。然不知嗜欲一耽，而元气索矣；何其见之浅而虑之短耶？《易》曰：‘或锡之鞶带，终朝三褫之。’此其安石之谓乎？”此说出于《续通鉴纲目》，旧士子治史学所必读者也。其迂谬怪诞，曲解文致，一望而知为俗儒门户之见也。夷考安石之自为说，则其用兵攘外也，乃其所以“和戎”耳。故其《上五事札子》曰：“……今青唐洮河幅员三千余里，举羌戎之众二十余万，献其地，因为熟户，则和戎之策已效矣。……”盖安石之外交政策，主张以武力为和平之后盾；必勤修武备，振作武功，乃可与外邦言和，策国内之治安也。

是时韩琦所主张之和戎政策，则与安石有大相径庭者。琦尝曰：“臣观近年朝廷举事，似不以大敌为恤。彼见形生疑，必谓我有复燕之意，故引先发制人之说，造为衅端。所以制疑，其事有七：招高丽朝贡，一也。取吐蕃之地建熙河，二也。植柳于西山，以制蕃骑，三也。创保甲，四也。筑河北城池，五也。置都作院，颁弓矢新式，六也。置河北三十七将，七也。契丹素为敌国，因事起疑，不得不然。……今宜遣报使，具言向来兴作，乃修备之常；疆土素定，悉如旧境，不可持此造端，以隳累世之好。可疑之形，如将官之类，因而罢去。益养民，爱力，选贤，任能，使天下悦服，边备日充。若其果自败盟，则可一振威武，恢复故疆，摅累朝之宿愤矣。”琦之为此说，固当时所谓老成深算者。然充琦之说，非尽弛武备，终不能释契丹之疑；则藩篱尽撤，尚可以御外侮乎？

安石尝有开纳西夏之议，则不若韩琦之竟以弛武备释敌疑为说。其《与赵卨书》曰："……以我众大，当彼寡小，我尚疲弊厌兵，即彼偷欲得和可知。我深闭固距，使彼不得安息，则彼上下忿惧，并力一心，致死于我，此彼所以能倔强也。我明示开纳，则彼孰敢违众首议欲为倔强者？就令有敢如此，则彼举国皆将德我而怨彼，孰肯为之致死，此所以怒而怠寇也。……至于开纳之后，与之约和，乃不可遽；遽则彼将骄而易我。盖明示开纳，所以怠其众，而纾吾患；徐与之议，所以示之难，而坚其约。……"此说盖欲以持重制人，与彼韩琦之欲以卑辞乞宥于人者，孰得孰失？必有能辨之者。

第二节　河湟之恢复

河湟者，即今甘肃省巩昌以西岷州洮州之地，沿洮河一带是也。自唐中叶以后，其地没于吐蕃。迨宋有天下百余年，莫有议恢复者。熙宁元年，王韶诣阙上平戎三策，略云："……西夏可取；欲取西夏，当先复河湟；欲复河湟，当先以恩信招抚沿边诸种。自武威之南，至于洮河兰鄯，皆故汉郡。其地可以耕而食，其民可以役而使。幸今诸羌瓜分，莫相统一，此正可并食而兼抚之时也。但能得大族首领五七人，则其余小种，皆可驱迫而用之。诸种既失，即河西李氏，在吾掌握中矣。急之可以荡覆其巢穴，缓之可以胁制其心腹，所谓见形于彼，而收功于此也。"神宗奇其言，安石复力赞之，遂终底于成。

熙宁五年冬十月，置熙河路，以王韶为经略安抚使。是时河洮岷三州，犹未能恢复。至六年秋九月，王韶击破羌军，遂取岷宕洮叠四城。上溯熙宁元年，王韶诣阙献策，至是凡五年，而收复河湟遂告成功。神宗御殿受贺，解所服玉带赐王安石，以酬其运筹之绩。安石有《百寮贺复熙河路表》，略谓："伏睹修复熙河洮岷叠宕等州，幅员二千余里，斩获不顺蕃部一万九千余人，招抚大小蕃族三十余万，各降附者。奋张天兵，开斥王土。旌旃所指，燕及氐羌。楼橹相望，诞弥河陇。……”又《赐玉带谢表》云：“……窃以洮河之业，兆自圣谟。方虎之材，进非师锡，片言投匭，遂察见其有孚；众訾盈庭，豫照知其无眚。以至缓兵算食，搜卒第功，能毕协于始谋，实仰归于独断。如臣蕞尔，何力有焉。……”安石之成功不敢居，且勿置论；即其“众訾盈庭”等语观之，可知其定策之初，诚亦排众议而毅然决之；斯固匪安石莫由臻此也。

王韶之用兵于河湟也，安石盖时时为之擘画。其集中有《与王韶书》四首，其运筹决策之勤，可概见也。

熙宁五年八月，王韶击破吐蕃，复武胜，遂城之，以为镇洮军。安石与韶书曰：“洮河东西，蕃汉附集，即武胜必为帅府。今日筑城，恐不当小。若以目前功多难成，城大难守，且为一切之计，亦宜勿隳旧城，审处地势，以待异时增广。城成之后，想当分置市易务，为蕃巡检，作大廨宇，募汉有力人，假以官本，置坊列肆，使蕃汉官私两利，则其守必易，其集必速矣。”

同年十月，置熙河路。十一月，河州首领瞎药等来降。十二月，筑熙州南北关及诸堡砦。安石又与韶书曰：“承已筑武胜，又讨定生羌，甚善。闻郢成珂等诸酋，皆聚所部防拓，恩威所加，于此可见矣。然久使暴露，能无劳费？恐非所以慰悦众心，令见内附之利。谓宜喻成珂等放散其众，量领精壮人马防拓，随宜犒劳，使悉怀惠。城成之后，更加厚赏。人少则赏不费财，赐厚则众乐为用；不知果当如此否？请更详酌。荡除强梗，必有谷可获以供军，有地可募人以为弓箭手。特恐新募未便得力；若募选秦凤泾原旧人投换，仍许其家人刺手，承占本名，官士人员节级，更与转资，即素教之兵，足以镇服初附。事难遥度，心所谓然，聊试言之耳。”

六年二月，韶进克河州。安石又与韶书曰：“得书喻以御寇之方，上固欲公毋涉难冒险，以百全取胜；如所喻，甚善！甚善！方今熙河所急，在修守备。严戒诸将，勿轻举动。武人多欲以讨杀取功，此而不禁，则一方忧未艾也。窃谓公厚以恩信抚属羌，察其材者收之为用；今多以钱粟养戍卒，乃适足备属羌为变，而未有以事秉常董毡也。诚能使属羌为我用，则非特无内患，亦且赖其力以乘外寇矣。自古以好坑杀人致畔，以能抚养收其用，皆公所览见。且王师以仁义为本，岂肯以多杀敛怨耶？喻及青唐既与诸族作怨，后无复合，理固然也。然则近董毡诸族，事定之后，以兵威临而宥其罪，使讨贼自赎，随加厚赏，彼亦宜遂为我用，无复与贼合矣。与讨而驱之，使坚附贼为我患，利害不侔也。事固有攻彼而取此者；诚能挫董毡，则诸羌自服，安所事讨哉？又闻属羌经讨者，既无蓄积，又废耕作，后无以自存，安得不屯聚为寇，以梗商旅往来？如募之力役及伐材之类，因以活之，宜有可为；幸留意念恤。边事难遥托，想公自有定计，意所及，尝试言之。”

河湟既定之翌年，为熙宁七年四月，安石罢相，出知江宁府。复与韶书曰：“久不得来问，思仰可知。木征内附，熙河无复可虞矣。惟当省冗费，理财谷，为经久之计而已。上以公功信积著，虚怀委任，疆场之事，非复异论所能摇沮。公当展意思有以报上，余无可疑者也。某久旷职事，加以疲病不能自支，幸蒙恩怜，得释重负；然相去弥远，不胜惓惓！”

观上列安石与韶诸书，及前述韶所献之平戎策，可知熙河之复，事实上诚有不容已者。而安石之攘外政策，实以和平妥协为原则；安在其为轻开边衅穷兵黩武也耶；蔡上翔尝有说曰：

> 王子醇，天下奇才也。然非荆公立朝，必不能使之得尽其才。至是，而子醇之功成矣。……而议者犹以凿空开边为子醇罪。夫宋以忠厚开国，而兵威曾不及汉唐远甚。故宋北之窜，南之亡，无不失于弱。以契丹言之，太祖太宗之世，尝苦于兵矣。及乎景德澶渊议和，虽曰兵革不用，民赖少息；自是而增岁币，求割地，若小侯之事大国，无敢不从。非地不广，兵不足，实谋臣猛将无其人；非

德不忍，实其力不足以校之也。若夫西夏自继迁德明以来，叛服不常，延及宝元庆历，元昊寇边益急。虽韩范迭为安抚经略，议战议守，而环庆延鄜诸州，仍累年救死伤不暇。复何有人焉，能出一步，建一策，以窥兰会河湟之郊哉？庆历初，荆公始仕，亲见兵连祸结，民劳财匮，此正君臣旰食不遑，士具智谋材武者，所宜效命之秋也。及王韶开熙河，议者以开边衅罪之，而尤以主韶议大为安石罪。夫开衅者，敌本无衅，而自我开之也。岂亦闻继迁德明元昊六七十年间，用兵不已，当时谁开衅乎？抑衅由敌开，我虽欲不应之，势有必不能也。欲御西夏，必开熙河；开熙河，必取唃厮啰诸羌，所以绝夏人南侵，莫切于此也。夫不计夏人南侵为中国大患，而罪王韶开边衅，又罪安石主韶策，不知二人皆有功而无罪也。观公与子醇四书，皆仁义之言，王者之师。其安边善后，虽赵充国议屯田事，宜无以过。而议者至今犹哓哓不已。元祐初，司马温公更新法殆尽，遂欲并弃熙河路。邢恕谓温公曰："此非细事，当访之边人。孙路在彼四年，其行止足信，可问也。"乃亟召问。路挟舆地图相示曰："自通远至熙河，才通一径，熙之北，已接夏境。今自北关辟土百八十里，濒大河，城兰州，然后可以捍蔽，若捐以予敌。一道危矣。"温公幡然曰："赖以访君。不然，几误国事。"议乃止。呜呼！元祐事势相激，亦可以睹其概矣。

第三节　湖南路诸蛮之平定

湖南路即今湖南省，其溪峒诸蛮，当宋之初有天下，各酋据地自署，朝廷力不及远，因而命之。其强者：曰北江彭氏，占有二十州。南江诸蛮，则有舒氏、田氏、向氏，自辰州达于长沙，各有溪峒。梅山有苏氏；诚州有杨安。皆剥削其民，骄纵日甚，且自相雠杀，涂炭无艺，又屡寇边为患。熙宁初赵鼎张翘等相继言南北江利害。神宗与安石方思用兵以威四方，遂遣章惇察访荆湖北路，经制蛮事。章惇者，后人詈为安石之党，而《宋史》列之于《奸臣传》者也。其用兵平蛮，则功绩甚伟。安石对于平蛮之役，如何擘画，今难考其详。度亦必指授方略，如前节所述对于王韶之情形也。

章惇经制蛮事，三年有奇，扩充版图至四十余州，不可谓非武功也。而修史者以恶新法之故，不为表章。然事实未可尽掩，百世之下，终有定论。夫立功者章惇，而用章惇者，安石也。据《宋史》惇传，方用兵时，有蔡煜者，言是役不可亟成，安石主惇议，遂进兵。是则决定平蛮之策者，亦安石也。其后元祐之初，傅尧俞、王岩叟遽请尽废熙宁间所置新州。此等举措，岂非党同伐异之见，有以使然，故虽蹙损国土，有所不惜欤？然则安石之身后蒙冤，固无怪其然也。

第四节　四川路诸夷之平定

四川路即今四川省，周秦之时，素称化外，两汉以来，叛服不常。宋熙宁初，泸州乌蛮有二酋领：曰晏子，曰斧望箇恕。浸强大，擅劫生夷，频谋入寇。安石执政，既遣章惇察访荆湖蛮事，遂于熙宁六年五月，遣熊本察访梓夔，得以便宜措置诸夷事。本至，即诱斩村豪为向导者百余人，其徒惧，愿自赎；复劫以兵，于是淯井长宁乌蛮罗氏鬼王诸夷，皆愿世为汉官奴。本还朝，叙功。自是徼外诸夷，望风内附。熙宁八年，渝州南川獠木斗叛，仍遣熊本安抚之。本以兵破其众，木斗举地来归，四川路诸夷遂大定。

熊本举庆历进士，文臣也。功成还朝，神宗以其文有典诰体，遂知制诰。因上疏曰："天下之治，有因有革，期于趋时适治而已。陛下出大号，发大政，可谓极因革之理。然改制之时，安常习故之群，交欢合噪，或诤于庭，或谤于市，或投劾引去者，不可胜数。陛下烛见至理，独立不夺；今虽少定，彼将伺隙而逞。愿陛下深念之，勿使彼有以窥其间，而终万世难就之业。天下幸甚！”观此疏，可知熊本盖能力赞新法者。旧史则讥其取媚安石，君子少之。殊不知安石固尝引用之以收平夷之功，奚俟取媚？甚矣！修史者之陋也！稍为新法张目，便讥其媚。尚不列其名于《奸臣传》中，犹云幸矣！

第五节 交趾之征服

交趾者，今安南国也。当宋之初，李公蕴篡黎氏自立，屡蓄异志。其子德政，德政之子日尊；日尊当嘉祐中即位，称皇帝，国号大越，改元宝象。其对于中国，虽阳受册命，实则帝制自为。治平以前，久为边患；使宋稍自振作，早当讨伐矣。至熙宁八年冬，国主李乾德分三道入寇，连陷钦廉二州。明年春，陷邕州；以郭逵为招讨使，赵卨副之，发兵进讨。逵次长沙，先遣将复邕廉，而自将西征，至富良江一带，挫其锋，杀其子李洪真。乾德惧，遣使奉表，诣军门降。

是役以熙宁九年春出师，其冬即大捷。旧史“老师费财”之谬说，无俟赘辩。《安石集》有《敕交趾榜》，夫自草《敕榜》，正见其不失大臣风度耳；而修史者则曲为之说曰：“……谍得交趾露布，言中国作青苗助役法，穷困生民，今出兵欲相拯济。安石大怒，自草敕诋之。”此节另有说辨其诬，见后。兹更录榜文，以证其谬。

《敕榜》原文曰：“眷惟安南，世受王爵，抚纳之厚，实自先朝，含容厥愆，以至今日。而乃攻犯城邑，杀伤吏民，干国之纪，刑兹无赦，致天之讨，师则有名。今顺时兴师，水陆兼进，天示助顺，已兆布新之祥；人知侮王，咸怀敌忾之气。然王师所至，弗迓克奔。咨尔士庶，久沦涂炭。如能谕王内附，率众自归，爵禄赏赐，当倍常科，旧恶宿负，一皆原涤。乾德幼稚，政非己出。造廷之日，待遇如初。朕言不渝，众听毋惑！比闻编户极困诛求，已戒使人具宣恩旨，暴征横赋，到即蠲除，冀我一方，永永乐土。”观此文，诚不知所谓怒诋者安在？当时交趾李氏既帝制自为，窥伺边疆，则安得不出师声讨？原文天讨天助等语，由今日之国际状况论之，诚觉其自大而无当。然在彼时，我国之对于安南，固不失为上国；故虽耀之以兵，而仍取怀柔手段也。

第十五章　哲　学

第一节　安石哲学思想之概观

安石施行新法，在政治史上，可谓伟大之建设；是其必有湛深之思想，作其基础可知也。《宋稗类钞》称："荆公燕居默坐，研究经旨，用意良苦。尝置石莲百许枚几案上，咀嚼以运其思，遇尽未及益，往往啮其指，至流血不觉。"此其力学之坚苦，覃思之深窈，为何如耶？故其造诣之所届，大而扩诸宇宙，返而求诸性情；致于用则治国牖民，立其体则安身崇德；要皆有整个的思想，贯串其间。故安石之哲学，亦有可得而言者。

以今世研究哲学之新方法，分析安石之哲学思想，计有下列之三项：

（一）宇宙论。（二）人生论。（三）社会学。

安石对于先秦诸子及佛家，皆尝有浑括之批评或解释。亦分下列三项：

（一）对于老庄学说。（二）对于杨墨学说。（三）对于佛学。

第二节　安石之宇宙论

安石之学，原以儒家为宗。认定宇宙间天地万有，虽纷然杂陈，要自有执简御繁之道。即孔子所谓"吾道一以贯之"；《易·系辞传》所谓："天下同归而殊涂，一致而百虑。"安石推衍其说为《致一论》曰：

> 万物莫不有至理焉，能精其理，则圣人也。精其理之道，在乎致其一而已。致其一，则天下之物，可以不思而得也。《易》曰"一

致而百虑”，言百虑之归乎一也。苟能致一以精天下之理，则可以入神矣。既入于神，则道之至也。夫如是，则无思无为，寂然不动之时也。虽然，天下之事，固有可思可为者，则岂可以不通其故哉？此圣人之所以又贵乎能致用者也。致用之效，始见乎安身。盖天下之物，莫亲乎吾之身；能利其用以安吾之身，则无所往而不济也；无所往而不济，则德其有不崇哉！故《易》曰：“精义入神以致用，利用安身以崇德。”此道之序也。孔子既已语道之序矣；患乎学者之未明也，于是又取于爻以喻焉。非其所困而困，非其所据而据，不耻不仁，不畏不义，以小善为无益，以小恶为无伤；凡此，皆非所以安身崇德也。苟欲安其身，崇其德，莫若藏器于身，待时而后动也。故君子举是两端，以明夫安身崇德之道。盖身之安不安，德之崇不崇，莫不由此两端而已。身既安，德既崇，则可以致用于天下之时也。致用于天下者，莫善乎治不忘乱，安不忘危；莫不善乎德薄而位尊，智小而谋大。孔子之举此两端，又以明夫致用之道也。盖用有利不利者，亦莫不由此两端而已。夫身安德崇，而又能致用于天下，则其事业可谓备也。事业备而神有未穷者，则又当学以穷神焉。能穷神，则知微，知彰，知柔，知刚。夫于微、彰、柔、刚之际，皆有以知之，则道何以复加哉？圣人之道，至于是而已矣。且以颜子之贤，而未足以及之。则岂非道之至乎？圣人之学，至于此，则其视天下之理，皆致乎一矣。天下之理皆致乎一，则莫能以惑其心也。故孔子取损之词以明致一之道曰：“三人行，则损一人；一人行，则得其友也。”夫危以动，惧以语者，岂有他哉？不能致一以精天下之理故也。故孔子举益之词以戒曰：“立心勿恒，凶。”勿恒者，盖不一也。呜呼！语道之序，则先精义而后崇德，及喻人以修之之道，则先崇德而后精义。盖道之序则自精而至粗；学之之道，则自粗而至精；此不易之理也。夫不能精天下之义，则不能入神矣。不能入神，则天下之义，亦不可得而精也。犹之人身之于崇德也，身不安，则不能崇德矣；

不得崇德，则身岂能安乎？凡此，宜若一；而必两言之者，语其序而已也。

安石此论之要旨盖以宇宙万有，其体一，而其为用也无量。言乎立体，则百虑归于一，致一以精其义，自粗而精，求道之序也。言乎致用，则始见于安身，无所往而不济，由约而博，行道之序也。按儒家之所谓道者，即宇宙根本观念之谓。《易》云："一阴一阳之谓道。"一阴一阳，是曰两仪，生于太极。太极者，万物之初，即宇宙之根本也。安石对于"道"之见解，备于"致一论"中；则其宇宙观亦莫备于是矣。

第三节　安石之人生论

儒家对于性之体用善恶，自孔子以下，孟子、荀卿、扬雄、韩愈各有论列。安石主孔子"性相近习相远"之说，而非孟、荀、扬、韩四家。其总评孟子荀卿之说曰：

孟子言人之性善，荀子言人之性恶。夫太极生五行，然后利害生焉；而太极不可以利害言也。性生乎情，有情然后善恶形焉；而性不可以善恶言也。此吾所以异于二子。

其专评孟子之说曰：

孟子以恻隐之心，人皆有之。因以谓人之性无不仁。就所谓性者如其说，必也怨毒忿戾之心，人皆无之，然后可以言人之性无不善；而人皆果无之乎？孟子以恻隐之心为性者，以其在内也。夫恻隐之心，与怨毒忿戾之心，其有感于外而后出乎中者，有不同乎？

其专评荀卿之说曰：

荀子曰："其为善者，伪也。"就所谓性者如其说，必也恻隐之心，人皆无之，然后可以言善者伪也，而人果皆无之乎？荀子曰："陶人化土而为埴，埴岂土之性也哉？"夫陶人不以木为埴者，惟土有埴之性焉；乌在其为伪也。

其评扬雄之说曰：

诸子之所言，皆所谓情也，习也，非性也。扬子之言为似矣；犹未出乎以习而言性也。古者有不谓喜、怒、爱、恶、欲情者乎？喜、怒、爱、恶、欲而善，然后从而命之曰：仁也，义也。喜、怒、爱、恶、欲而不善，然后从而命之曰：不仁也，不义也。故曰：有情然后善恶形焉。然则善恶者，情之成名而已矣。

其评韩愈之说曰：

……夫太极者五行之所由生，而五行非太极也。性者，五常之太极也；而五常不可以谓之性。此吾所以异于韩子。且韩子以仁、义、礼、智、信五者谓之性，而曰："天下之性，恶焉而已矣。"五者之谓性，而恶焉者岂五者之谓哉？

韩愈之论性曰："性之品三，而其所以为性五。"三者：上智，中人，下愚；五者：仁、义、礼、智、信也。安石则评之曰：

夫仁、义、礼、智、信，孰而可谓不善也？

韩愈又有说曰："上焉者之于五，生于一而行于四；下焉者之于五，反于一而悖于四。"并引尧之朱，舜之均，瞽瞍之舜，鲧之禹，后稷、越椒、叔鱼之事为例。安石则评之曰：

是其于性也，不一失焉，而后谓之上焉者；不一得焉，而后谓之下焉者；是果性善，而不善者习也。然则尧之朱，舜之均，瞽瞍之舜，鲧之禹，后稷、越椒、叔鱼之事，后所引者，皆不可信耶？曰：尧之朱，舜之均，固吾所谓习于恶而已者。瞽瞍之舜，鲧之禹，固吾所谓习于善而已者。后稷之诗以异云，而吾之所论者常也。《诗》之言，至以为人子而无父；人子而无父，犹可以推其质常乎？夫言性，亦常而已矣。无以常乎，则狂者蹈火而入河，亦可以为性也。越椒叔鱼之事，徒闻之左邱明，邱明固不可信也。以言取人，孔子失之宰我，以貌，失之子羽。此两人者，其成人也，孔子朝夕与之居，以言貌取之，而失；彼其始生也，妇人者以声与貌定而卒得之，妇人者，独有过孔子者耶？

韩愈所谓“性之品有三”，盖本于孔子所谓“中人以上，可以语上；中人以下，不可以语上；惟上智与下愚不移”。安石既评韩说之非，对于援孔子之说，则释其义曰：

所谓上智者，习于善而已矣。所谓下愚，习于恶而已矣。一习于善，一习于恶，所谓中人者。上智也，下愚也，中人也，其卒也，命之而已矣。有人于是，未始为不善也，谓之上智可也。其卒也，去而为不善，然后谓之中人可也。有人于此，未始为善也，谓之下愚可也。其卒也，去而为善，然后谓之中人可也。惟其不移，然后谓之上智；惟其不移，然后谓之下愚；皆于其卒也命之，夫非生而不可移也。

安石盖以智、愚与善、恶，各有其用。智者不必善，固有以智济其恶者矣。愚者不必恶，固有愚而安于善者矣。善恶可以测知，而智愚莫由预卜；智愚生有定分，而善恶可以相染。故其言曰：“恶者之于善也，为之则是。愚者之于智也，或不可强而有也。”例如孔子作《春秋》，而游夏不能赞一词；盖孔子之智，高于游夏，虽游夏亦不能强几于孔子也。其下愚者之不移，从可知矣。

孟荀性善、性恶之说，安石皆非之，而以为“有情然后善恶形”。然则性也，情也，又奚辨乎？安石则有“性情一体”之说。其《性情篇》曰：

> 性情，一也。世有论者曰“性善情恶”；是徒识性情之名，而不知性情之实也。喜、怒、哀、乐、好、恶、欲，未发于外，而存于心，性也。喜、怒、哀、乐、好、恶、欲，发于外而见于行，情也。性者情之本，情者性之用；故吾曰：“性情一也。”彼曰“性善”，无他，是尝读孟子之书，而未尝求孟子之意耳。彼曰“情恶”，无他，是有见于天下之以此七者而入于恶，而不知七者之出于性也。故此七者，人生而有之，接于物而后动焉。动而当于理，则圣也，贤也。不当于理，则小人也。彼徒有见于情之发于外者，为外物之所累，而遂入于恶也；因曰“情恶也，害性者情也”；是曾不察于情之发于外，而为外物之所感，而遂入于善者乎？盖君子养性之善，故情亦善；小人养性之恶，故情亦恶。故君子之所以为君子，莫非情也；小人之所以为小人，莫非情也。彼论之失者，以其求性于君子，求情于小人耳。自其所谓情者，莫非喜、怒、哀、乐、好、恶、欲也。舜之圣也，象喜亦喜；使舜当喜而不喜，则岂足以为舜乎？文王之圣也，王赫斯怒；当怒而不怒，则岂足以为文王乎？举此二者而明之，则其余可知矣。如其废情，则性虽善，何以自明哉？诚如今论者之说，无情者善，则是若木石者尚矣。是以知性情之相须，犹弓矢之相待而用。若夫善恶，则犹中与不中也。曰：“然则性有恶乎？”曰：孟子曰：“养其大体为大人，养其小体为小人。”扬子曰：“人之性，善恶混。”是知性可以为恶也。

以弓矢之相待，喻性情之相须，而以中与不中喻善恶。盖性者，体也，本也，先天也。情者，用也，末也，后天也。先天善恶未分，后天善恶乃形也。夫弓矢同，而中与不中异者，何也？习之异也。是即孔子“性相近习相远”之说也。

性也，情也，习也，皆我人立身求己之道也。若夫进于社会而或遇或不遇焉，则又有所谓“命”者在。故安石又有性命之辨。其《扬孟篇》曰：

> 贤者之所以贤，不肖者之所以不肖，莫非性也。贤而尊荣寿考，不肖而厄穷死丧，莫非命也。……孟子之言性曰：“性善。”扬子之言性曰：“善恶混。”孟子之言命曰：“莫非命也。”扬子之言命曰：“人为不为，命也。”孟、扬之道，未尝不同，二子之说，非有异也；此孔子所谓“言岂一端而已，各有所当”者也。孟子之所谓性者，正性也。扬子之所谓性者，兼性之不正者言之也。扬子之所谓命者，正命也。孟子之所谓命者，兼命之不正者言之也。夫人之命，莫不有羞恶之性。有人于此，羞善行之不修，恶善名之不立，尽力乎善，以充其羞恶之性，则其为贤也孰御哉？此得乎性之正者，孟子之所谓性也。有人于此，羞利之不厚，恶利之不多，尽力乎利，以充羞恶之性，则其为不肖孰御哉？此得乎性之不正，而扬子兼所谓性者也。有人于此，才可以贱而贱，罪可以死而死，是人之所自为也；此得乎命之不正者，而孟子之所兼谓命也。有人于此，才可以贵而贱，德可以生而死，是非人之所为也；此得乎命之正者，而扬子之所谓命也。今夫羞利之不厚，恶利之不多，尽力乎利，而至乎不肖；则扬子岂以谓人之性，而不以罪其人哉？亦必恶其失性之正也。才可以贱而贱，罪可以死而死，则孟子岂以谓人之命，而不以罪其人哉？亦必恶其失命之正也。孟子曰：“口之于味也，目之于色也，耳之于声也，鼻之于臭也，四肢之于安逸也，性也；有命焉，君子不谓性也。仁之于父子也，义之于君臣也，礼之于宾主也，智之于贤者也，圣人之于天道也，命也；有性焉，君子不谓命也。”然则孟、扬之说，果何异乎？今学者是孟子则非扬子，是扬子则非孟子，盖知读其文而不知求其旨耳。而曰我知性命之理，诬哉！

性禀于人，命赋自天：二者异体，本不相侔。然人有尽吾性而致于用者，或以相济而成，或以相左而败；则又孰为之本？孰为之标？孰为之因？孰为之果乎？安石有《对辨篇》衍其说曰：

> ……为之者，天也。所谓命者，盖以谓命之于天云耳。昔舜之王天下也，进九官，诛四凶。成王之王天下也，尊二伯，诛二叔。若九官之进也，以其皆圣贤也；四凶之诛者，以其皆不肖也；二伯之尊者，亦以其皆圣贤也；二叔之诛者，亦以其皆不肖也；是则人之所为矣。使舜为不明，进四凶而诛九官；成王为不明，尊二叔而诛二伯；则所谓非人力之所及，而天之所命者也。彼人之所为，可强以为之命哉？曰："圣贤之所以尊进，命也；不肖之所以诛，命也。"昔孔子怀九官二伯之德，困于乱世，脱身于干戈者屡矣。遑遑于天下之诸侯，求有所用，而卒死于旅人也。然则九官二伯虽曰圣贤，其尊进者亦命也。是以圣人不言命，教人以尽乎人事而已。

观上说，则智愚贤不肖之性在人，而吉凶祸福之命在天，昭昭然矣。安石又作进一步之说曰：

> 呜呼！又岂惟贵贱祸福哉！凡人之圣贤不肖，莫非命矣！

夫贵贱祸福，皆自外至者。彼圣贤之贵而福，不肖之贱而祸，皆有命，前既详其说矣。若夫圣贤不肖之所以为圣贤不肖，则在我者也；何以谓之命哉？安石则曰：

> 孟子曰："仁之于父子也，义之于君臣也，礼之于宾主也，知之于贤者也，圣人之于天道也，命也；有性焉，君子不谓命也。"由此而言之，则圣贤之所以为圣贤，君子虽不谓之命；而孟子固曰命也已。不肖之所以为不肖，何以异于此哉？

盖儒家之言命，必先尽力于人事，必至于无可如何而后乃诿诸命。故孔子虽栖栖衰季之世，尚犹周游列国，务求一用。至于正心修身之求诸己者，尤不欲诿诸天命，致泯学者勉强进求之志。而安石谓"圣贤不肖，莫非命也"；则骎骎乎几于道家之定命主义矣。苟又甚焉，其几何不流于乐天厌世之伦哉？

第四节　安石之社会学

法令者，齐一社会之工具。礼教者，则法令之胚胎，亦即初民社会所借以维系制裁之工具也。故“礼”之起源，实为儒家政治哲学之中心问题，为研究社会进化之紧要事项。《坊记》云：“礼者，因人之情，而为之节文，以为民坊者也。”盖礼者，因人之情欲，而加以品节，使不至一纵而无极，实为社会组织之要素；人类之所以异于禽兽者此耳。荀子则申其说曰：

> 礼起于何也？曰：“人生而有欲，欲而不得，则不能无求；求而无度量分界，则不能不争；争则乱，乱则穷。先王恶其乱也，故制礼义以分，以养人之欲，给人之求。使欲必不穷乎物，物必不屈于欲，两者相持而长。是礼之所起也。”

荀子从人性不能无欲说起，是即以人性本恶为前提。安石于荀子性恶之说，固尝力辨其非者；故于荀子之言礼，亦有说以难之。其《礼论篇》曰：

> 呜呼！荀卿之不知礼也！其言曰“圣人化性而起伪”；吾是以知其不知礼也。知礼者，贵乎知礼之意；而荀卿盛称其法度节奏之美，至于言化，则以为伪也；亦乌知礼之意哉？夫礼始于天而成于人，知天而不知人则野，知人而不知天则伪。圣人恶其野而疾其伪，以是礼兴焉。今荀卿以谓圣人之化性为起伪，则是不知天之过也。然彼亦有见而云尔。凡为礼者，必诎其放傲之心，逆其嗜欲之性。莫不欲逸，而为尊者劳。莫不欲得，而为长者让。擎跽曲拳，以见其恭。夫民之于此，岂皆有乐之之心哉？患上之恶己而随之以刑也。故荀卿以为特劫以法度之威而为之于外耳；此亦不思之过也。夫斫木而为之器，服马而为之驾，此非生而能者也。故必削之以斧斤，

直之以绳墨，圜之以规，而方之以矩，束联胶漆之，而后器适于用焉。前之以衔勒之制，后之以鞭策之威，驰骤舒疾，无得自放，而一听于人，而后马适于驾焉。由是观之，莫不劫之以外而服之以力者也。然圣人舍木而不为器，舍马而不为驾者，固亦因其天资之材也。今人生而有严父爱母之心，圣人因其性之欲而为之制焉；故其制虽有以强人，而乃以顺其性之欲也。圣人苟不为之礼，则天下盖将有慢其父而疾其母者矣；此亦所谓失其性也。得性者以为伪，则失其性者乃可以为真乎？此荀卿之所以为不思也。夫狙猿之形，非不若人也；若绳之以尊卑，而节之以揖让，则彼有趋于深山大麓而走耳；虽畏之以威而纯之以化，其可服耶？以谓天性无是，而可以化之使伪耶？则狙猿亦可使为礼矣！故曰："礼始于天，而成于人。"天则无是，而人欲为之者，举天下之物，吾盖未之见也。

由荀子之说，则人类性恶，争夺之心，人皆有之，各以生存相竞，必起争端；故圣人制为礼以泯其争。是社会之起源，在乎人类恶性之不可无以制裁。由安石之说，则人生而有严父爱母之心，故圣人制为礼以顺其欲。是社会之起源，在乎顺人性之自然。荀子生当战国末叶，其思想受法家者流之影响不少。安石则反其说，盖纯乎儒家政治思想也。

安石对于当时社会，颇持阶级观念。盖身处君主专制政体之下，思想囿于儒家尊君之说，故于"治人""治于人"之两种阶级，认为应有常分，不容陵犯。其《洪范传》之末段云：

或曰：孔子以为富与贵，人之所欲；贫与贱，人之所恶；而五福六极，不言贵贱，何也？曰："五福者，自天子至于庶人，皆可使慕而欲其至；六极者，自天子至于庶人，皆可使畏而欲其亡。若夫贵贱，则有常分矣。使自公侯至于庶人，皆慕贵欲其至，而不欲贱之在己，则陵犯篡夺之行日起，而上下莫安其命矣。"《诗》曰："肃肃宵征，抱衾与裯，实命不犹。"盖王者之世，使贱者之安其贱如此。

夫岂使知贵之为可慕而欲其至，贱之为可畏而欲其亡哉？

所谓贵贱有常分者，即自天子公侯以至于庶人之阶级也；此诚君主专制政体不可不严定之条约也。至若贫富之分，则安石固谓任何人皆可慕富而欲其至，任何人皆可畏贫而欲其亡。是经济上之阶级，安石殊不欲其有定分耳。

第五节　安石与老庄学说

道家者流，确信自然力万能而且至善，一涉人工，便损其本真。故老子曰："以辅万物之自然，而莫敢为。"又曰："为者败之，执者失之。"其意盖以涉乎形器者，皆不足言也，不足为也。故抵去礼乐刑政，而唯道之称焉。安石则评之曰：

> 道有本有末：本者，万物之所以生也；末者，万物之所以成也。本者出之自然，故不假乎人之力，而万物以生也；末者涉乎形器，故待人力而后万物以成也。……夫道之自然者，又何预乎？唯其涉乎形器，是以必待于人之言也，人之为也。

老子尝设喻曰："三十辐，共一毂；当其无，有车之用。"安石则曰：

> 夫毂辐之用，固在于车之有无；然工之琢削，未尝及于无者，盖无出于自然之力，可以无与也。今之治车者，知治其毂辐，而未尝及于无也；然而车以成者，盖毂辐具，则无必为用矣。如其知无为用而不治毂辐，则为车之术，固已疏矣。今知无之为车用，无之为天下用，然不知所以为用也。故无之所以为车用者，以有毂辐也；无之所以为天下用者，以有礼乐刑政也。如其废毂于车，废礼乐刑政于天下，而坐求其无之为用，则亦近于愚矣。

安石之批评老子学说，盖以儒家思想为基础。至其对于庄子，则又以为“庄子非不知圣人者”；谓其“有意于天下之弊而存圣人之道”。其说曰：

> 昔先王之泽，至庄子之时竭矣。天下之俗，谲诈大作，质朴并散。虽世之学士大夫，未有知贵己贱物之道者也。于是弃绝乎礼义之绪，夺攘乎利害之际，趋利而不为辱，殒身而不以怨，渐浸陷溺，以至乎不可救已。庄子病之，思其说以矫天下之弊，而归之于正也；其心过虑，以为仁义礼乐，皆不足以正之。故同是非，齐彼我，一利害，则以足乎心为得；此其所以矫天下之弊者也。既以其说矫弊矣，又惧末世之遂实吾说，而不见天地之纯，古人之大体也；于是又伤其心于卒篇以自解。故其篇曰：“《诗》以道志，《书》以道事，《礼》以道行，《乐》以道和，《易》以道阴阳，《春秋》以道名分。”由此而观之，庄子岂不知圣人者哉？又曰：“譬如耳、目、鼻、口，皆有所用，不能相通；犹百家众技，皆有所长，时有所用。”用是以明圣人之道，其全在彼而不在此；而亦自列其书于宋钘、慎到、墨翟、老聃之徒，俱为不该不偏一曲之士，盖欲明吾之言有为而作，非大道之全云耳。然则庄子岂非有意于天下之弊而存圣人之道乎？……然而庄子之言，不得不为邪说比者，盖其矫之过矣。夫矫枉者，欲其直也；矫之过，则归于枉矣。庄子亦曰：“墨子之心，则是也；墨子之行，则非也。”推庄子之志以求其行，则独何异于墨子哉？然后之读《庄子》者，善其为书之心，非其为书之说，则可谓善读矣；此亦庄子之所愿于后世之读其书者也。

从来喜读庄周书者，往往推究其义蕴，如安石此篇。然庄周之说，既于儒家持异议；而其为说也，亦自有其道家之思想在。安石以矫枉过正为庄周病，是犹囿于儒家思想者之见解也。

按安石《答陈梠书》有曰：“庄生之书，其通性命之分，而不以死生祸福累其心，此其近圣人也。”此亦其囿于儒家思想之一证也。

第六节　安石与杨墨学说

安石之评杨、墨也，盖亦以儒家思想为主观。抉其要，无非尊圣人而抑杨墨而已。故曰："杨、墨之道，得圣人之一而废其百者也。圣人之道，兼杨墨而无可无不可者也。"

按墨子之道，摩顶放踵，以利天下；杨子之道，则利天下拔一毛而不为；此其所以偏诐也。然如禹之治洪水，九年之间，三过其门，闻呱呱之泣，而不一顾其子；此亦可谓摩顶放踵矣。又如颜回穷居陋巷，箪食瓢饮，以独乐其乐，视天下之治乱，若无见者；此亦无以异于杨子之道矣。而杨、墨独被斥于孟子之书，何也？安石于此，则又有说焉：

> 由杨子之道，则不义。由墨子之道，则不仁。……杨子之所执者为己，为己，学者之本也。墨子之所学者为人，为人，学者之末也。是以学者之事，必先为己，其为己有余，而天下之势可以为人矣，则不可以不为人。故学者之学也，始不在于人，而卒所以能为人也。今夫始学之时，其道未足以为己，而其志已在于为人也；则亦可谓谬其用心矣。谬其用心者，虽有志于为人，其能乎哉？由是言之，杨子之道，虽不足以为人，固知为己。墨子之志，虽在于为人，吾知其不能也。……杨子……不能达于大禹之道，亦可谓惑矣。墨子……所欲以利人，适所以为天下患害耳；岂不过甚哉？故杨子近于儒，而墨子远于道；其异于圣人则同，而其得罪则宜有间也。

此说盖本于儒家"君子求在己"之义，故左杨而右墨。墨子远于道者，远于"君子求在己"之道也。然安石《答陈柅书》又尝谓："是翟非亢然诋圣人而立其说于世，盖学圣人之道而失之耳。"夫远于儒家之所谓道者，未必无亢然自立之道也。终以"学圣人而失之"为言，则其尊儒术绌异端之成见，为何如耶。

第七节　安石与佛学

宋学受佛教之影响不少；周、张、程、朱诸氏，阳排佛，而阴同化于佛，殆为今日研究宋学者公认之事实。王安石在此潮流中，虽论学一衷于圣人，而翰墨论议之间，往往微露其归化于佛之面目。罢相以后，时与禅僧往来。著《字说》，颇杂引佛说。尝撰《楞严经疏解》，惜今不传。苟非深造自得，曷克臻此？

安石之治佛学，盖启于张方平。安石尝问方平云："孔子去世百余年，而有孟子，其后绝而无人，或虽有之，不足为醇儒，如何？"方平答云："岂无人耶？亦有过于孔孟者矣！"安石问为何人？方平答云："马祖道一、汾阳无业、雪峰义存、岩头全奯、丹霞天然、云门文偃。"安石愕然。方平复云："儒门淡泊，收拾不住，皆归于释氏矣！"安石乃叹服。此事出于宋善卿《祖庭事苑》。安石晚年，并以所居园屋为僧寺，其信佛之笃可知。

安石以佛理融会于其思想中者，兹不详论；但述其得于佛者。如《书金刚经义赠吴珪》曰：

> 惟佛世尊，具正等觉；于十方刹，见无边身；于一寻身，说无量义。然旁行之所载，累译之所通，理穷于不可得，性尽于无所住。金刚般若波罗密为最上乘者，如斯而已矣。

以"理穷于不可得，性尽于无所住"二语，概括金刚要义，是诚能探骊得珠者。其诗歌最得禅味者，并有下列各章：

> 达本
>
> 未能达本且归根，真照无知岂待言。枯木岩前犹失路，那堪春入武陵原？

寓言（二首录一）

本来无物使人疑，却为参禅买得痴。闻道无情能说法，面墙终日妄寻思。

读维摩经有感

身如泡沫亦如风，刀割香涂共一空。宴坐世间观此理，维摩虽病有神通。

安石之邃于佛而发于讽咏者，观上列各诗，可概见矣。尚有《拟寒山拾得诗》二十首，及与禅僧赠答诸作，不具录。其说佛较详之文字，则有《答蒋颖叔书》云：

如某所闻，非神不能变，而变以赴感，特神足耳。所谓性者，若四大是也。所谓无性者，若如来藏是也。虽无性而非断绝，故曰"一性所谓无性"。曰"一性所谓无性"，则其实非有非无。此可以意通，难以言了也。惟无性，故能变。若有性，则火不可以为水，水不可以为地，地不可以为风矣。长来短对，动来静对，此但令人勿著耳。若了其语意，则虽不著二边而著中边，此亦是著。故经曰："不此岸，不彼岸，不中流。"长爪梵志一切法不变，而佛告之以"受与不受亦不受"，皆争论也。若知应生无所住心，则但有所著，皆在所诃；虽不涉二边，亦未出三句。若无此过，即在所可，三十六对，无所施也。《妙法莲花经》说实相法，然其所说，亦行而已。故道师曰："安立行净，行无边行，上行也。"其所以名《芬陀利华》，取义甚多，非但如今法师所释也。佛说有性，无非第一义谛。若第一义谛，有即是无，无即是有。以无有像计度言语起，而佛不二法；离一切计度言语，谓之不二法；亦是方便说耳。此可冥会，难以言了也。

此书盖缘蒋颖叔问以所疑，而拉杂裁答之。故难寻其系统。观其一则曰："此可以意通，难以言了也。"再则曰："此可冥会，难以言了也。"则安石之于佛学，深造自得，难落言诠，为何如耶？晚年归老钟山之定林，著《楞严经疏解》，同时高僧洪觉，称其颇能“详诸师之略，略诸师之详，有表一家识妙之处”。惜乎其不传于今也！

第十六章　经　学

第一节　当时颂扬王氏新学者

安石之经学，以《诗书周礼三经新义》为代表物，而《字说》附焉。尝借行政之威权，独行于熙宁元丰两朝，元祐以后，则别之曰“王氏新学”，遂随政争而兴替。按黄庭坚有答张耒诗云：“荆公六艺学，妙处端不朽。诸生用其短，颇复凿户牖。譬如学捧心，初不悟已丑。玉石恐俱焚，公为区别否？”庭坚乃元祐党人中之矫矫者也，而于安石之经学，居然称道之如此，而以玉石俱焚为恐。至于安石之门人陆佃，则有答李贲书云：“嗟乎！道之不一久矣！而临川先生起于弊学之后，不向于末伪，不盲于本真，度之以道揆，持之以德操，而天下莫能罔莫能移。故奇言异行，无所遁逃，而圣人之道复明于世。某亦幸当此会，而偶获承教于先生之门。”其推崇可谓至矣。

按刘敞有《七经小传》三卷，晁公武云：“元祐史官谓：‘庆历前学者尚文词，多守章句注疏之学，至敞始异诸儒之说。后王安石修经义，盖本于敞。’公武观原父说伊尹相汤伐桀升自陑之类，经义多剿取之，史官之言不诬。”刘敞字原父，安石之友也。是刘氏之《七经小传》，实为安石《三经新义》之先导，皆经学史上之改革派也。

朱熹在《学校贡举私议》中，尝有说曰：

> 今欲正之，莫若讨论诸经之说，各立家法，而皆以注疏为主。如《易》则兼取胡瑗、石介、欧阳修、王安石、邵雍、程颐、张载、吕大临、杨时。《书》则兼取刘敞、王安石、苏轼、程颐、杨时、晁说之、叶梦得、吴棫、薛季宣、吕祖谦。《诗》则兼取欧阳修、苏轼、程颐、

张载、王安石、吕大临、杨时、吕祖谦。《周礼》则刘敞、王安石、杨时。《仪礼》则刘敞。二戴《礼记》则刘敞、程颐、张载、吕大临。《春秋》则啖助、赵正、陆纯、孙明复、刘敞、程颐、胡安国。《大学》《论语》《中庸》《孟子》,则又皆有集解等书,而苏轼、王雱、吴棫、胡寅等说亦可采。

观熹此说,则安石之《三经新义》皆未始无可采。即其未颁于学官之《易解》,及王雱之《学》《庸》《论》《孟》,亦齿及焉。然则安石之经学,诚未可漫肆诋訾也。

第二节 安石对于经学之谈片

安石有答韩求仁书,谈经学甚赅详。蔡上翔《王荆公年谱考略》列于治平元年,盖在居丧江宁时,其书云:

比承手笔,问以所疑,哀荒久不为报。勤勤之意,不可以虚辱,故略以所闻致左右,不自知其中否也?唯求仁所择尔。盖序《诗》者,不知何人;然非达先王之法言者,不能为也。故其言约而明,肆而深,要当精思而熟讲之尔,不当疑其有失也。《二南》皆文王之诗,而其所系不同者,《周南》之诗。其志美,其道盛;微至于赳赳武夫《兔罝》之人,远至于《江汉》《汝坟》之域,久至于衰世之公子,皆有以成其德。《召南》则不能与于此。此其所以为诸侯之风,而系之召公者也。夫事出于一人,而其不同如此者,盖所入有浅深,而所施有久近故尔。所谓《小雅》《大雅》者,《诗》之序固曰:“政有小大,故有《小雅》焉,有《大雅》焉。”然所谓《大雅》者,积众小而为大,故《小雅》之未有疑于《大雅》者,此不可不知也。又作诗者其志各有所主。其言及于大,而志之所主者小;其言及于小,而志之所主者大;此又不可不知也。司马迁以为:“《大雅》言王公大人，而德逮黎庶；《小雅》讥小己之得失，而其流及上。”此言可用也。又宣王之《大雅》，其善疑于小；而幽王之《小雅》，其恶疑于大；盖宣王之善微矣，其大者，如此而已；幽王之恶大矣，其小者，犹如此也。凡序言刺某者，一人之事也。言刺时者，非一人之事也。刺言其事，疾言其情；或言其事，或言其情，其实一也。何以知其如此？《墙有茨》，卫人刺其上也；而卒曰“国人疾之，而不可道也”；是以知其如此也。刺乱，为乱者作也；闵乱，为遭乱者作也。何以知其如此？平王之《扬之水》，先束薪而后束楚；忽之《扬之水》，先束楚而后束薪；周之乱在上，而郑之乱在下故也。乱在上则刺其上，乱在下则闵其上；是以知其如此也。管、蔡为乱，成王幼冲，周公作《鸱鸮》以遗王，非疾成王而刺之也，特以救乱而已，故不言刺乱也。言刺乱、刺褊、刺奢、刺荒，序其所刺之事也。言刺时者，明非一人之事尔，非谓其不乱也。《关雎》之诗所谓“悠哉悠哉，辗转反侧”者，孔子所谓“哀而不伤”者也。《何彼襛矣》之诗所谓“平王”者，犹“格王”“宁王”而已，非东周之平王也。所谓“齐侯”者，犹“康侯”“宁侯”而已，非营丘之齐侯也。郑《缁衣》之诗，宜也，好也，席也，此其先后之序也。此诗言武公父子善善之无已，故序曰：“以明有国善善之功焉。”席，多也；宜者，以言其所善之当也；多者，以言其所善之众也；缁衣者，君臣同朝之服也；适子之馆者，就之也。为之改足缁衣，而授之以粲者，举而养之也。能就之，又能举而养之，此所以为有国者之善善，而异于匹夫之善善也。夫有国善善如此，则优于天下矣；其能父子善于其职，而国人美之，不亦宜乎？《生民》之诗，所谓“是任是负，以归肇祀”者，言后稷既开国，任负所种之谷，以归而肇祀尔；非以谓兆帝祀于郊也。所谓“卬盛于豆，于豆于登，其香始升，上帝居歆”者，言我既为天子得祀郊，则盛于豆登，其香始升，而上帝居歆尔；非以为后稷得郊也。其卒曰“胡臭亶时，庶无罪悔，以迄于今”者，言上帝所以居歆，何臭之亶时乎？乃以后稷肇祀，则庶无罪悔，以迄于今，得郊祀之时尔；盖所谓文武之功，起于后稷，故推以配天者此也。卫有《邶》《鄘》之诗，而说者以谓卫后世并邶鄘而取之，理或然也。既无所受之，则疑而阙之可也。意诚而心正，心正则无所为而不正。故孔子曰：《诗》三百，一言以蔽之曰："思无邪。"此《诗》之言，故曰"诗三百一言以蔽之"也；非以他经为有异乎此也。吾之所受者为此，则彼者吾之所弃也。所谓"彼哉彼哉"，盖孔子之所弃也。孔子曰"管仲如其仁"，仁也。扬子谓"屈原如其智"，不智也。犹之《诗》以不明为明，又以不明为昏。考其辞之终始，则其文虽同，不害其意异也。忠足以尽己，恕足以尽物，虽孔子之道，又何以加于此？而论者或以谓孔子之道，神明不测，非忠恕之所能尽。虽然，此非所以告曾子者也。好勇过我也者，所谓能勇而不能怯者也；能勇而不能怯，非成材也；故孔子无所取。古者凤鸟至，河出图，皆圣人在上之时。其言"凤鸟不至，河不出图"者，盖曰"无圣人在上"而已矣。颜子具圣人之体而微，所谓贤人也。其于尊五美，屏四恶，非待教也，若夫郑声佞人，则由外铄我者也，虽若颜子者，不放而远之，则其于为邦也，不能无败。《书》曰："能哲而惠，何忧乎驩兜，何畏乎巧言、令色、孔壬。"由此观之，佞人者，尧舜之所难，而况于颜子者乎？夫佞人之所以入人者，言而已；言之入人不如声之深，则郑声之可畏，固又甚矣。孔子曰"如有所誉，其有所试矣"，谓"颜子三月不违仁"者，盖有所试矣。虽然，颜子之行，非终于此，其后孔子告之以"克己复礼"，而请事斯语矣。夫能言、动、视、听以礼，则盖已终身未尝违仁，非特三月而已也。语道之全，则无不在也，无不为也，学者所不能据也，而不可以不心存焉。道之在我者为德，德可据也。以德爱者为仁，仁，譬则左也，义，譬则右也；德以仁为主，故君子在仁义之间，则当依者，仁而已。孔子之去鲁也，知者以为为无礼也，乃孔子则欲以微罪行也。以微罪行也者，依于仁而已。礼，体此者也；智，知此者也；信，信此者也。孔子曰“志于道，据于德，依于仁”；而不及乎义、礼、智、信者，其说盖如此也。扬子曰：“道以道之，德以得之，仁以人之，义以宜之，礼以体之，天也。合则浑，离则散，一人而兼统四体者，其身全乎？”老子曰：“失道而后德，失德而后仁，失仁而后义，失义而后礼。”扬子言其合，老子言其离，此其所以异也。韩文公知道有君子有小人，德有凶有吉，而不知仁义之无以异于道德，此为不知道德也。管仲九合诸侯，一匡天下，此孟子所谓“天之大任”者也；不能如大人“正己而物正”，此孔子所谓小器者也。言各有所当，非相违也。昔之论人者，或谓之圣人，或谓之贤人，或谓之君子，或谓之仁人，或谓之善人，或谓之士。《微子》一篇，记古之人出处去就，盖略有次序；其终所记八士者，其行特可谓之士而已矣。当记此时，此八人之行，盖犹有所见，今亡矣，其行不可得而考也。无君子小人，至于五世，则流泽尽；泽尽则服尽，而尊亲之礼息。万世莫不尊亲者，孔子也；故孟子曰：“予未得为孔子徒也，予私淑诸人也。”孟子所谓“市廛而不征，法而不廛”者，先儒以国中之地谓之廛，以《周官》考之，此说是也。廛而不征者，赋其市地之廛，而不征其货；法而不廛者，治之以市官之法，而不赋其廛。或廛而不征，或法而不廛，盖制商贾者恶其盛，盛则人去本者众；又恶其衰，衰则货不通，故制法以权之。稍盛则廛而不征，已衰则法而不廛。文王之时，关讥而不征，及周公制礼，则凶荒札丧，然后无征，盖所以权之也。贡者，夏后氏之法，而孟子以为不善者，不善，非夏后氏之罪也，时而已矣。责难于君者，吾闻之矣；责善于友者，吾闻之矣；虽然，其于君也，曰：“以道事之，不可则止。”其于友也，曰：“忠告而善道之，不可则止。”王驩于孟子，非君也，非友也，彼未尝谋于孟子，则孟子未尝与之言，不亦宜乎？求仁所问于《易》者，尚非《易》之蕴也，能尽于《诗》《书》《论语》之言，则此皆不问而可知。某尝学《易》矣，读而思之，自

> 以为如此，则书之以待知《易》者质其义。当是时，未可以学《易》也，唯无师友之故，不得其序，以过于进取。乃今而后，知昔之为可悔，而其书往往已为不知者所传，追思之，未尝不愧也。以某之愧悔，故亦欲求仁慎之。盖以求仁之才能而好问如此，某所以告于左右者，不敢不尽，冀有以亮之而已。至于《春秋三传》，既不足信，故于诸经尤为难知，辱问皆不果答，亦冀有以亮之。

此书前段论《诗序》特详；后段则杂论儒家哲学，而及于诸经，当与哲学章各节互参。《临川集》中与友朋讨论经学之书札甚多，姑录此书，以概其余。

第三节　《三经新义》及其他经解

熙宁八年六月己酉，安石进所撰《诗书周礼义》。神宗谓安石曰："今谈经者言人人殊，何以一道德？卿所撰经义，其以颁行，使学者归一。"遂颁于学官，号曰《三经新义》，安石及吕惠卿、王雱叙官各有差。

安石自撰《周礼义序》云：

> 士弊于俗学久矣！圣上闵焉，以经术造之，乃集儒臣训释厥旨，将播之校学，而臣某实董《周官》。惟道之在政事，其贵贱有位，其后先有序，其多寡有数，其迟数有时。制而用之存乎法，推而行之存乎人。其人足以任官，其官足以行法，莫盛乎成周之时。其法可施于后世，其文有见于载籍，莫具乎《周官》之书。盖其因习以崇之，赓续以终之，至于后世，无以复加，则岂特文武周公之力哉？犹四时之运，阴阳积而成寒暑，非一日也。自周之衰，以至于今，历岁千数百矣，太平之遗迹，扫荡几尽，学者所见，无复全经。于是时也，乃欲训而发之，臣诚不自揆。然知其难也，以训而发之之为难，则有以知夫立政造事追而复之之为难。然窃观圣上致法就功，取成于

心，训迪在位，有冯有翼，亹亹乎乡六服承德之世矣。以所观乎今，考所学乎古，所谓见而知之者，臣诚不揆，妄以为庶几焉。故遂冒昧自竭，而忘其材之弗及也，谨列其书为二十有二卷，凡十余万言，上之御府，副在有司，以待制诏颁焉。谨序。

晁公武曰："按秦火之后，《周礼》比他经最后出，论者不一，独刘歆称为周公致太平之迹。郑氏则曰：'周公复辟后，以此授成王，使居雒邑治天下。'林孝存谓之黩乱不验之书。何休亦云：'六国阴谋之说。'昔北宫锜问孟子周室班爵之法，孟子以谓：'诸侯恶其害己，灭去其籍'；则自孟子时，已无《周礼》矣，况经秦火乎？孝存、休非之，良有以也。不知刘、郑何所据而言，然又自违异不同。王莽尝取而行之，敛财聚货，渎祀烦民，冗碎诡异，离去人情远甚；施于文则可观，措于事则难行。凡莽之驯致大乱者，皆以此。厥后唯苏绰、王通善之，诸儒未尝有言者。至于介甫以其书理财者居半，爱之，如行青苗之类，皆稽焉。所以自释其义者，盖以其所创新法，尽传著之，务塞异议者之口。后其党蔡京绍述介甫，期尽行之，圜土、方田，皆是也。周姬姓，故其女曰王姬。其臣如宋齐之女，亦不曰姬，而各氏其姓，曰姜氏，曰子氏。赵嬴姓，京乃令帝女称帝姬。噫！至于姓亦从焉，何其甚也！久之，祸难并起，与莽曾无少异，殆《书》所谓'与乱同事'者邪？"

陈振孙曰："其序言：'自周衰至今，……（见前）……又知夫立功造事追而复之之为尤难'，新法误国，于此可推其原矣。"熙宁八年，诏颁之国子监，且置之义解之首。

《周礼新义》今有传本，其源流具详于本章，兹不复述。

安石自撰《诗义序》云：

《诗》三百十一篇，其义具存，其辞亡者，六篇而已。上既使臣雱训其辞，又命臣某等训其义。书成，以赐太学，布之天下，又使臣某为之序。谨拜手稽首言曰：《诗》上通乎道德，下止乎礼义；

放其言之文，君子以兴焉；循其道之序，圣人以成焉。然以孔子之门人，赐也，商也，有得于一言，则孔子悦而进之，盖其说之难明如此。则自周衰以迄于今，泯泯汾汾，岂不宜哉？伏惟皇帝陛下内德纯茂；则神罔时恫；外行恂达，则四方以无侮；日就月将，学有缉熙于光明，则颂之所形容，盖有不足道也。微言奥义，既自得之，又命承学之臣，训释厥遗，乐与天下共之。顾臣等所闻，如爝火焉，岂足以赓日月之余光，姑承明制代匮而已。《传》曰："美成在久。"故棫朴之作人，以寿考为言，盖将有来者焉，追琢其章，缵圣志而成之也。臣衰且老矣，尚庶几及见之。谨序。

元丰中，安石退居金陵时，尝具札乞改《三经义》误字，于《诗义》所改最多。择录一则于次：

(《北风》)"北风以言其威，雨雪以言其虐。凉者，气也；喈者，声也。雱，盖言聚；霏，盖言散。气之所被者近，声之所加者远。聚则一方而已，散则无所不加。此言其为威虐，后甚于前也。"已上六十三字，今欲删去。改云："北风之寒也，而以为凉；北风之厉也，而以为喈；此以言其为威。雨雪之散也，而以为雱；雨雪之集也，而以为霏；此以言其为虐。"

又有第二札子，专改《诗义》。略云："……尚有《七月》诗：'剥枣者，剥其皮而进之，养老故也。'十三字，谓亦合删去。……"此书今无传本，惟《临川集》有此两札子，可见其一斑耳。

安石自撰《书义》序云：

熙宁二年，臣某以《尚书》入侍，遂与政；而子雱实嗣讲事，有旨为之说以献。八年，下其说太学，颁焉。惟虞夏商周之遗文，更秦而几亡，遭汉而仅存，赖学士大夫诵说，以故不泯；而世主莫或知其可用。天纵皇帝大知，实始操之以验物，考之以决事，又命训其义，兼明天下后世。而臣父子以区区所闻，承乏与荣焉。然言之渊懿，而释以浅陋；命之重大，而承以轻眇；兹荣也，只所以为愧欤！谨序。

晁公武曰："王雱元泽撰。熙宁时，颁是书于学官，用以取士，或少违异，辄不中程，由是独行于世六十年。而天下学者，喜攻其短。自开党禁，世人罕称焉。"

陈振孙曰："雱盖述其父之学，王氏《三经义》，此其一也。熙宁六年，命知制诰吕惠卿充修撰经义，以安石提举修定，又以安石子雱，惠卿弟升卿为修撰官。八年，安石复入相，新传乃成，雱盖主是经者也。王氏学独行于世者六十年，科举之士，熟于此乃合程度。前辈谓如脱墼然，按其形模而出之尔。士习胶固，更丧乱乃已。"

朱熹《语录》曰："荆公不解《洛诰》，但云：'其间煞有不可强通处，今姑择其可晓者释之。'今人多说荆公穿凿，他却有如此处。后来人解书，却须要尽解。王说伤于凿；然其善，亦有不可掩处。"

安石另有《洪范传》一卷，今存《临川集》中。《书义》系王雱主撰，安石只作序一首。元丰中，安石乞改《三经义》误字，亦及于《尚书》，其时雱已前卒矣。其所请改者，有删去之一则，择录如下，以见一斑。

"洪范，有器也，然后有法。此书所以谓之范者，以五行为宗故也。五行犹未离于形，而器出焉者也。扩而大谓之弘，积而大谓之丕，合而大谓之洪。此书合五行以成天下之大法，故谓之洪范也。"已上七十一字，今欲删去。

此书南宋时尚有传本，播及北朝。金王若虚《著述辨惑》有一则云："王安石《书解》，其所自见而胜先儒者，才十余章耳。余皆委曲穿凿，出于私意，悖理害教者甚多。想其于《诗》于《周礼》皆然矣。谬戾如此，而使天下学者尽废旧说以从己，何其好胜而无忌惮也。"若虚竟以此书为安石所撰，殆惑于所谓王氏学，遂未暇辨耳。今尚流传之《周礼新义》，若虚又未之见。

安石《三经新义》及《洪范传》外，尚有《易解》《左氏解》《论语解》《孟子解》《孝经解》，皆不传，其源流概要，另为述之。

安石及其子雱等，于《礼记》独无解义。据陈振孙《书录解题》，有方悫《礼记解》二十卷。陈氏曰："政和三年表进，自为之序，以王氏父子独无解义，乃取其所撰《三经义》及《字说》，申而明之，著为此解。由是得上舍出身，其所解文义亦明白。"又马希孟《礼记解》七十卷。陈氏曰："希孟字彦醇，未详何人，亦宗王氏。"朱子《语录》曰："方、马二解，合当参考，尽有说得好处，不可以其新学而黜之。"

又按晁公武《郡斋读书志》，杨时有《周礼辨疑》一卷，《毛诗辨疑》一卷，皆攻安石之失；《书义辨疑》一卷，专攻王雱之失。此又反对新学之著作也。

第四节　讥薄《春秋》之辩正

讥《春秋》为断烂朝报，乃数百年来公认安石为叛经之根据也。按陆佃有《答崔子方秀才书》云："荆公不为《春秋》，盖尝闻之矣。公曰：'三经所以造士，《春秋》非造士之书也。学者求经，当自近者始，学得《诗》，然后学《书》；学得《书》，然后学《礼》；三者备，《春秋》其通矣。'故《诗》《书》执《礼》，子所雅言，《春秋》罕言，以此。"据此，则与安石答韩求仁所谓"《春秋》难知"，意义符合。后之论者，何必执断烂朝报之诬说，以相訾謷耶。

李绂《书周麟之孙氏春秋传后序》云："麟之浮薄小生，其述父训，亦必未然；否则其父亦妄人也。其谓：'荆公欲释《春秋》以行于天下，而莘老之传已出，一见而有忌心，自知不能复出其右，遂诋圣经而废之曰：此断烂朝报也。不列于学官，不用于贡举。'鄙哉斯言！荆公释《春秋》，尚未著书，他人何由知之？见孙传而生忌，诋其传足矣，何至因传而诋经？荆公之才与学，固十倍于莘老，予尝取其书观之，十驳四五。谓荆公不能出其右，岂不谬哉？荆公尝自著《春秋左氏解》十卷，甚精核，辨左氏为战国时人，其明验十有一事，自来治经者，未之能及。其高第弟子陆佃农师，龚原深父，并治《春秋》。陆著《春秋后传》，龚著《春秋解》，遇疑难者，辄目为阙文。荆公笑谓：'阙文若如此之多，则《春秋》乃断烂朝报矣。'盖病治经者不得经说，不当以阙文置之；意实尊经，非诋经也。至谓不列于学官，不用于贡举，则更未然。熙宁四年二月改法，分经义以取进士，令士各占治《易》《诗》《书》《周礼》《礼记》一经，兼《论语》《孟子》。则《仪礼》与《三传》等皆罢，不独《春秋》也。（宋初沿唐制，取士以九经、五经、开元礼、三史、三礼、三传、学究、明经、明法等科。）且据《续通鉴》，是年八月，即书'复《春秋》《三传》取士'；是改法之初，尚未施行，而《春秋》旋复也。麟之晚出孙书于家传三世之后，乃撰为无稽之言，以诬荆公。而六百余年，莫有为之辨者。盖科举之习，束书不读；不治经，故莫知议论之得失；不治史，故莫知古事之是非也。又陈氏《书录解题》称：'蜀州晋原主簿遂宁冯正符信道撰《春秋得法忘例论》三十卷，蜀守何郯上之，以中丞邓绾荐，得召试赐同进士出身，王安石亦待之厚。'此亦可见贡举不以取士之说之妄。巽岩李氏云：'信道当熙宁九年，用御史中丞邓文约荐，召试舍人院，赐出身。邓严事荆公不敢异，乃先以《春秋得法忘例论》言于朝'，初不曰宰相不善此。亦见临汝间书者，《文献通考》引用之。巽岩去荆公未远，其言如此；则谓荆公诋《春秋》者，皆误信麟之妄语者也。信道后进以《春秋》论荐，荆公犹待之厚；况莘老其所素交，岂有忌其书遂并诋圣经之理？又按荆公卒于元祐元年，年六十八（当是六十六）。莘老元祐元年始拜谏议大夫，进吏部侍郎，又擢御史中丞，卧疾，然后求提举舒州灵仙观以归，而卒年六十三。是莘老之年，小于荆公，殆十余岁。而邵辑序文，谓：'公晚患诸儒之凿，始为之传'；则莘老之书，无论荆公未尝忌，盖亦未尝见之也。”

蔡上翔曰：“《春秋》断烂朝报之说，穆堂李氏辨之甚详。予谓公特不信传，未尝不信《春秋》。于答韩求仁书，尤为确证。且公甚尊信《春秋》，而亦不尽废传，全书可考而知也。《原性篇》以《春秋》比《易》，《亡兄常甫墓志》谓以《诗》《书》《礼》《易》《春秋》授弟子，《复仇解》谓复仇之义，见于《春秋传》，见于《礼记》。欲求公一言之诋《春秋》者，不可得也。或曰：‘公既尊信《春秋》，当时不列于学官，不以之取士，何也？’曰：‘当是时，公既不能以诸儒之言束于一家之说，因以难知之经，以俟世之知经者，则虽不以之取士，而士之治《春秋》自在也。’杨龟山、尹和靖，皆及见荆公者也。龟山之言曰：‘熙宁之初，崇儒尊经，训迪多士，以为《三传》异同，无所考正，于六经尤为难知，故《春秋》不列于学官，非废而不用也。而士方急于科举之习，遂阙焉不讲。’林希逸曰：‘尹和靖言：“介甫未尝废《春秋》，以《春秋》为断烂朝报，皆后来无忌惮者，托介甫之言也。”和靖去介甫未远，其言如此其公。’希逸之言如此，而后人犹挟持浮说攻排之不已。何也？”

第五节　清儒对于安石经学之论列

按《宋元学案·新学略》内，有《荆公〈周礼新义〉题词》一首。节录如下：

> 《三经新义》多出于荆公子元泽所述，而荆公门人辈分纂之。独《周礼》则亲出于荆公之笔，盖荆公生平，用功此书最深，所自负以为致君尧舜者，俱出于此。是固熙丰新法之渊源也，故郑重而为之。……其后国学颁行之板，为国子司业莆田黄隐所毁，世间流传遂少，仅见王氏《订义》所引而已。荆公解经，最有孔郑家法，言简意赅，惟其牵经于《字说》，不无穿凿，是固荆公一生学术之蔽，

而不知其为累也。盖尝统荆公之经学而言之，《易传》不在三经之内，说者谓荆公不惬而置之，然伊川独令学者习其书。容斋谓《毛诗》八月剥枣，荆公一闻野老之言，辄改其说，则亦非任情推挽者。朱子于《尚书》推四家，荆公与焉；且谓其不强作解事。而《礼记》之方、马数家，亦摹荆公之意而为之，至今《礼记》注中不能废。《尔雅》成于陆氏，而以其余为《埤雅》，既博且精；彼其门人所著，尚有不可掩者如此。至若《春秋》之不立于学官，则公亦以其难解而置之，而并无断烂朝报之说，见于和靖《语录》中所辨。予观《宋志》，荆公作《左氏解》一卷，则非不欲立明矣。荆公又尝与陈用之、许元成解《论》《孟》。然则去其《字说》之支离，而存其菁华，所谓六艺不朽之妙，良不可雷同而诋也。而况是书乃荆公所最属意者乎？

全祖望此文，对于安石经学之全体，亦已论及。又有《记荆公〈三经新义〉事》一首曰：

荆公《三经新义》至南渡而废弃。元祐时，不过曰经义兼用注疏及诸家，不得专主王氏之解；所禁者，《字说》耳。独莆田黄隐作司业，竟焚其书，当时在廷诸公，不以为然，弹章屡上。案《山堂考索》所载："元祐元年十月癸丑，刘挚言：'国子司业黄隐，学不足以教人，行不足以服众。故相王安石经训，视诸儒义说，得圣贤之意为多，故先帝立之于学，程式多士。而安石晚年《字说》，溺于释典，是以近制禁学者无习而已。至其经义，盖与先儒之说并存，未尝禁也。隐见安石政事多已更改，妄意迎合，欲废其学，每见生员试卷引用，辄加排斥，何以劝率学校？'同时吕陶……上官均等，亦皆乞罢隐慰公论。"由此观之，元祐诸贤，平心亦至矣。嗟乎！蔡京之欲毁《通鉴》，盖隐有以启之；韩忠献所谓"鬼怪辈坏事"也。

皮锡瑞《经学历史》以经学自宋以后为积衰时代，而熙宁中变帖经为墨义，安石进《三经新义》，颁行天下，实为衰落之关键。其说曰：

唐宋明经取士，犹是汉人之遗，而唐不及汉，宋又不及唐者，何也？汉以经术造士，上自公卿，下逮掾吏，莫不通经。其进用，或由孝廉茂才，或由贤良对策。若射策中科，止补文学掌故博士弟子员，非高选也。唐之帖经，犹汉之射策，其学既浅，而视之又不重。所重视者，诗赋之辞，时务之策，皆非经术。援经义对策者，仅一刘蕡引《春秋》正始之文，发宦侍无君之隐。以直言论，固属朝阳之凤；以经义论，亦同独角之麟；而唐不能用，此其所以不及汉也。宋仁宗始复明经科，神宗变帖经为墨义。帖经之记诵属实，非数年不为功；墨义之文字蹈空，即一时可猝办。唐时帖括，全写注疏，议者病其不能通经。权德舆谓："注疏犹可以质验，不者，傥有司率情上下其手，既失其末，又不得其本，则荡然矣。"宋用墨义，正如权德舆所料。又专用王氏新学，不尊古义；苏轼以为黄茅白苇，徐禧言窃袭人语，不求心通者相半，此其所以并不及唐也。且宋以后，非独科举文字蹈空而已。说经之书，亦多空衍义理，横发议论，与汉唐注疏全异。朱子答人问胡安国云："寻常亦不满于胡说，解经不使道理明白，却说其中多使故事，大与做时文答策相似。"夫以胡安国《春秋传》，后世颁之学官，用以取士者，犹不免与时文答策相似；皆由科举之习，深入人心，不可涤除。故论经学，宋以后为积衰时代。

科举取士之文，而用经义，则必务求新异，以歆动试官。用科举经义之法，而成说经之书，则必创为新奇，以煽祸后学。经学宜述古，而不宜标新。以经学文字取人，人必标新以别异于古。一代之风气，成于一时之好尚；故立法不可不慎也。元明之经义，本于宋熙宁中王安石所立墨义之法，命吕惠卿、王雱等为之，而安石自撰《周礼义》，使雱撰《诗书义》，名为《三经新义》，颁行天下。夫既名为《新义》，则明教人弃古说以从其新说矣。陈后山《谈丛》言："荆公《新义》行，举子专诵王氏章句，而不解义。荆公悔之曰：本欲变学究为秀才，不谓变秀才为学究。"是安石立法不善，当时已自悔其失；而其书至南宋始废。赵鼎谓："安石设虚无之学，败坏人才。"陈公辅谓："安石使学者习其所为《三经新义》，皆穿凿破碎无用之空言也。"南宋虽废《新义》，而仍用其墨义之法。朱子谓："经义甚害事，分明是侮圣人之言；诗赋却无害。"朱子岂不知经义取士，优于诗赋；而其言如是，则当时经义为经之蠹可知。元人因之，而制为《四书五经疑》。明初用《四书疑》，后乃改《四书五经义》。其破承原起之法，本于元王充耘《书义矜式》，又本于吕惠卿、王雱之墨义。名为明经取士，实为荒经蔑古之最。明时所谓经学，不过蒙存浅达之流；即自成一书者，亦如顾炎武云："明人之书，无非盗窃。"弘治以后经解，皆隐没古人名字，将为己说而已。其见于四库存目者，新奇谬戾，不可究诘，五经扫地，至此而极。

皮氏乃清季老师，于释经主复古。尝谓："清朝经师有功于后学者：一曰辑佚书，二曰精校勘，三曰通小学。"盖清代汉学家之后劲也。故于宋儒以空言义理说经，认为积衰。安石之《三经新义》，多取刘敞《七经小传》，敞之谈经尚新奇，又先于安石。皮氏则又有说曰：

自庆历后，诸儒发明经旨，非前人所及。然排《系辞》，毁《周礼》，疑《孟子》，讥《书》之《胤征》《顾命》，黜《诗》之序，不难于议经，况传注乎？案宋儒拨弃传注，遂不难于议经。排《系辞》，谓欧阳修。毁《周礼》，谓修与苏轼、苏辙。疑《孟子》，谓李觏、司马光。讥《书》，谓苏轼。黜《诗序》，谓晁说之。此皆庆历及庆历稍后人，可见其时风气实然，亦不独咎刘敞、王安石矣。

玩皮氏此说，则宋儒之拨弃旧说，发明新义，非前人所及，亦不为无功于经学。王安石固当厕名其间，而与有功也。特其以行政之威权，强天下士子以必同。司马光所谓："王安石不当以一家私学，欲盖掩先儒。"其害于士林，良非细故。其异于并世诸儒，亦即在此。

第十七章　文字学

第一节 《字说》之撰著

安石晚年居江宁，删定《字说》，成二十四卷；出入百家，语简而意深，自以为平生精力尽于此书。好学者从之请问，口讲手画，终席或至千余字。元丰五年进于朝，有司用以取士。元祐中，言者指其糅杂释老，穿凿破碎，聋瞽学者，因禁绝之。绍圣以后，复用于科场，盖与《周礼诗书三经新义》，同为王氏学，随政局为兴替也。明季尚有传本，李时珍撰《本草纲目》偶援其说。清修《四库全书》，则未见其目，今已久佚不传矣。

安石撰此书，盖据许慎《说文》而广之；且自谓教学必自此始，有合于古代同文字一道德之遗意。其自序曰：

> 文者，奇、偶、刚、柔，杂比以相承，如天地之文，故谓之文。字者，始于一二，而生生至于无穷，如母之字子，故谓之字。其声之抑、扬、开、塞，合、散，出、入；其形之横、纵、曲、直，邪、正，上、下，内、外，左、右；皆有义，皆本于自然，非人私智所能为也。与夫伏羲八卦，文王六十四卦，异用而同制，相待而成易。先王以为不可忽，而患天下后世失其法，故三岁一同。同之者，一道德也。秦烧诗书，杀学士，而于是时始变古而为隶；盖天之丧斯文也。不然，则秦何力之能为？余读《说文》，而于书之意，时有所悟，因序录其说，为二十四卷，以与门人所推经义附之。惜乎先王之文缺已久，慎所记不具，又多舛；而以余之浅陋考之，且有所不合。虽然，庸讵知非天之将兴斯文也？而以余赞其始。故其教学，必自此始。能知此者，

则于道德之意，已十九矣。

又《进〈字说〉表》曰：

窃以书用于世久矣。先王立学以教之，设官以达之，置使以喻之，禁诛乱名；岂苟然哉？凡以同道德之归，一名法之守而已。道衰以隐，官失学废，循而发之，实在圣时。岂臣愚憧，敢逮斯事？……盖闻物生而有情，情发而为声。声以类合，皆足相知。人声为言，述以为字。字虽人之所制，本实出于自然。凤鸟有文，河图有画，非人为也；人则效此。故上、下，内、外，初、终，前、后，中、偏，左、右，自然之位也。衡、邪，曲、直，耦、重，交、析，反、缺，倒、仄，自然之形也。发、敛，呼、吸，抑、扬，合、散，虚、实，清、浊，自然之声也。可视而知，可听而思，自然之义也。以义自然，故仙圣所宅，虽殊方域，言音乖离，点画不同，译而通之，其义一也。道有升降，文物随之；时变世异，书名或改；原出要归，亦无二焉。乃若知之所不能通，与思之所不能至，则虽非即此而可证，亦非舍此而能下。盖惟天下之至圣，为能究此。……臣顷御燕闲，亲承训敕，抱疴负忧，久无所成。虽尝有献，大惧冒涜。退复自力，用忘疾惫，咨诹讨论，博尽所疑。冀或涓尘，有助深崇。……

安石于《字说》一书，致力甚勤，历时亦颇久。而其终成此书也，神宗亦尝督促之；观于上列表文可知也。又其《进〈字说〉札子》谓："在先帝时，得许慎《说文》古字，妄尝覃思，究释其意，因自竭得见崖略。……顷蒙圣问俯及，退复黾勉讨论，赖恩宽养，外假岁月，而桑榆惫眊，久不见功。甘师颜至，奉被训敕，许录臣愚妄谓然者，缮写投进。……承命遑迫，置惭无所。……" 观此，可知未成书时，尝先择已定稿投进；则神宗之望其成书，可谓殷矣。

陆游《渭南集》有《〈字说〉跋》谓："《字说》凡有数本，盖先后之异，犹非定本也。"及游之时，朝廷已不以《字说》取士矣。当《字说》盛行时，有唐耜者，撰《〈字说〉解》一百二十卷，注其用事所出。又有《〈字说〉偏旁音释》,《〈字说〉叠解备检》等书，均见晁公武《郡斋读书志》,今不传；皆辅助字说，投时所好者也。又杨时著《〈字说〉辨》,见《龟山集》中；则辨其穿凿破碎之作也。陆佃著《埤雅》,今传。佃为安石之门人，多本《字说》云。

第二节 《字说》内容之一脔

《字说》今虽失传，而世之谈安石者，莫不贩姜卖鼠，随例讥评。夫《字说》之内容，果何如乎？是不可不深考也。姑就杨时、李时珍诸家所引用，因以得传于今者，约录之，以资尝鼎一脔。

杨时《〈字说〉辨》所引者如下：

（一）“空” 无土以为穴则空无相；无工以空之则空无作；无相无作，则空名不立。

（二）“倥”“侗” 真空者离人焉，“倥”异于是，无中无所有耳。大同者离人焉，“侗”异于是，将不能为其有耳。

（三）“同” 彼亦一是非也，此亦一是非也，物之所以不同。门一口，则是非同矣。

（四）“金” 正西也；土于此终，水于此始。

（五）“铜” 赤金也；为火所胜，而不自守，反同乎火。

（六）“童” 始生而蒙，信本立矣；方起而稚，仁端见矣。

（七）“中” 中通上下，得中，则制命焉。

（八）“忠” 有中心，有外心；所谓忠者，中心也。

（九）“洪” 洪则水共而大。《洪范》所谓洪者，五行也；亦共而大。

（十）“鸿” 大曰鸿，小曰雁。所居未有正，可谓反矣。然而大夫贽此者，以知去就为义，小者随时，如此而已。乃若大者随时，则能以智兴事造业矣。“鸿”从水，言智；工，言业；故又训大。《易》曰：“随之时义大矣哉！”非若大夫者，不能克也。

（十一）“笼”　从竹从龙，内虚而有节，所以宠物，虽若龙者亦可笼焉。

（十二）“冬”　春徂夏为天出而之人；秋徂冬为人反而之天。

（十三）“天”　一而大者，天也。

（十四）“示”　二而小者，示也。

（十五）“义”　敛仁气以为义。

（十六）“和”　散义气以为和。

（十七）“戏”　自人道言之：交则用豆，辨则用戈，虑而后动，不可戏也；戏实生患。自道言之：无人焉用豆，无我焉用戈；无我无人，何虑之有；用戈用豆，以一致为百虑；特戏事耳。戏非正事，故又为於戏倾戏之字。

（十八）“置”“罢”　上取数备，有以门下。则直者可“置”，使无贰适，惟我所措而已。能者可“罢”，使无妄作，惟我所为而已。

（十九）“懿”　壹而恣之者，懿也；俊德之美也。

（二十）“徽”　微而纠之者，徽也；元德之美也。

（二十一）“除”　有阴有阳，新故相除者，天也。有处有辨，新故相除者，人也。

（二十二）“红”　以白入赤也。火革金，以工器成焉。凡色，以系染也。……工者，事也。

（二十三）“紫”　凡色，以系染也。紫以赤入黑也。赤与万物相见，黑复辨于物，为此而已。夫有彼也，乃有此也，道所贵，故在系上。……此者，德也。

李时珍《本草纲目》所引者如下：

（一）“芥”　芥者，界也；发汗散气，界我者也。

（二）“姜”　姜能强御百邪，故谓之姜。

（三）“薇”　薇者，微贱所食，故谓之薇。

（四）“松”“柏” 松柏为百木之长。松，犹公也；柏，犹伯也；故“松”从公，“柏”从白。

（五）“槐” 黄中怀其美，故三公位之。

（六）“榆” 榆瀋俞柔，故谓之榆。

（七）“枌” 枌有分之之道，故谓之枌。

（八）“艾” 艾可乂疾，久而弥善，故字从乂。

（九）“蜘蛛” 设一面之网，物触而后诛之，知乎诛义者；故曰蜘蛛。

（十）“虾蟆” 俗言虾蟆怀土，取置远处，一夕复还其所；虽或遐之，当暮而返；故名虾蟆。

朱翌《猗觉寮杂记》所引者如下：

（一）“星” 物生于下，精成于列，曰星。

（二）“季” 禾一成为季。

叶大庆《考古质疑》所引者如下：

（一）“伪” 人为之谓伪。

（二）“位” 人之所立曰位。

（三）“讼” 言之于公曰讼。

（四）“伍” 五人为伍。

（五）“什” 十人为什。

（六）“盟” 歃血自明为盟。

（七）“门” 二户相合为门。

（八）“鼗” 以兆鼓曰鼗。

（九）“郊” 与邑交曰郊。

（十）“富” 同田为富。

（十一）“贫” 分贝为贫。

（十二）“恕” 如心为恕。

袁文《瓮牖闲评》所引者如下：

（一）“伶” 伶，非能自乐也，非能与众乐乐也；为人所令而已。

（二）“穜”（即“种”字）　物生必蒙，故从童。草木亦或穜之，然必种而生之者，禾也；故从禾字。

（三）“戍”　戍则操戈。

（四）“役”　役则执殳。

黄朝英《缃素杂记》所引者如下：

（一）“鸲鹆”　鸲从句；鹆从欲；鸲鹆多欲，尾而足勾焉。

第三节　《字说》之评价

我国文字之构造，原有六种方法，所谓“六书”是也。一曰指事；二曰象形；三曰形声；四曰会意；五曰转注；六曰假借。安石之《字说》如上节所列者，殆以“象形”“会意”二者概之，间及于“指事”。其说形意处，虽亦有当理者；而其不当于理，则未有不穿凿可笑者。况字体历更篆隶，损益变易，必多乖失。仅据东汉以后所存以偏旁类次之字，遽一概以义取之，至有一字累百余言者，其不支离破碎得乎？按李焘《说文解字五音韵谱》序云：“安石初治《说文》，覃思颇有所悟，故其解经合处亦不为少。独恨求之太凿，所失更多。”是诚公允之论也。俗传安石问苏轼，鸠何以从九？轼曰：“鸤鸠在桑，其子七兮，连娘带爷，恰是九个。”又自言曰：“波者水之皮。”轼笑曰：“滑者水之骨也。”其他野史所载时人讥评之说，颇有堪发噱者。略次于下：

邵博《闻见后录》曰：“王荆公喜说字，至以成俗。刘贡父戏之曰：‘三鹿为麤，鹿不如牛；三牛为犇，牛不如鹿；谓宜三牛为麤，三鹿为犇。若难于遽改，欲令各权发遣。’……以小官暴据要地，以资浅，皆号权发遣；故并谑之。”

又曰：“荆公晚说字，客曰：‘霸字何以从西？’荆公曰：‘以西在方域主杀伐’，累言数百不休。或曰：‘霸从雨，不从西也。’荆公辄随曰：‘如时雨之化耳。’其无定论如此。”

《吕氏童蒙训》载吴叔杨曰:"《字说》'诗从言从寺，谓法度之言也'。诗本不可以法度拘；若必以法度言，然则'侍'者法度之人；'峙'者法度之山；'痔'者法度之病也。不知此乃谐声。"

然安石《字说》，虽不传于今，而观于上节所列各字之说，其征考之赅博，亦可以概见矣。如上章说"空"，本于佛经；说"鸲鹆"，本于《酉阳杂俎》。前人皆有说，未尝不服安石之博洽也。

陈善《扪虱新话》曰:"荆公《字说》多用佛家语。初作空字云:'工能穴土，则实者空矣；故空从穴从工。'后用佛语，……（见上节）……比旧时为胜。《维摩诘经》曰：'空即无相，无相即无作；无相无作，即心意识。'《法华经》曰：'但念空无作。'《楞严经》云：'但除器方，空体无方。'荆公盖用此意。……"

黄朝英《缃素杂记》曰："《字说》'鸲从句，鹆从欲'。解云：'鸲鹆多欲，尾而足勾焉。'余少时读而不明其义；后因看段成式《酉阳杂俎》云：'鸲鹆交时，以足相勾，促鸣如鼓翼相斗状，往往堕地。人或就将掩之，取其勾足为魅药。'今观鸲鹆群集木上，其间或有双堕地者；以是验成式之言果不妄，而荆公于百家小说之书，无所不取也。"

按上述陈、黄二氏所云，虽是为安石证明非妄，然终觉失之穿凿。我国造字之时，恐佛教尚未昌明；则"空"字之义，必非据于佛经。"鸲鹆"又作"鸜鹆"，则又何以解于尾而足勾之说耶？安石罢政后，区区穷日力于此，终致腾笑后世，良可惜也。

第十八章　文　学

第一节　安石在文学史上之地位

安石之文学，特其毕生事业之绪余耳。今所传《临川集》一百卷，清《四库全书总目提要》谓其菁华具在，波澜法度，实足自传不朽。元人吴澄谓："自汉东都以来，骎骎八百余年，而合宋唐之文，可称者仅七人焉。"七人者：唐韩愈、柳宗元，宋欧阳修、苏洵、苏轼、曾巩、王安石是也。明初朱右，采录韩、柳、欧阳、曾、王、三苏之作，为《八先生文》，视吴澄增列苏辙一家。其后唐顺之著《文编》，于上列八家外，无所取。茅坤踵之，编为《唐宋八大家文钞》。于是治古文者，皆知安石列于唐宋八家之中。一二百年来，学者读《唐宋八家文》，皆不敢薄安石。即有陋儒，因熙丰新法，以安石为奸邪，而于其文，亦以为不可以人废言。此所谓文者，无韵之文，即旧所谓古文，今所谓散文也。若其有韵之文，则亦能在宋代诗坛，独树一帜，堪与欧、梅、苏、黄诸公，相颉颃焉。

第二节　安石对于文词之概念

今人诵安石之文词者，莫不服其高古，奉为大家。其主张宗派之说者，则支离于其章句法度之间，以为其所以为文之心传也，如是如是。其实安石对于文辞之观念，殊不屑汩没于章句之末，而以为"文辞要以适用为本"。此其为说，与今日新文学之定义，是否相侔，姑勿具论。而在当时背景之下，诚亦与寻章摘句之流，不可同日而语矣，安石有上人书，乃其对于文词之概念之总说明。原文曰：

尝谓文者，礼教治政云尔。其书诸策而传之人，大体炳然而已。而曰“言之不文行之不远”云者，徒谓辞之不可以已也，非圣人作文之本意也。自孔子之死久，韩子作，望圣人于百千年中，卓然也。独子厚名与韩并，子厚非韩比也；然其文卒配韩以传，亦豪杰可畏者也。韩子尝语人以文曰云云，子厚亦曰云云，疑二子者，徒语人以辞耳；作文之本意，不如是其已也。孟子曰：“君子欲其自得之也；自得之则居之安，居之安则资之深，资之深则取诸左右逢其原。”孟子之云尔，非直施于文而已；然亦可托以为作文之本意。且所谓文者，务为有补于世而已矣。所谓辞者，犹器之有刻镂绘画也。诚使巧且华，不必适用；诚使适用，不必巧且华；要之以适用为本，以刻镂绘画为之容而已。不适用，非所以为器也。不为之容，其亦若是乎否也？然容亦未可以已也，勿先之其可也。

又《与祖择之书》有曰：“治教政令，圣人之所谓文也。书之策，引而被之天下之民，一也。圣人之于道，盖心得之。……其书之策也，则道其然而已矣。……彼其于道也，非心得之也；其书之策也，独能不谇耶？……某生十二年而学，学十四年矣。圣人之所谓文者，私有意焉；书之策，则未也。间或悱然动于事而出于词，以警戒其躬。若施于友朋，褊迫陋庳，非敢谓之文也。……”此意可与前书相发明。盖安石持“文以载道”之说，以圣人之文为鹄的，务为有补于世而适于用，自不脱儒家窠臼。至谓其间或动于事而出于词，以警戒其躬，或施于友朋者，尚不敢谓之文；则今所传之《临川集》，后人所奉为文式者，其中有大部分，尚非安石之所谓文也。

抑安石殊不欲以文辞成名。其《答李秀才书》曰：“……古之成名，在无事于文辞。而足下之于文辞，方力学之而未止也，则某之不肖，何能副足下所求之意耶？”又《答姚辟书》曰：“……圣人之术，修其身，治天下国家，在于安危治乱；不在章句名数焉而已。……姑汲汲乎其可急，于章句名数乎徐徐之。……”此皆衍自“行有余力则学文”之说也。

安石对于当时场屋中弋取功名禄利之文辞，厌薄尤甚；堪与唐之韩愈后先同揆。其《答孙长倩书》曰：“……尝记一人焉，甚贵，且有名，自言少时迷喜学古文，后乃大寤，弃不学，学治今时文章。夫古文何伤？直与世少合耳。尚不肯学，而谓学者迷。若行古之道于今世，则往往困矣，其又肯行耶？……”盖安石主张“文以载道”，文而无与于道。味非其至者；而况薄古而骛时，则其叛于道也远矣。此等见解，在今日文坛，或不能取得优越之评价。顾其立异于当时，则有如是者。

安石有《咏韩子》一绝云：“纷纷未尽百年身，举世无人识道真。力去陈言夸末俗，可怜无补费精神。”此诗或谓其不满韩愈，殊不然；不过借韩愈以寄慨耳。而其“文以载道”之见解，尤溢于言表。韩愈徒以力去陈言夸异于末俗，尚逊一筹也。

安石对于诗歌，尤视为余事，尝以为悔。观其序《唐百家诗选》可知也。序曰：“余与宋次道同为三司判官时，次道出其家藏唐诗，诿余择其精者，因名曰《百家诗选》。废日力于此，良可悔也。”以前述各段证之，殆非饰词也。

第三节　安石在当时文坛之身价

与安石生并世，而心折安石之文行者，兹姑举欧阳修、曾巩，以概其余。欧阳修视安石较前，曾巩则与安石为同学友。安石以庆历二年登进士第，年方二十二岁。逾数年，曾巩屡上书欧阳修，道安石之贤。略谓：“巩之友有王安石，文甚古，行称其文。虽已得名，然在今知安石者尚少也。……”又巩《上蔡学士书》亦云然。其后巩与安石书云：“巩至金陵，自宣化渡江来滁上，见欧阳先生，住且二十日。今从泗上出，及舟船侍从以西。欧公悉见足下之文，爱叹诵写，不胜其勤。……欧公甚欲一见足下，能作一来计否？……欧公更欲足下少开廓其文，勿用造语及模拟前人，请相度示及，欧云：‘孟韩文虽高，不必似之也，取其自然耳。’”曾巩介绍安石于欧阳修，及欧阳修倾服安石之文，其概略如此。

安石尝与曾巩言，非欧阳先生无足知我者。欧阳修读安石之文，亦甚欲一见其人。则其两人交相钦重之情，为何如耶？然犹迟至十年后，嘉祐元年，安石为群牧判官，乃始与欧阳修相见。欧阳修赠诗云：“翰林风月三千首，吏部文章二百年；老去自怜心尚在，后来谁与子争先？朱门歌舞争新态，绿绮尘埃试拂弦。常恨闻名不相识，相逢尊酒话留连。”安石酬诗云：“欲传道义心虽壮，强学文章力已穷；他日若能窥孟子，终身何敢望韩公。抠衣最出诸生后，倒屣常倾广坐中。只恐虚名因此得，嘉篇厚贶岂宜蒙？”欧阳修与安石之交相钦重，读此二诗，可以寻其迹矣。是年，欧阳修《再论水灾状》内荐四人，安石其一也。称其学问文章，知名当世，守道不苟，自重其身云云。

第四节　安石之散文

就安石之文论之，盖最能学韩愈之奇倔者。昔张裕钊教人治古文，谓学昌黎当先读王半山。诚以其学韩愈即骎骎乎韩愈之文也。

魏禧尝谓：“介甫文如断岸千尺；又如高士谿刻，不近人情。”此即奇倔之形容词。又谓：“学介甫易失之枯。”此则好奇之过，不近人情之甚者矣。

谢枋得评安石文曰：“笔力简而健。”吕璜曰：“古来博洽而不为积学所累者，莫如王介甫；渠作文直不屑用前人一字，此其所以高。其削尽肤庸，一气转折处，最当玩。”刘熙载曰：“半山文瘦硬通神。……善用揭过法，只下一二语，便可扫却他人数大段，是何简贵？”此皆古文家寻章摘句之说，读安石文者，不可不语于是。

刘熙载曰：“荆公文，是能以品格胜者。看其人取我弃，自处尽高。”此语颇得道著安石为文之高处；彼固不屑以文词胜人也。

安石少时，文法孟韩；故欧阳修有“孟韩文虽高不必似之”之戒。曾巩又称其文不减扬雄。安石《咏扬雄》亦云：“千古雄文造圣真，眇然幽息入无伦。”慕其文，则师之笃可知也。刘熙载又谓：“介甫文兼似荀扬。荀好为其矫，扬好为其难。”安石论学。尝有取于《周易》“一致而百虑”之说，况于古人书无所不读，岂若陋儒规规于一先生之学，守门户之见者哉？

安石之文，或谓其短篇最胜；然长篇如《上仁宗皇帝言事书》，已节录于前第四章，亦未见其逊处。近人梁启超云：“吾论公文，吾恨不能手写公全集也。”然则姑录其短篇数首，以备其概可也。

读孟尝君传

世皆称孟尝君能得士，士以故归之；而卒赖其力，以脱于虎狼之秦。嗟乎！孟尝君特鸡鸣狗盗之雄耳！岂足以言得士？不然，擅齐之强，得一士焉，宜可以南面而制秦，尚何取鸡鸣狗盗之力哉？夫鸡鸣狗盗之出其门，此士之所不至也！

书刺客传后

曹沫将而亡人之城，又劫天下盟主；管仲因勿倍以市信一时，可也。予独怪智伯国士豫让，岂顾不用其策耶？让诚国士也，曾不能逆策三晋，救智伯之亡；一死区区，尚足校哉？其亦不欺其意者也。聂政售于严仲子，荆轲豢于燕太子丹；此两人者，污隐困约之时，自责其身，不妄愿知，亦曰有待焉。彼挟道德以待世者何如哉？

孔子世家议

太史公叙帝王则曰本纪；公侯传国，则曰世家；公卿特起，则曰列传；此其例也。其列孔子为世家，奚进退无所据耶？孔子，旅人也。栖栖衰季之世，无尺土之柄者，列之以传宜矣；曷为世家哉？岂以仲尼躬将圣之资，其教化之盛，舄奕万世，故为之世家以抗之；

又非极挚之论也。夫仲尼之才，帝王可也；何特公侯哉？仲尼之道，世天下可也；何特世其家哉？处之世家，仲尼之道，不从而大。置之列传，仲尼之道，不从而小。而迁也自乱其例，所谓多所抵牾者也。

闵习

父母死则燔而捐之水中，其不可，明也。禁使葬之，其无不可，亦明也。然而吏相与非之乎上，民相与怪之乎下。盖其习之久也，则至于戕贼父母；而无以为不可，顾曰禁之不可也。呜呼！吾是以见先王之道难行也。先王之道，不讲乎天下，而不胜乎小人之说，非一日之积也。而小人之说，其为不可，不皆若戕贼父母之易明也。先王之道，不皆若禁使葬之之易行也。呜呼！吾是以见先王之道难行也！贞观之行，其庶矣！惜乎其臣！有深慨于闵习。

按《临川全集》碑志一类，凡百余篇，而结构无一雷同者。其纪述文之美，信足以上抗昌黎。择录三首于下：

王深甫墓志铭

吾友深甫，书足以致其言，言足以遂其志，志欲以圣人之道为己任；盖非至于命弗止也。故不为小廉曲谨，以投众人耳目；而取舍进退，必度于仁义。世皆称其学问文章行治，然真知其人者不多，而多见谓迂阔不足趣时合变。嗟乎！是乃所以为深甫也！令深甫而有以合乎彼，则必无以同乎此矣。尝独以为天之生夫人也，殆将以寿考成其才，使有待而后显，以施泽于天下。或者诱其言以明先王之道，觉后世之民。呜呼！孰以为道不任于天，德不酬于人，而今死矣！甚哉！圣人君子之难知也！以孟轲之圣，而弟子所愿，止于管仲晏婴；况余人乎？至于扬雄，尤当世之所贱简，其为门人者，一侯芭而已。芭称雄书，以为胜《周易》；《易》不可胜也；芭尚不为知雄者。而人皆曰，“古之人，生无所遇合，至其没久，而后世莫不知。”若轲、雄者，其没皆过千岁；读其书，知其意者，甚少；则后世所谓知者，未必真也。夫此两人，以老而终，幸能著书，书具在，然尚如此。嗟乎深甫！其智虽能知轲，其于为雄，虽几可以无悔；然其志未就，其书未具，而既早死；岂特无所遇于今，又将无所传于后。天之生夫人也，而命之如此，盖非余所能知也！深甫讳回，本河南王氏。其后自光州之固始，迁福州之侯官，为侯官人者三世。曾祖讳某，某官；祖讳某，某官；考讳某，尚书兵部员外郎。兵部葬颍州之汝阴，故今为汝阴人。深甫尝以进士补亳州卫真县主簿，岁余，自免去。有劝之仕者，辄辞以养母。其卒，以治平二年七月二十八日，年四十三。于是朝廷用荐者以某军节度推官知陈州南顿县事。书下，而深甫死矣！夫人曾氏，先若干日卒。子，男一人，某，女二人，皆尚幼。诸弟以某年某月某日葬深甫某县某里，以曾氏祔。铭曰："呜呼深甫！惟德之仔肩，以迪祖武。厥艰荒遐，力必践取。莫吾知，庸亦莫吾侮。神则尚返，归形此土。"

泰州海陵县主簿许君墓志铭

君讳平，字秉之，姓许氏；余尝谱其世家，所谓今泰州海陵县主簿者也。君既与兄元俱以智略为当世大人所器，宝元时，朝廷开方略之选，以招天下异能之士，而陕西大帅范文正公，郑文肃公，争以君所为书以荐。于是得召试为太庙斋郎。已而选泰州海陵县主簿。贵人多荐君有大才，可试以事，不宜弃之州县。君亦尝慨然自许，欲有所为。然终不得一用其智能以卒。噫！其可哀也已！士固有离世异俗，独行其意，骂讥，笑侮，困辱，而不悔；彼皆无众人之求，而有待于后世者也，其龃龉固宜。若夫智谋功名之士，窥时俯仰，以赴势物之会，而辄不遇者，乃亦不可胜数。辩足以移万物，而穷于用说之时；谋足以夺三军，而辱于右武之国；此又何说哉？嗟乎！彼有待而不悔者，其知之矣！君年五十九，以嘉祐某年某月某甲子，葬真州之扬子县甘露乡某所之原。夫人李氏；子男瑰，不仕；璋，真州司户参军；琦，太庙斋郎；琳，进士，女子五人，已嫁二人，进士周奉先，泰州泰兴县令陶舜元。铭曰："有拔而起之，莫挤而止之。呜呼许君！而已于斯！谁或使之！"

金溪吴君墓志铭

君和易罕言，外如其中。言未尝及人过失；至论前世善恶，其国家存亡治乱成败所繇，甚可听也。尝所读书甚众，尤好古而学其辞，又能尽其议论。年四十三，四以进士试于有司而卒，困于无所就。其葬也，以皇祐六年某月日，抚州之金溪县归德乡石廪之原，在其舍南五里。当是时，君母夫人既老；而子世隆、世范皆尚幼，三女子，其一卒，其二未嫁云。呜呼！以君之有道，与夫世之贵富而名闻天下者计焉，其独歉彼耶？然而不得禄以行其意，以祭，以养，以遗其子孙，以卒；此其士友之所以悲也。夫学者将以尽其性，尽性而命可知也。于君之不得意，其又何悲耶？铭曰："蕃君名，字彦弼。吴其先，自姬出。以儒起家世晃黻，独成之难幽以折。厥铭维甥订君实。"

安石尝撰《永安县太君蒋氏墓志铭》，今存集中。蒋氏者，钱公辅之母。公辅于铭文，未当意，致书安石欲有所增损。安石则答书诮让之。略云：

比蒙以铭文见属。足下于世为闻人，力足以得显者铭父母；以属于不腆之文，似其意非苟然，故辄为之而不辞。不图乃犹未副所欲，欲有所增损。鄙文自有意义，不可改也；宜以见还，而求能如足下意者为之耳。家庙以今法准之，恐足下未得立也；足下虽多闻，要与识者讲之。如得甲科为通判，通判之署有池台竹木之胜，此何足以为太夫人之荣，而必欲书之乎？贵为天子，富有四海，苟不能行道，适足以为父母之羞。况一甲科通判，苟粗知为词赋，虽市井小人，皆可以得之；何足道哉！何足道哉！故铭以为闾巷之士，以为太夫人荣；明天下有识者不以置悲欢荣辱其心也。太夫人能异于

> 闾巷之士，而与天下有识同，此其所以为贤而宜铭者也。至于诸孙，亦不足列；孰有五子而无七孙者乎？七孙业之有可道，固不宜略；若皆儿童，贤不肖未可知，列之，于义何当也？诸不具道，计足下当与有识者讲之。

按铭文，钱公辅以皇祐六年三月葬母：是年改元至和，安石方自舒州解官归临川，年甫三十四岁；而守道不阿如此。故集中铭墓之文，篇帙繁富，虽与韩愈后先抗手，而不闻有谀墓之讥也。

第五节　安石之诗歌

安石对于诗，推尊杜甫，颇能步欧阳修、梅圣俞后尘，尽扫西昆体之失。方为鄞令时，有授以古之诗，世所不传者二百余篇，安石观之，知为杜甫之遗诗。今《杜甫诗集》中之《洗兵马》一篇，即在其内。安石因为《老杜诗后集》其序有曰："予考古之诗，尤爱杜甫氏作者。其辞所从出，一莫知穷极；而病未能学也。世所传已多，计尚有遗落，未得其完而观之。然每一篇出，自知非人之所为；而为之者，惟其甫也，辄能辨之。……世之学者，至乎甫而后为诗；不能至，要之不知诗焉耳，呜呼！诗其难，惟有甫哉！……"其推崇可谓至矣。安石又有《题杜甫画像》一诗云：

> 吾观少陵诗，谓与元气侔。力能排天斡九地，壮颜毅色不可求。浩荡八极中，生物岂不稠。丑妍巨细千万殊，竟莫见以何雕锼。惜哉命之穷，颠倒不见收。青衫老更斥，饿走半九州。瘦妻僵前子仆后，攘攘盗贼森戈矛。吟哦当此时，不废朝廷忧。常愿天子圣，大臣各伊周。宁令吾庐独破受冻死，不忍四海寒飕飕。伤屯悼屈止一身，嗟时之人我所羞。所以见公像，再拜涕泗流。推公之心古亦少，愿起公死从之游。

安石于唐诗人，不重李白。王得臣《麈史》陈善《扪虱新话》皆著其说曰：“李白诗语迅快，无疏脱处；然其识污下，十句九句言妇人酒耳。”此殊苛论，盖亦“文以载道”之见有以囿之耳。

安石尝编《唐百家诗选》，杜甫，李白，韩愈，皆未之及。清初诗坛，如王士祯、袁枚等，莫不讪其去取乖常。惟南宋乾道中倪仲传刊行此书，颇于序文中称道之。序云：“音有妙而难赏，曲有高而寡和，古今通然。无惑乎《唐百家诗选》之沦没于世也。予自弱冠肄业于香溪先生门，尝得是诗于先生家藏之秘笈，窃爱其拔唐诗之尤清古典丽，正而不冶，凡以诗鸣于唐，有惊人语者，悉罗于选中。于是心惟口诵，几欲裂去夏课而学焉。先生知之，一日，索而钥诸笥，越至于今，不复过目者，有年矣。顷有亲戚游宦南昌，因得之于临川以归，首以出示。发卷数过，不啻如获遗珠之喜。惜其道远难致，且字画漫灭。近世士大夫，嗜此诗者，往往不能无恨，故镂板以新其传，庶几丞相荆国公铨择之意，有所授于后人也。雅德君子，傥于三冬余暇，玩索唐世作者用心，则发而为篇章，殆见游刃余地，运斤成风矣。”此书今有传本，另详著述章。

安石于当时诗坛，颇恶绝西昆体。故其所撰《张刑部诗序》有云：“……君并杨、刘，杨、刘以文词染当世，学者迷其端原，靡靡然穷日力以摹之。粉，墨，青，朱，颠错庞杂，无文章黼黻之序；其属词藉事，不可考据也。方此时，自守不污者少矣。”西昆体之盛，盖上承晚唐之陋风，欧阳修、梅圣俞矫之于先，苏、黄振之于后。安石颉颃其间，虽以名位之高，亦不能掩其诗名焉。惟安石最服欧阳修，其论李、杜、韩、欧四家诗，尝以欧居李白之上云。

安石少以意气自许，故诗语惟其所向，不复更为涵蓄。如“天下苍生待霖雨，不知龙向此中蟠”（《龙泉寺石井》）；又“平治险秽非无德，润泽焦枯是有才”（《次韵和甫咏雪》）之类，皆直道其胸中事。至晚年始尽深婉不迫之趣。叶梦得《石林诗话》言之如此。盖文字之工拙，虽有定限；然方其少壮，学力未淳，则其作品，亦不能遽极也。

叶梦得又谓安石诗用法甚严，尤精于对偶。尝云：“用汉人语，只可以汉人语对；若参以异代语，便不相类。”如“一水护田将绿绕，两山排闼送青来”（《书湖阴先生壁》）；皆汉人语也。又“窣堵朱甍开北向，招提素脊隐西河”（《示俞秀老》）；皆梵语也。晚年诗律尤精严，造语用字，间不容发。如“含风鸭绿鳞鳞起，弄日鹅黄袅袅垂”（《南浦》）；“细数落花因坐久，缓寻芳草得归迟”（《北山》）；此等句法，若经檃栝权衡者。然意与言会，言随意遣，浑然天成，殆不见有牵率排比处。

陈善《扪虱新话》亦谓：安石晚年诗极精巧。尝改杜荀鹤《雪诗》“江湖不见飞禽影，严壑惟闻折竹声”，为“江湖不见禽飞影，岩壑惟闻竹折声”。又改王仲至《试馆职诗》“日斜奏罢《长杨赋》”，为“日斜奏赋《长杨》罢”。以为如此语健；此亦好奇之过也。

叶梦得谓安石尝与叶致远诸人和头字韵诗，往返数四。其末篇有云：“名誉子真矜谷口，事功新息困壶头。”后数日，复追改云：“岂爱京师传谷口，但知乡里胜壶头。”安石于吟咏之末，亦尝自矜重有如此者，殆罢政居山时，藉此以自娱乎。故黄庭坚尝称安石暮年作小诗，雅丽精绝，脱去流俗；每讽味之，便觉沆瀣生牙颊间云。

清吴之振《宋诗钞》评安石曰：“论者谓其有工致无悲壮，余以为不然。安石遣情世外，其悲壮即寓闲淡之中。独是议论过多，亦是一病。”作诗议论多，殆为宋人通病；宋诗之所以与唐诗异趣者，亦即在此，未可持以独绳安石也。

按《临川全集》诗篇颇富，兹约录若干首，聊见一斑。

安石诗，有规模杜甫，极其悲壮幽奇之趣者。如下列各章：

纯甫出释惠崇画要予作诗

画史纷纷何足数？惠崇晚出吾最许。旱云六月涨林莽，移我翛然堕洲渚。黄芦低摧雪翳土，凫雁静立将俦侣。往时所历今在眼，沙平水淡西江浦。暮气沉舟暗鱼罟，敧眠呕轧如鸣橹。颇疑道人三昧力，异域山川能断取。方诸承水调幻药，洒落生绡变寒暑。金坡巨然山数堵，粉墨空多真漫与。濠梁崔白亦善画，曾见桃花静初吐。酒酣弄笔起春风，便恐飘零作红雨。流莺探枝婉欲语，蜜蜂掇蕊随翅股。一时二子皆绝艺，裘马穿羸久羁旅。华堂直惜万黄金，苦道今人不如古。

车载板二首

荒哉我中园，珍果所不产。朝暮惟有鸟，自呼车载板。楚人闻此声，莫有笑而莞。而我更歌呼，与之相往返。视遇若抟黍，好音而睍睆。攘攘生死梦，久无知所拣。物弊则归土，吾归其不晚。归欤汝随我，可相蒿里挽。

鸟有车载板，朝暮尝一至。世传鹏似鸮，而此与鸮似。惟能预人死，以此有名字。疑即贾长沙，当时所遭值。洛阳多少年，扰扰经世意。初闻方外语，便释形骸累。吾衰久捐书，放浪无复事。尚自不见我，安知为汝异？怜汝好毛羽，言音亦清丽。胡为太多知，不默而见忌？楚人既憎汝，弹射将汝利。且长随我游，吾不汝羹胾。

安石古体诗，亦有学韩愈而得其缒幽凿险之致者。如下列一首：

游土山示蔡天启秘授

定林瞰土山，近乃在眉睫。谁谓秦淮广，正可藏一艓。朝予欲独往，扶惫强登陟。蔡侯闻之喜，喜色见两颊。呼鞍追我马，亦以两黥挟。敛书付衣囊，裹饭随药笈。偷偷阿兰若，土木老山胁；鼓钟卧空旷，簨虡雕捷业。升堂廊无主，考击谁敢辄。坡陀谢公家，藏椁久穿劫。百金置酒地，野老今行馌。缅怀起东山，胜践此稠叠。于时国累卵，楚夏血常喋。外实备艰梗，中仍费调燮。公能觉如梦，自喻一蝴蝶。桓温适自毙，苻坚天方厌。且可缓九锡，宁当快一捷。彼哉斗筲人，得丧易矜怯。妄言屐齿折，吾欲刊史牒。伤心新城埭，归意终难惬。漂摇五城舟,尚想浮河楫。千秋陇东月,长照西州堞。岂无华屋处,亦捉蒲葵箑。碎金谅可惜,零落随秋叶。好事所传玩,空残法书帖。清谈眇不嗣,陈迹恍如接。东阳故侯孙,少小同鼓箧。一官初岭海,仰视飞鸢跕。穷归放款段,高卧停远蹀。牵襟肘即见,著帽耳才擫。数椽危败屋,为我炊陈浥。虽无膏污鼎,尚有羹濡荚。纵言及平生,相视开笑靥。邯郸枕上事,日饮且田猎。或昏眠委翳,或妄走超躐。或叫号而寤,或哭泣而魇。幸哉同圣时,田里老安帖。易牛以宝剑,击壤胜弹铗。追怜衰晋末,此土方岌嶪。强偷须臾乐,抚事终愁惵。予虽天戮民,有械无接折。翁今贫而静,内热非复叶。予衰极今岁,傥与鸡梦协。委蜕亦何恨,吾儿已长鬣。翁虽齿长我,未见白可镊。祝翁尚难老,生理归善摄。久留畏年少,讥我两呫嗫。束火扶路还,宵明狐兔慑。蔡侯雄俊士,心憭形亦谍。异时能飞鞚,快若五陵侠。胡为阡陌间,踠足仅相蹑?谅能交辔语,呿予不能嗋。

又有说理如散文之作。殆亦学韩愈者,如下诗:

读墨

谁为尧舜徒,孔子而已矣。人皆是尧舜,未必知孔子。伯夷不辱身,柳下援而止。孔子尚有言,我则异于是。兼爱为无父,排斥固其理。孔墨必相用,自古宁有此?退之嘲鲁连,固未知之耳。如何蔽于斯,独有见于彼。凡人工自私,翟也信奇伟。惜乎不见正,遂与中庸诡。退之醇孟轲,而驳荀扬氏。至其趣舍间,亦又蔽于己。化而不自知,此语孰云俚?咏言以自警,吾诗非好诋。

安石诗,亦有自辟蹊径,开黄庭坚一派之先河者。如下列数章:

葛蕴作巫山高爱其飘逸因亦作两篇

巫山高,十二峰。上有往来飘忽之猿猱,下有出没瀺灂之蛟龙,中有倚薄缥缈之神宫。神人处子冰雪容,吸风饮露虚无中。

千岁寂寞无人逢，邂逅乃与襄王通。丹崖碧嶂深重重，白月如日明房栊。象床玉几来自从，锦屏翠幔金芙蓉。阳台美人多楚语，只有纤腰能楚舞，争吹凤管鸣鼍鼓。那知襄王梦时事，但见朝朝暮暮长云雨。

巫山高，偃薄江水之滔滔。水于天下实至险，山亦起伏为波涛。其巅冥冥不可见，崖岸斗绝悲猿猱。赤枫青栎生满谷，山鬼白日樵人遭。窈窕阳台彼神女，朝朝暮暮能云雨。以云为衣月为褚，弃光服暗无留阻。昆仑曾城道可取，方丈蓬莱多伴侣。块独守此嗟何求？况乃低徊梦中语。

一陂

一陂焰水蒋陵西，含风却转与城齐。周遭碧筒磨作港，逼塞绿锦剪成畦。

对棋与道源至草堂寺

北风吹人不可出，清坐且可与君棋。明朝投局日未晚，从此亦复不吟诗。

至于安石晚年雅丽之作，如黄庭坚所称，真可一唱三叹者，有如下列各章：

南浦

南浦随花去，回舟路已迷。暗香无觅处，日落画桥西。

染云

染云为柳叶，剪水作梨花。不是春风巧，何缘见岁华？

午睡

檐日阴阴转，床风细细吹。翛然残午梦，何许一黄鹂？

蒲叶

蒲叶清浅水，杏花和暖风。地偏缘底绿？人老为谁红？

题舫子

爱此江边好，留连至日斜。眠分黄犊草，坐占白鸥沙。

题齐安壁

日净山如染，风暄草欲薰。梅残数点雪，麦涨一川云。

安石之歌曲，见于《临川集》者，仅十有八首。按吴昌绶《双照楼续辑宋金元百家词目》，有《半山老人词》一卷，下注武进董氏旧钞南词本。朱祖谋《彊村丛书》内，亦有《临川先生歌曲》一卷，《补遗》一卷。皆于《临川集》中附存之十八首外，别有搜辑。

《临川集》有《桂枝香》一首云：

登临纵目，正故国晚秋，天气初肃。千里澄江似练，翠峰如簇。征帆去棹残阳里，背西风酒旗斜矗。彩舟云淡，星河鹭起，画图难足。

念往昔豪华竞逐。叹门外楼头，悲恨相续。千古凭高，对此漫嗟荣辱。六朝旧事随流水，但寒烟衰草凝绿。至今商女，时时犹唱后庭遗曲。

苏轼见此词，称之曰："此老，真野狐精也。"张炎《词源》评此词曰："清空中有意趣，无笔力者未易到。"

王灼《碧鸡漫志》云："王荆公长短句不多，合绳墨处，自雍容奇特。盖安石优于文学天才，故无施而不可。"叶梦得《石林诗话》谓："荆公晚年作《渔家傲》等乐府数阕，每山行，即使俞澹歌之。"则老去山居，又未尝不寄兴于此矣。

严羽《沧浪诗话》云："集句惟荆公最长。《胡笳十八拍》，浑然天成，绝无痕迹，如蔡文姬肺肝间流出。"宋人笔记，多谓安石集句诗，虽累数十韵，皆顷刻而就。偶作小词，亦有杂集成句者。此虽不足道，然亦可见其记诵之渊博矣。按《临川集》凡集句诗四十余首，兹择录数章，以见其精巧。

胡笳十八拍（十八首录一）

自断此生休问天，生得胡儿拟弃捐。一始扶床一初坐，抱携抚视皆可怜。宁知远使问名姓，引袖拭泪悲且庆。悲莫悲兮生别离，悲在君家留两儿。

送吴显道（五首录二）

滕王高阁临江渚，东边日出西边雨。十五年前此会同，天际张帷列尊俎。公今此去何时归？我今停杯一问之！春风两岸水杨柳，昔日青青今在否？偶向东湖更向东，杏花两株能白红。落拓旧游应记得，插花走马月明中。荏苒荏苒瞻西海，明年花开复谁在？杏花杨柳年年好，南去北来人自老。少壮几时奈老何，与君把箸击盘歌。歌罢仰天叹，六龙忽蹉跎。眼中了了见乡国，自是不归归便得。欲往城南往城北，此心炯炯君应识！

百年多病独登台，知有归日眉放开。功名富贵何足道？且赋渊明《归去来》。

戏赠湛源

恰有三百青铜钱，凭君为算小行年。坐中亦有江南客，自断此生休问天。

金陵怀古

六代豪华空处所，金陵王气黯然收。烟浓草远望不尽，物换星移几度秋。至竟江山谁是主？却因歌舞破除休。我来不见当时事，上尽重城更上楼。

浣溪沙（词）

百亩庭中半是苔，门前白道水萦洄。爱闲能有几人来。　小院回廊春寂寂，山桃溪杏两三栽。为谁零落为谁开。

安石尝以词章为游戏，有五言诗一首，以八古人姓名藏于句内。诗云：

老景春可惜，无花可留得。绕屋褚先生，萧萧何所直？每嫌柳浑青，追恨李太白。多谢安石榴，向大红蕊拆。

景春，战国时人。刘德（留得），褚先生，萧何，皆汉人。柳浑，李太白，唐人。谢安石，晋人。刘向（榴向），汉人。按《石林诗话》谓唐权德舆已创此体，苟词旨雅畅，亦不失为佳制也。

又尝凑药名为诗，题为《和微之药名劝酒》。诗云：

赤车使者锦帐郎，从容珂马留闲坊。紫芝眉宇倾一坐，笑语但闻鸡舌香。药名劝酒诗实好，陟厘为我书数行。真珠的皪鸣槽床，金罂琥珀正可尝。使君子细看流光，莫惜觅醉衣淋浪，独醒至死诚可伤！欢华易尽悲酸早，人间没药能医老。寄言歌管众少年，趁取乌头未白前。

诗中“赤车使者”，“从容”，“珂”，“紫芝”，“鸡舌香”，“陟厘”，“真珠”，“金罂”（樱），“琥珀”，“使君子”，“独醒”，“酸早”（枣），“没药”，“管众”（贯众），“乌头”，“白前”，皆药名也。李璧注云：“自梁以来，如简文帝、元帝，皆有药名诗。”是此种游戏笔墨，由来已尚，而安石亦偶为之。

又尝作一诗谜，藏贾岛、李白、罗隐、潘阆四人名。诗云：

佳人佯醉索人扶（假倒），露出胸前白雪肤（里白）。走入绣帏寻不见（罗隐），任他风雨满江湖（波浪）。

凡集句游戏之作，在安石殆为绪余之绪余，徒供稗官野史之传载，与茶余酒后之谈助而已。诚如安石所云“废日力于此，良可悔也”。

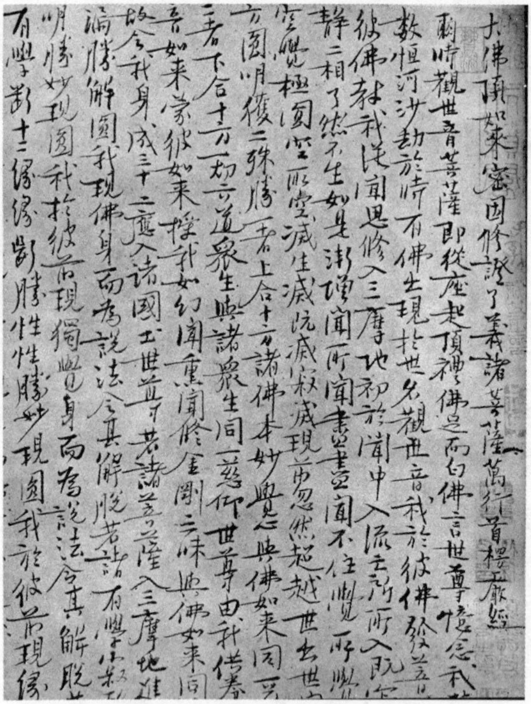

1

2 | 3

1.
王安石手写《楞严经要旨》。

2.
王安石手写《过从帖》。

3.
王安石《临川先生文集》（宋刊明刻本）。

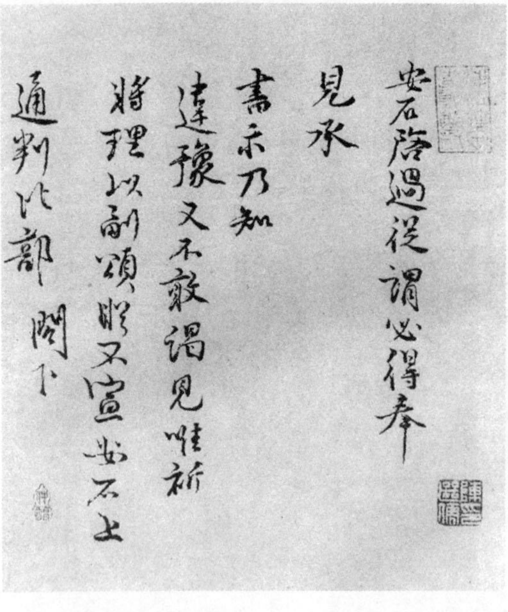

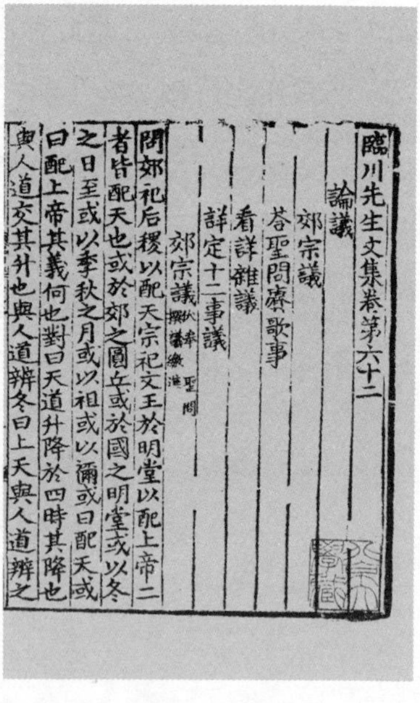
臨川先生文集卷第六十二

論議

郊宗議

荅聖問齋歌事

看詳雜議

詳定十二事議

郊宗議

問郊祀后稷以配天宗祀文王於明堂以配上帝二者皆配天也或於郊之圜丘或於國之明堂或以冬之日至或以季秋之月或以祖或以禰或曰配天或曰配上帝其義何也對曰天道升降於四時其降也與人道交其升也與人道辨冬日上天與人道辨之

第十九章　书　法

第一节　并世诸家之称扬

述安石而及其书法，末事也。相传安石当国时，其书法颇为并时所尚，甚至花押亦仿安石，时人有“花书尽带圈”之语。嘉祐中，梅尧臣即有句称之曰：“字如瘦棘攒黑刺。”蔡绦谓：“尝见秘阁所藏《周礼新义》草稿，有如斜风细雨者，乃安石手迹。”盖其书法虽不足以垂范后世，或亦别有逸致，不同于流俗者欤？并世诸贤，多有称之者。

苏轼云：“王荆公书，得无法之法。然不可学，学之则无法。”

黄庭坚云：“荆公书字，得古人法，出于杨虚白。”又云：“不著绳尺，而有魏晋间风气。”

李之仪曰：“荆公运笔，如插两翼，凌轹于霜空雕鹗之后。”

米芾《书史》云：“杨凝式字景度，书天真烂漫，纵逸类颜鲁公《争坐位帖》。王安石少尝学之，人不知也。元丰六年，予始识荆公于钟山，语及此，公大赏叹曰：无人知之。其后与予书简，皆此等字。”又《海岳名言》云：“半山庄台上故多文公书，今不知存否？文公学杨凝式书，人少知之。予语其故，公大赏其真鉴。”

张邦基《墨庄漫录》曰：“王荆公书清劲峭拔，飘飘不凡，世谓之横风疾雨。黄鲁直谓学王蒙，米元章谓学杨凝式，以予观之，乃天然如此。”

张敬夫曰：“王丞相书，初若不经意，细观其间，乃有晋宋间人用笔佳处。”又云：“予喜藏王丞相字，丞相于天下事多凿以己意。顾于字画，独能行其所无事。晚年所书，尤觉精到。”又云：“荆公率意而作，本不求工，而萧散简远，如高人胜士，敝衣破履，行乎高车驷马之间，而目光已在乎牛背矣。”

黄溍曰：“荆公书，风神闲逸，韵度清美。”

《宣和书谱》曰：“荆公作行字，率多淡墨疾书，未尝经意。”

上述自苏轼以下各家之语，其推崇叹赏安石之书法，可云有褒无贬矣。南宋时，尚有安石遗墨，流传于世，供艺林品题。今则不易见矣。殆亦以人而废其书法欤？

第二节 遗墨题跋一束

黄山谷《跋安石二帖》云：“……杨虚白自书诗云：‘浮世百年今过半，校他蘧瑗十年迟。’荆公此二帖近之。往时李西台喜学书，题少师大字壁后云：‘枯杉倒桧霜天老，松烟麝煤阴雨寒。我亦生来有书癖，一回入寺一回看。’西台真能赏音。今金陵定林寺壁，荆公书数百字，未见赏音者。”

又《跋安石书陶隐居墓中文》云：“熙宁中，金陵丹阳之间。有盗发冢，得隐起砖于冢中。识者买得之，读其书，盖山中宰相陶隐居墓也。其文尤高妙。王荆公尝诵之，因书于金陵天庆观斋房壁间，黄冠遂以入石。王荆公书法奇古，似晋宋间人笔墨；此固多闻广见者所欲得也。”又《题法帖王蒙书》云：“荆公尝言学蒙书。”

朱熹《跋安石帖》云：“先君子自少好学荆公书，家藏遗墨数纸。其伪作者，率能辨之。先友邓公志宏尝论之，以其学道于河雒，学文于元祐，而学书于荆公为不可晓者。今观此帖，笔势翩翩，大抵与家藏者不异。恨不使先君见之，因感咽而书于后。”

吴师道《跋安石手书》云：“丞相荆公与人书问，每有匆匆字。先儒谓丞相何缘有许多忙迫时。今此帖亦云：‘俗事纷纷，灭裂上闻。’岂以为信笔常语，而不之察邪？公书字学王蒙，要为萧散高远，非余人所可及也。”

李之仪《跋安石书金刚经》云："骨多肉少则瘦，肉多骨少则肥；惟骨肉相称，然后为尽。或谓荆公知骨而不知肉。今见此经，则知传者不识荆公书，遽以常所见清劲为瘦也。"

杨士奇《东里集·跋安石诗刻》云："王荆公与其弟平甫此君堂咏竹二首，相传皆公所书。石刻在今应天府学。公书气韵飘逸。势若率然，而未尝无从容整暇之意，亦自成一家。昔人论公书类忙时所作，此说非也；但学书者不可为法耳。"

卞永誉《式古堂书画汇考》书卷之十二，有王荆公书《楞严经要旨》正楷书。款署："余归钟山，假道原本手自校正，刻书寺中。时元丰八年四月十一日，临川王安石稽首敬书。"附跋四首如下：

> "霜筠雪柏钟山寺，投老归欤寄此生。"王介甫既赋此诗，元丰八年四月，竟罢政而归。书经，乃其时也。继遂为元祐矣。假本道原，即刘秘丞恕也。经中十二者，欲令法界众生，求男得男。是时雱已卒，介甫之意，端有所为。后舍半山所居为寺，申其荐拔，可叹也。作字有斜风疾雨之势，亦其性卞急使然，然不妨碍书法。陵阳耄叟牟献之书。
>
> 观世音菩萨发妙耳门，从闻思修入三摩地，与眼鼻舌身意日劫相倍。此一节《楞严经》之法髓也。荆公暮年深悟佛理，故特于是经提出而亲书之，所以深警禅学之士；岂复有心较世间之荣辱是非，及字画之工拙也哉？后学王蒙慨叹而敬书之。
>
> 宋王安石……凡作字，率多淡墨疾书，初未尝略经意，惟达其辞而已。然使积学尽力莫能到。评书者谓："得晋宋人用笔法，美而不夭艳，瘦而不枯瘁。"……此卷是荆公手书《楞严经旨要》，视其所摘，乃深于宗教，由其积学累功所至，非寻常漫自抄写可拟。观其书圆转健劲，别有一种骨气，风度俊逸，有飘飘物外之想。予家法书颇众，如此本者，止获此经卷，世所希见。寂寥之中，一展

阅之，亦可以出生死，游净土，不为无益。绝胜罹尘网，溺嗜欲饕餮，堕于饿鬼趣中，历劫不能超也。岂特贵其书之奇妙而已哉？墨林子项元汴敬识于樱宁庵。其值，三十金。

……《墨池编》以介甫笔老不俗。《说郛》所抄宋杂记，谓荆公作字似忙者。而山谷以荆公字法出于杨虚白。今《停云馆》所镌安石二札具在，何尝类杨景度也。介甫书《要旨》卷留余处弥月，纵观，因述诸说如是。乐卿识。

（按《停云馆帖》，乃文征明集刊。）

附《震泽集·跋王雱书》云："昔人论荆公多淡墨疾书，类忙时作。今观元泽书，亦然。盖点画转折，意到而已。未尝有法，而亦不可谓之无法也。其得于家传者邪？议者又谓公书类王蒙，又谓类杨凝式。又谓萧散之趣，公所自得，非有所本也。不知元泽亦尚进于是邪？"

按《佩文斋书画谱画家传》，安石亦列名其间。录詹景凤《东图玄览》云："王安石山水一小纸幅，极工致。全法李昭道，后赵千里酷似之。上作十余本柏，点叶如针杪许。柏身拳曲缠纠，极诸巧态。下写古桂十余本，俱精极而多间以大枯株。独写人物，则人俱矮，面俱大，款题曰：'皇祐壬辰，王安石写，天香深处。'末加按语云：'款题不类安石文笔，疑后人伪为。姑存之，以广异闻。'"

第三节　书法之蒙谤

杨用修《丹铅录》字学类之一，有一则云：

宋苏才翁笔法妙天下，不肯下一世人，惟称范文正公与《乐毅论》同法。黄山谷谓："才翁傲睨万物，众人皆侧目，而文正公待之甚厚，故才翁论书，少屈董狐之笔。"山谷此评，甚非君子之言。文正公字法，实入书家之品，才翁非佞语也。王荆公字本无所解，

> 评者谓其作字甚忙，世间那得许多忙事。山谷阿私所好，谓荆公字法出于杨虚白，又谓金陵定林寺壁有荆公书数百字，昔未见赏音者。何荆公字法当时无一人赏音，而山谷独称之耶？才翁曲笔于范文正公，不犹愈于山谷献谀于王安石乎？

按黄庭坚《跋范文正公帖》略云："范文正公帖落笔痛快沉著，极似晋宋人书。往时苏才翁笔法妙天下，不肯下一世人，惟称文正公书与《乐毅论》同法。予少时得此评，初不谓然，以谓才翁少屈董狐之笔耳。老年观此书，乃知用笔实处，是其最工。大概文正妙于世故，想其钩指回腕，皆优入古人法度中。今士大夫喜学书，当不但学其笔法；观其所以教戒故旧亲戚，皆天下长者之言也。深爱其书，则深味其义。虽不涉世，不为吉人志士，吾不信也。"庭坚立说如此，分别少时老年甚明，虽童子稍解文义，皆知其为推尊文正甚至也。而杨用修徒据"少屈董狐之笔"一语而不顾"少时""老年"四字，大肆讥评。又涉及安石，谓其本不解书。夫安石一生，何必欲以区区之书法见长。黄氏亲见其书，而以杨凝式拟之，未必妄也。用修生数百年后，固未尝见其书者；何可遽讥其于字本无所解？又谓"当时无一人赏音，而山谷独道之"，夫米元章、张邦基，非与荆公同时者乎？张南轩、朱晦庵，非皆亲见荆公遗墨，而称道其善书者乎？用修乃于诸贤之说，未一寓目乎？安石当国时，庭坚固未在朝。若以题跋为献谀，则皆安石身后事也。又何所觊觎，而借是以献谀于地下耶？甚哉！用修之妄也！

按朱熹《跋韩魏公与欧阳文忠公帖》，亦尝訾及安石。其跋云：

> 张敬夫尝言："平生所见王荆公书，皆如大忙中写，不知公安得如许忙事？"此虽戏言，然实切中其病。今观此卷，因省平日得见韩公书迹，虽与亲戚卑幼，亦皆端严谨重，略与此同，未尝一笔作行草势。盖其胸中安静详密，雍容和豫，故无顷刻忙时，亦无纤芥忙意。与荆公之躁扰急迫，正相反也。书虽细事，而于人之德性，

其相关有如此者。熹于是有警焉，因识其语于左方。庆元丁巳十月。

按朱熹此跋，与前节《跋安石书》所言，颇相违戾。且既以张敬夫为戏言，而又以躁扰急迫以状其太忙之实，不知向言先君子学荆公书为何等书？夫写字太忙，本非可以绳书法之工拙。而自张敬夫倡之，朱熹和之，至杨用修，遂以此一言肆其簧鼓矣！

第二十章　著作之存佚

第一节　遗书之目录

安石生平所著书，其名目可考者，计十六种。如下：

（一）《易解》二十卷，今佚。

（二）《洪范传》一卷，今存《临川集》中。

（三）《新经诗义》三十卷，今佚序文，存《临川集》中。

（四）《新经周礼义》二十二卷，今传。

（五）《左氏解》一卷，今佚。

（六）《论语解》十卷，今佚。

（七）《孟子解》若干卷，今佚。

（八）《孝经解》一卷，今佚。

（九）《字说》二十卷，今佚。

（十）《王氏日录》八十卷，今佚。

（十一）《老子注》二卷，今佚。

（十二）《王氏杂说》十卷，今佚。

（十三）《临川集》一百三十卷，今传一百卷。

（十四）《唐百家诗选》二十卷，今传。

（十五）《四家诗选》十卷，今佚。

（十六）《楞严经疏解》若干卷，今佚。

以上书目卷数，多依据马端临《文献通考》。惟《楞严经疏解》，亦名《定林疏解》，据《楞严经指掌疏悬示》列入。按《三经新义》中，《书义》实安石子雱主纂。《易解》据尹和靖言："介甫有《易解》，其辞甚简，疑处阙之。后来有印行者，名曰《易义》，非介甫之书。"今既失传，亦无可考矣。

第二节　不传诸书之梗概

安石所著诸书之不传于今日者，按《文献通考》所载晁公武、陈振孙诸家题解，可略知其梗概。兹分别节录于下：

（一）《易解》　晁氏曰：“介甫《三经义》皆颁学官，独《易解》自以少作，未善，不专以取士。绍圣后，与龚原耿南仲《注易》三书，偕行于场屋。”

（二）《新经诗义》　晁氏曰：“熙宁中，置经义局，撰三经义，皆本王安石说。《毛诗》先命王雱训其辞，复命安石训其义。书成，以赐太学，布之天下云。”

（三）《左氏解》　陈氏曰：“此书专辩左氏为六国时人，其明验十有一事。题王安石撰，其实非也。”

（四）《论语解》　晁氏曰：“王介甫撰。并其子雱口义，其徒陈用之解，绍圣后，皆行于场屋。或曰：用之书，邹浩所著，托之用之云。”

（五）《孟子解》　晁氏曰：“介甫素喜《孟子》，自为之解。其子雱与其门人许允成，皆有注释，崇观间，场屋举子宗之。”

（六）《孝经解》　晁氏曰：“《经》云：‘当不义，则子不可以不诤于父。’而孟子猥曰：‘父子之间不责善。’夫岂然哉？今介甫因谓：‘当不义则诤之，非责善也。’噫！不为不义，即善矣；阿其所好，以巧慧侮圣人之言至此，君子疾夫。”

（七）《王氏日录》　晁氏曰：“皇朝王安石介甫撰。绍圣间。蔡卞令曾布献于朝，添入《神宗实录》。陈莹中谓：‘安石既罢相，悔其执政日无善状，乃撰此，归过于上，掠美于己。且历诋平生不悦者；欲以欺后世。’于是著《尊尧集》及《日录不合神道论》十数书。此书起熙宁元年四月，终七年三月；再起于八年，终于九年六月；安石两执国柄日也。

然无八年九月以后，至九年四月事；盖安石攻吕惠卿时。莹中谓蔡卞除之。安石骂惠卿之语，其时当在此际也。”陈氏曰：“本朝祸乱，萌于此书，陈瓘所谓尊私史而压宗庙者。其强愎坚辩，足以荧惑主听，钳制人言。当其垂殁时，欲以此书畀炎火，岂非其心有所愧悔欤？既不克焚，流毒遗祸，至今为梗，悲夫！书本八十卷，今只有其半。”

按陈瓘字莹中，徽宗朝为谏官时，尝撰《四明尊尧集》，专辩安石《日录》之诬僭不逊，坐此羁管台州。朱熹有《读两陈谏议遗墨跋》一文，另录于身后及后世之评论章，第四节内可以互参。

（八）《老子注》　晁氏曰：“王介甫平生最喜《老子》，故解释最所致意。首章皆断有无一读，与温公同。后其子雱及其徒吕惠卿、陆佃、刘仲平，皆有《老子注》。”

（九）《杂说》　晁氏曰：“皇朝王安石介甫撰。蔡京为安石传，所谓杂说，即此书也。以京之夸至如彼，且不知所谓‘通乎昼夜，阴阳所不能测而入于神者’，为何等语？故著之。”

（十）《四家诗选》　陈氏曰：“王安石所选杜、韩、欧、李诗，其于李为末，而欧反在其上；或亦谓有抑扬云。”

（十一）《楞严经疏解》《楞严经指掌疏悬示》云：“王文公介甫解，亦名《定林疏解》。文公罢相，归老钟山之定林，著有《楞严疏解》。略诸师之详，而详诸师之略。洪觉称之，谓其非智者莫窥也。”

第三节　传世诸书之考证

安石所著诸书，传于今日者，仅有《临川集》一百卷，《周礼新义》十六卷。又《王荆公诗注》五十卷，则宋李壁所注也。又唐《百家诗钞》二十卷。

《临川集》一百卷，今上海涵芬楼《四部丛刊》内，影印明嘉靖刊本，最称精善。清《四库全书总目提要》云：

> 案《宋史·艺文志》载《王安石集》壹伯卷，陈振孙《书录解题》亦同；晁公武《读书志》则作一百三十卷；焦竑《国史经籍志》亦作一百卷，而别出后集八十卷；并与史志参差不合。今世所行本，实止一百卷，乃绍兴十年郡守桐庐詹大和校定重刻，而豫章黄次山为之序。次山谓集原有闽浙二本；殆刊板不一，著录者各据所见，故卷数互异欤。案蔡绦《西清诗话》载安石尝云："李汉岂知韩退之，辑其文不择美恶，有不可以示子孙者，况垂世乎？"以此语门弟子，意有在焉；而其文迄无善本，……陈善《扪虱新话》所载，大略相同。据二人所言，则安石诗文，本出门弟子排比。非所自定，故当时已议其舛错。而叶梦得《石林诗话》又称蔡天启称荆公尝作诗，得"青山扪虱坐，黄鸟挟书眠"，自谓不减杜诗，然不能举全篇。薛肇明被旨编公集，遍求之终莫之得。肇明为薛昂字，是昂亦曾奉诏编定其集。顾蔡绦与昂同时，而并未言及。次山序中，亦只举闽浙本，而不称别有敕定之书。其殆为之而未成欤。又考吴曾《能改斋漫录》称荆公尝题一绝句于夏旼扇，本集不载，见《湟川集》。又称荆公尝任鄞县令，昔见一士人收公亲札诗文一卷，有两篇，今世所刊文集无之；其一马上，其一书会别亭云云。是当时遗篇逸句，未经搜辑者尚夥；其编订之不审，有不仅如《西清诗话》所讥者。然此百卷之内，菁华具在；其波澜法度，实足自传不朽。……

杨希闵云："《临川集》凡数刻。就所见者：一，绍兴十年，桐庐詹大和刻本，黄次山季岑为之序。一，淳熙十五年，钱塘钱象山刻本，陆象山为之序。元时危素将刻公文，征吴草庐为序，序传，而其刻未见也。一，明嘉靖二十五年，象山应云鸑刻本，临川章衮汝明为之序，陈九川为后序。一，嘉靖三十九年，德安何中丞刻本，临海王宗沐为之序。一，万历四十年，荆公玄孙凤翔荆岑者，又刻于金陵，是为光启堂本，丰城李光祚为之序。"今涵芬楼《四部丛刊》内影印者，即明嘉靖中象山应云鹭刻本也。

《王荆公诗注》五十卷，今浙江海盐张氏清绮斋有影印元大德刊本。李注而外，附须溪刘辰翁评点；清《四库本》则无之。《四库全书总目提要》云：

> 宋李璧撰。……璧字季章，号雁湖居士，初以荫入官，后登进士。宁宗朝，累迁礼部尚书参知政事兼同知枢密院事，谥文懿，事迹具《宋史》本传。是书乃其谪居临川时所作。刘克庄《后村诗话》尝讥其……疏漏。然大致捃摭搜采，具有根据，疑则阙之，非穿凿附会者比。原本流传绝少，故近代藏书家俱不著录。海盐张宗松得元人椠本，始为校刊。集中古今体诗，以世行《临川集》校之。增多七十二首。其所佚者，附录卷末。……

张宗松，清乾隆时人。其摹刻本有序云：

> 王荆公诗五十卷，雁湖先生李璧季章笺注。予十年前购得华山马氏所藏元刻本，间取通行《临川集》勘之，篇目既多寡不同，题字亦增损互异；乃叹是书之善，不独援据该洽，可号王氏功臣也。史称季章嗜学，如饥渴，群经百氏，搜抉靡遗。今《雁湖集》既不存，其他著录亦尽逸，惟是书见称艺林，而流布绝少；因重锓之，以广其传。俾嗜古者，得窥先生之蕴涵，识临川之意匠，而并可正俗本之纰缪，殆如景星凤凰，争先睹之为快已。

又按张氏重刊略例，有一则云："原本尚有刘须溪评点，品藻甲乙，容有未当。且杂乱注中，观者目眩。今并芟之，使李注孤行，更觉心目开朗。"是张氏所得元刻本，本有刘评，恶其杂乱，而删之也。张宗松六世孙张元济，近年影印元大德本《王荆文公诗》，有跋纪其缘起甚详。并录于次：

> 《王荆文公诗》，李雁湖笺注，先六世祖尝得华山马氏元刊五十卷本，于乾隆辛酉之岁，覆刻行世。中经洪杨之乱，板久散佚，书

亦不易得矣。余幼嗜此书，访求十余年，既官京师，始得之。是书自元大德刊行后，未有别椠。四库著录，亦吾家刻本。日本有翻雕者，然中土流传绝少。先人有言：“是书之善，不独援据该洽，可号王氏功臣。”又引乡贤姚叔祥语，谓：“藏书于家，但知秘惜为藏，不知传布为藏。”余悚然以是为惧。顾原书第三十卷第五十卷失去两末叶，亟思搜补，以偿先人未竟之愿，再谋剞劂。偶检宜都杨惺吾参赞《日本访书志》，有朝鲜活字本，完善无阙，且附年谱；亟遗书往索。既得杨君慨然录寄，欣感交集，即思付印。会有欧美之行，事遂中止。归未及期，复遘国变，……故家藏书，多坐兵燹散出。江安傅沅叔同年，自京师来访，道出苏州，见有元刊本，为季沧苇故物，已为余购留。展之，则第三十卷第五十卷两末叶均存，而年谱且有撰人名氏。沅叔劝以此本影印，谓留存须溪评点，虽违先志，然不失昔人面目，亦祖庭遗训也。余以失去他卷十余叶，仍非足本，未遽决。友人日本长尾雨山先生，谓彼国宫内省图书寮有是书，可以摹写；且引为己任。不数月，以写真版来；所缺之十余叶，仅欠其一。复就江南图书馆所储残本补之。考雁湖初作此注，有魏鹤山序，先人尝以搜求未得为憾；后从长塘鲍氏抄录补刊。晚印之本，多有载此序者，而吾六世祖已不及见矣。乌程刘翰怡京卿，尝得残宋本，其魏序固存。余请于翰怡，许我假印，冠诸简端，亦以继先人之志也。惺吾初从朝鲜本录示刘将孙、毋逢辰两序，文中称荆公为文正，亦稍有不可句读者，余始犹疑之。迨余本撤装摄影时，年谱前夹线中，忽露残纸两段。因悟是必刘、毋两序之余；其足以致疑者，或朝鲜手民之误钞；因并存之。夫以一书之微，阅数百年将就湮没，乃有人起而绵续之。而又故留其缺憾，待百数十年后，仍假其子孙之手，使其先代所引为缺憾者，而一一弥之。其书欲亡而卒不亡，是岂得谓造物之无意耶？……岁在壬戌，距乾隆辛酉，为百有八十年。影印既竣，谨识其缘起如右。

《周礼新义》今有嘉兴钱氏精刊本，在《经苑》中。即清《四库全书》从《永乐大典》中辑出，而更有增补者也。《四库提要》云：

晁公武《读书志》曰："熙宁中置经义局，撰三经义，皆本王安石经说。三经，《书》《诗》《周礼》也。"新经《毛诗义》，凡二十卷；《尚书义》，凡十三卷；今并佚。《周礼新义》本二十二卷，明万历中，重编《内阁书目》，尚载其名；故朱彝尊《经义考》不敢著其已佚，但注曰未见。然外间实无传本，即明以来内阁旧籍，亦实无此书。惟《永乐大典》中所载最夥。盖《内阁书目》据《文渊阁书目》；《文渊阁书目》即修《永乐大典》所征之书；其时尚有完帙，故采之最详也。考蔡绦《铁围山丛谈》曰："王元泽奉诏为三经义时，王丞相介甫为之提举。《诗》《书》盖多出元泽及诸门弟子手；《周礼新义》实丞相亲为笔削者。政和中，有司上言，天府所借吴氏赀，多有王丞相文书，于是朝廷悉藏诸秘阁，用是吾得见之。《周礼新义》笔迹，如斜风细雨，诚介甫亲书云云。"然则三经义中，惟《周礼》为安石手著矣。……今观此书，惟训诂多用字说，病其牵合。其余依经诠义，如所解八则之治都鄙，八统之驭万民，九两之系邦国者，皆具有发明，无所谓舞文害道之处。故王昭禹林之奇王与之陈友仁等注《周礼》，颇据其说。《钦定周官义疏》，亦不废采用。……安石神宗时所上五事札子，及《神宗日录》载安石所引《周官》，及杨时《龟山集》中所驳平颁兴积一条，其文皆在《地官》中。今《永乐大典》阙《地官》《夏官》二卷，其说遂不可考。……安石本未解《考工记》，而《永乐大典》乃备载其说。据晁公武《读书志》，盖郑宗颜辑安石《字说》为之，以补其阙。今亦并录其解，备一家之书焉。

此书钱刻《经苑》本，钱仪吉有跋云：

昔王荆文公以《周官》泉府一言祸宋，迨南渡后，既已罢从祀，斥《新经》，尽弃其所学。然当时诸儒释周礼者，犹多称述。知其言固有不可废者已。顾传本人间几绝，近世藏书家，亦鲜著录。往仪征相国抚浙时，许诸生就杭州文澜阁写书，余录得经说十数种，此其一也。是为《永乐大典》本。因参考诸家传义，有引王氏说，而此本不及者，如胡广等所见，不独《地官》《夏官》之有阙文也。爰为补录，凡得百三十余条，悉注于下，稍为增多矣。《字说》久佚不传，独见于此注中。其于六书之义，违戾已甚，辄依许氏书正之，庶几学者不为所误尔。《考工记注》二卷，为郑宗颜辑，前人言之至确，而旧本犹署安石名。岂以中用《字说》尤多，固为王氏一家之学邪？校读一周，因识其后。

近人陈祺寿《且朴斋书跋》有《钱刻〈周官新义〉跋》。略云：

王荆公《周官新义》二十二卷，明万历中重编《内阁书目》尚载其名。而清初朱太史著《经义考》，即云未见；是世间已罕流传。洎乾隆中修《四库》书，馆臣乃于《永乐大典》所载，辑成十六卷；其完本竟不可复得。道光中，嘉兴钱衎石给谏，刻入《经苑》，即《四库》本也。钱氏参考诸家传义，有引王氏说，而库本不及者，爰为补录，得百三十余条，悉注于下；稍为增多矣。然亦尚有漏者，……殆未见魏鹤山《周礼折衷》欤。……

按此书《四库》本，原系馆臣从《永乐大典》中辑出。钱氏刊入《经苑》，复参考诸家经义，补库本所未及。今陈氏复就魏氏《周礼折衷》内抉补数条。盖自乾隆以后，安石此书，始复裒为专帙，迄今尚有为之勤搜补录者。诸人辑佚之功，诚足多矣。

《唐百家诗选》二十卷，今有传本，乃清康熙中宋荦积年访求，得宋乾道本，翻刻以广流传者也。按晁公武《郡斋读书志》云：

皇朝宋敏求次道编。次道为三司判官，尝取其家所藏唐人一百八家诗，选择其佳者，凡一千二百四十六首，为一编。王介甫观之，因再有所去取。且题云："欲观唐诗者，观此足矣。"世遂以为介甫纂。

又陈振孙《书录解题》云：

世言李杜韩诗不与，为有深意，其实不然。按此集非特不及此三家，而唐名人，如王右丞韦苏州元白刘柳孟东野张文昌之伦，皆不在选。意荆公所选，特世所罕见；显然在人者，固不待选邪？抑宋氏独有此一百余集，据而择之，他不复及邪？未可以臆断也。

宋荦翻刻此书，有序纪其访求之颠末。序云：

昔予尝购求王荆公《唐百家诗选》二十卷，仅得残帙八卷于江南藏书家。庚辰秋，举示山阳故人子丘迩求。迩求好学嗜古，请依旧式重梓，以广其传，予甚谊之，因序其首。略云："夫物莫不聚于所好，而天地之气，有开必先，故好龙而龙降，市骏而骏来。天下之大，安知更无嗜古如迩求者，或别购其半，则几乎全矣。"及梓成，果大行于时，宝爱之者，比于吉光片羽，莫不思复得河东三箧，以睹其全焉。先是吴中毛黼季氏喜刊古本，而家中藏书最多。予因属其勤求是选，黼季敬诺而去。旁搜远索，无日以怠。今癸未秋，黼季来谒予曰："日者戾游江阴，亲见王荆公《唐百家诗选》二十卷于某氏藏书家，特来告。"予惊喜，趣购得之。凡所亡十二卷，皆在焉。总数之，得百有四家，而曰百家者，举成数也。有乾道己丑盘谷倪仲传后序。夫荆公没，至孝宗乾道时，不过六七十年间，而序已云："《唐百家诗选》沦没于世。"盖由北辕南渡，播迁丧乱中，其所亡失书籍，固不止此也。亦可慨夫！况乾道至今，又六百年，而予寤寐之求甚久，一朝忽得，殆如香山居士所云"在在处处，有灵物护之"

者乎？于是复招迩求补刊十二卷，俾成完书，公诸同好。此固陈农之所不能求，而张安世之所不及识者也。天下赏心乐事，无逾于此。昔雷焕得丰城双剑，以为灵异之物，终当化去，留一自佩，送一与张华。华报书曰："详观剑文，乃干将也；莫邪何复不至？虽然，天生神物，终当合耳。"其后果化延津之双龙。噫！物莫不聚于所好，凡好之而不笃，笃而不久，久而怠倦以忘者，吾未见其能聚也。非迩求嗜古，先梓其半以为之招；而黼季又为予勤求历久而不倦；其能终合乎哉？是故精诚之至，可以贯金石而通神明，凡事尽然；此其一征也。

此书尝见讥于清初王士禛。《四库总目提要》亦谓："是书去取绝不可解。"而据南宋乾道中倪仲传跋，似觉此书在当时，亦已不见重于士大夫，而几于沦没。倪氏则亟称其铨择之善。按安石对于此书，本以"废日力于此"为悔；而至今遥遥千余载，苟非前有倪仲传，后有宋荦，恐已湮没不传矣。清《四库全书》虽著录于总集类，然提要中甚致疑词。兹节录于下：

旧本题宋王安石编。是书去取，绝不可解。自宋以来，疑之者不一，曲为解者亦不一。然大抵指为安石。惟晁公武《读书志》云：……（已见前）……其说与诸家特异。案《读书志》作于南宋之初，去安石未远；又晁氏自元祐以来，旧家文献，绪论相承，其言当必有自。邵博《闻见后录》引晁说之之言，谓王荆公与宋次道同为群牧司判官，次道家多唐人诗集，荆公尽即其本，择善者签帖其上，令吏钞之。吏厌书字多，辄移所取长诗，签置所不取小诗上。荆公性忽略，不复更视。今世所谓《唐百家诗选》，曰荆公定，乃群牧司吏人定也。其说与公武又异。然说之果有是说，不应公武反不知考。周煇《清波杂志》亦有是说，与博所记相合。煇之曾祖，与安石为中表，故煇持论多左袒安石。当由安石之党，以此书不惬于公论，造为是说，以解之，托其言于说之，博不考，而载之耳。此本为宋乾道中倪仲传所刊，前有仲传序。其书世久不传，国朝康熙中，商丘宋荦始购得残本八卷，刻之，既又得其全本，续刻以行，而二十卷之数，复完。当时有疑其伪者，阎若璩历引高棅《唐诗品汇》所称"以玄宗早渡蒲关诗为开卷第一"，陈振孙《书录解题》所称"非惟不及李、杜、韩三家，即王维、韦应物、元、白、刘、柳、孟郊、张籍皆不及"，以证其真。又残本佚去安石原序，若璩以《临川集》所载补之，其文俱载若璩《潜丘札记》中。惟今本所录，共一千二百六十二首，较晁氏所记多十六首，若璩未及置论。或传写《读书志》者，误以六十二为四十六欤？

第二十一章　用人之贤不肖

第一节　党派之由来

安石之行新政也，观其反对者之众，于以知附和者之寡。蔡确、吕惠卿、章惇、曾布、曾肇、陆佃，以及蔡京、蔡卞等，皆附和安石之最著者也。元人修《宋史》，以蔡确、吕惠卿、章惇、曾布、蔡京、蔡卞列诸《奸臣传》，曾肇陆佃则不然，斯固稍分泾渭矣。然《奸臣传》中之蔡吕章曾及二蔡，犹不能无轩轾也。

考安石亲党之说，始具于元祐四年梁焘之论蔡确。略谓："臣等窃谓确本由王安石之门，相继秉政，垂二十年，群小趋附，深根固蒂。谨以两人亲党开具于后：蔡确亲党四十七人，安石亲党三十人。"按李焘《续资治通鉴长编》卷八十四，仅载所谓安石亲党之姓名十八人。照录如下：

蔡确　章惇　吕惠卿　安焘　蒲宗孟　王安礼　曾布　曾肇　彭汝砺　陆佃　谢景温　黄履　吕嘉问　沈括　舒亶　叶祖洽　赵挺之　张商英

又载蔡确亲党十二人如下：

安焘　章惇　蒲宗孟　曾布　曾肇　蔡京　蔡卞　黄履　吴居厚　舒亶　王觌　邢恕

观上列以安石亲党而兼为蔡确亲党者，计七人。惟蔡京、蔡卞并不系于安石之党，此可注意者。后当于第五节论之。

梁焘等之开具王蔡亲党也，范纯仁恐朋党难辨，误及善人，曾上疏言："蔡确之罪，自有典刑。"更证以《宋史》及《东都事略》蔡确本传，可知蔡确实为佥人。惟安石当国八年，始终未尝大用之。所行新法，亦未尝借其赞助。《宋史》本传谓："确自知制诰，为御史中丞，参知政事，皆以起狱夺人位而居之；士大夫交口唾骂，而确自以为得计也。……既

元祐党籍碑拓片。原碑为蔡京所立，后被宋徽宗销毁，现存两块“元祐党籍碑”均是南宋时重刻的。图中拓片原碑出自广西融水，刻于南宋嘉定四年（1211）。

相，屡兴罗织之狱，士大夫重足而立矣。……”盖假新法以文其奸邪，安石清名，实大为牵累。惟安石在位时，未加大用，则亦不得谓为安石之党矣。确自附于安石之党，则有之耳。

后有张九成为刘安世《尽言集》作序，盛称司马光而贬抑王安石。谓：“司马温公与王介甫，清俭、廉耻，孝友、文章，为天下学士大夫所宗仰。然二公所趣，则大有不同。其一以正进，其一以术进。介甫所学者申韩，而文之以六经。温公所学者周孔，亦文之以六经。故介甫之门多小人，而温公之门多君子。”其列举安石门下辗转传嬗，至可异焉。略云：

> 介甫一传而得吕太尉，再传而得蔡新州，三传而得章丞相，四传而得蔡太师，五传而得王太傅。

复系以慨叹之词曰：“介甫学行，使二圣北狩，夷狄乱华；呜呼！悲夫！”夫以二圣北狩之咎，归于安石，乃后世俗论之所同然。张九成此说，殆为之倡。惟王夫之尝有说曰：“使以蔡京王黼童贯朱勔之所为，俾王安石见之，亦应为之发指。而群奸尸祝安石，奉为宗主，弹压天下者，亦安石之所不愿受。然而盈廷皆安石之仇雠，则呼将伯之助于吕惠卿章惇诸奸，以引凶人之旅进，固势出于弗能自已，而聊以为缘也。”此则稍能为安石恕。张九成所举：吕太尉者，惠卿也。蔡新州者，确也。章丞相者，惇也。蔡太师者，京也。王太傅者，黼也。蔡确之恶，不关安石，顷已辨明。吕章曾蔡等，俟于下节论之。

第二节　吕惠卿

考《宋史》吕惠卿本传，但谓：“惠卿起进士，为真州推官，秩满入都，见王安石论经义，意多合，遂定交。”一若惠卿入都，惟见重于王安石者。《东都事略》则谓：“曾公亮荐为集贤校理。”《欧阳文忠公集》有与王文公介甫简，则有云：“吕惠卿，学者罕能及，更与切磨之，无所不至也。”时在嘉祐中，是欧阳修实道惠卿于安石。又嘉祐六年，修举刘攽、吕惠卿充馆职札子，其论惠卿曰：“前真州军事推官吕惠卿，材识明敏，文艺优通，好古饬躬，可谓端雅之士。并宜置之馆阁，以副圣朝养育贤臣之选。”此可谓褒尽其美矣。是时安石方为知制诰，他日引之助行新法，曷尝不以为欧阳公所尝称道，才学必有过人；岂有意于任用小人哉？

后来安石与惠卿凶终隙末，亦有可资证明者。按周煇《清波别志》谓：“安石退居钟山，切齿以吕惠卿为恨。吕除母丧，时安石弟安礼执政，吕意窃惮之，乃过金陵，以启与安石。”其启曰：

某叨蒙一臂之交，谬意同心之列，忘怀履坦，失戒同巇。关弓之泣非疏，碾足之词未已，而溢言皆达，苐气并生，既莫知其所终，兹不疑于有敌。门墙责善，数移两解之书；殿陛对扬，亲奉再和之诏；固其愿也，方且图之。重罹苫块之忧，遂稽竿牍之献。然以言乎昔，则一朝之过，不足害平生之欢。以言乎今，则八年之间，亦将随速化之改。内省凉薄，尚无细故之嫌；仰揆高明，夫何旧恶之念。恭惟观文特进相公，知德之奥，达命之情，亲疏冥于所同，憎爱融于不有。冰炭之怨豁然，傥示于至恩；桑榆之收继此，请图于改事。侧躬以听，惟命是从。

安石巽言谢之。其书曰：

某启：与公同心，以至异意，皆缘国事，岂有他哉？同朝纷纷，公独助我，则我何憾于公。人或言公，吾无与焉，则公亦何尤于我。趋时便事，吾不知其说焉；考实论情，公亦宜照于此。开谕重悉，览之怅然。昔之在我，诚无细故之疑；今之在公，尚何旧恶足念。然公以壮烈，方进为于圣世；而某苶然衰疾，将待尽于山林。趋舍异事，则相呴以湿，不若相忘之愈也。趋召想在朝夕，伏维眠食是爱。

周煇绍熙中人。自述：“五十年前在建康，见荆公门人吴长吉云：

公得吕启，再三披阅，读至‘殿陛对扬，亲奉再和之诏’，顾客曰：‘彼不著诏旨，亦何自复相闻，不尔，此亦不必答。’又云：‘终是会做文字。’盖不以所甚恶而掩其所长，荆公醇德如此。”按煇著《清波杂志》《清波别志》两书，多及熙丰间事，于安石颇有褒辞。其述安石与惠卿凶终隙末如此。《宋史》载：“安石退处金陵时，往往写‘福建子’，盖深悔为惠卿所误，殆非无稽之谈也。”

《宋史》又谓：“虽章惇、曾布、蔡京当国，咸畏恶其人，不敢引入朝。”盖惠卿卒于徽宗崇宁朝，享年八十。自元祐放逐以后，经章、曾、蔡等次第当国，皆未获起用，转徙外服，以讫于死。

当熙宁七年王安石之初罢相也，惠卿在朝，尝用弟和卿计，行“手实法”。其法：制“五等丁产簿，官为立定田产中价，使民各以田亩多少高下，随价自占；仍并屋宅，分有无蕃息以立之等。凡居钱五，当蕃息之钱一。尺椽寸土，检括无遗，至鸡豚亦遍抄之。隐匿者许告，而以赀三之一充赏。将造簿，由官具式示民，令依式为状，县受而籍之，以其价立定高下，分为五等。既该见一县之民物产数，乃参会通县役钱本额，而定所当输，明书其数示众。又因保甲正长结散青苗钱，使结申赴官，不遗一人”。按此等施为，未始不可于严酷之中，见其综核之才。当时蒲宗孟尝言：“手实法可以正百年无用不明之版图，而均齐其力役，天下之良法也。”迨安石再相，惠卿出知陈州，其手实法亦以公私不堪烦扰旋罢。

惠卿殆优于吏治者，著有《县法》一书，《文献通考·经籍考》第二十九《史部职官类》存其目。陈振孙谓：“惠卿小人之雄，于才术固优，然法令居首，而教化乃居其末，不曰俗吏，而谓之何哉？”盖其书分十门：一法令，二词讼，三刑狱，四簿历，五催科，六给纳，七灾伤，八盗贼，九劝课，十教化。陈氏讥以俗吏，不无儒生之见。居今日而谈县治，固未始不以法令为首，其次第之殿最，亦未始无意也。吕祖谦《宋文鉴》录惠卿序文。照录如次：

> 天下之民事皆领于县；则奉朝廷之法令，而使辞讼简，刑狱平，会计当，赋役均，给纳时，水旱有备，盗贼不作衣食滋殖，风俗敦厚，必自县始。然古之官学，皆有师法，虽工官犹莫不然。况于为数万户之县，而当古一国之任，独可以无法乎？惠卿之有意于此也久矣！兹者出守大名，当荐饥之后，民卒流亡，盗贼多有，随宣应务，粗亦随愚。复召畿内之知佐，问其所以施设之方，而监司部吏之历县道、老民事者，皆咨访焉。既尽其所长矣；于是又附以平日之所当讲问试用者为法令，词讼，刑狱，簿历，造簿（即催科），给纳，灾伤，劝课，教化，凡十门；目曰《县法》。以趣时便事，宜与敕令合而易晓，故不敢甚高而文。以其意与所学于先王者不异也，故时及焉。而其事多河北之风俗，则以行之部内而已。然恺悌君子有志乎民者，亦所不废也。

按吕祖谦《宋文鉴》之甄录，类皆有关政教之作，则惠卿此书，未可遽以俗吏鄙之也。

按《东都事略》谓："惠卿有《文集》一百卷，《庄子解》十卷。"《文献通考》载《吕吉甫集》二十卷。晁氏曰："为文长于表奏。"刘克庄曰："考亭论荆公、东坡门人，宁取吕吉甫，而不取秦少游辈。其说以为吉甫犹看经书，少游翰墨而已。"孙鸿庆序其文，谓"辞严义密，追古作者"。又《老子注》二卷，又《三略素书解》一卷。其《庄子解》，《清四库全书·子部》著录，系与王雱合注者。盖其人信如欧阳修所谓"文艺优通"也。今传《道藏正统》（编者按：当为《正统道藏》）内，有惠卿撰《道德真经传》四卷，殆即《文献通考》所列之《老子注》欤。陆游《老学庵笔记》云："吕吉甫问客，苏子瞻文辞似何人？客揣摩其意，答曰：'似苏秦张仪。'吕笑曰：'秦之文高矣，仪固不能望，子瞻亦不能也。'徐自诵其表语云：'面折马光于讲筵，廷辩韩琦之奏疏。'甚有自得之色。客不敢问而退。"又罗大经《鹤林玉露》载吕惠卿尝有表语云："九金聚粹，共图魍魉之形；

孤剑埋光，尚负斗牛之气。”文采斐然，良亦可观。

按朱弁《曲洧旧闻》云：“惠卿之论斥也，刘贡父当草制，引疾而出。东坡一挥而就，不日传都下，纸为之贵。绍圣牵复江宁府，所作谢表，句句论辩。惟至发其私书，则云：‘自省于己，莫知其端。’又自叙云：‘顾惟妄论，何裨当日之朝廷；徒使烦言，有黯在天之君父。’观此一言，使其得志，必杀二苏无疑矣。盖当时论列多出子由，而谪词则东坡当笔也。”兹将哲宗元祐朝东坡当笔之谪词录下：

元凶在位，民不奠居；司寇失刑，士有异论；稽正滔天之罪，永为垂世之规。具官吕惠卿，以斗筲之才，挟穿窬之智，谄事宰辅，同升庙堂。乐祸而贪功，好兵而喜杀，以聚敛为仁义，以法律为诗书。首建青苗，次行助役；均输之政，自同商贾；手实之祸，下及鸡豚；苟可蠹国而害民，率皆攘臂而称首。先皇帝求贤若不及，从善如转丸，始以帝尧之仁，姑试伯鲧；终焉孔子之圣，不信宰予；发其宿奸，责之辅郡。正宜改过，稍畀重权；复陈罔上之言，继有砀山之贬。反覆教戒，恶心不悛；躁轻矫诬，德音犹在。始与知已，共为欺君，喜则摩足以相叹，怒则反目以相噬；连起大狱，发其私书，党与交攻，几半天下，奸赃狼藉，横被江东。至其复用之年，始倡西戎之隙，妄出新意，变乱旧章，力引狂生之谋，驯致永乐之祸。兴言及此，洒涕何追！逮余践祚之初，首发安边之诏，假我号令，成汝诈谋，不图涣汗之文，止为疑贼之具，迷国不道，从古罕闻。尚宽两观之诛，薄示三苗之窜。国有常宪，朕不敢私。可责授建宁军节度副使，本州安置，不得签书公事。……

当时惠卿有谢表，吕祖谦选入《宋文鉴》，并录于此，以见其才调。

备严近之选，而抵非当之愆；当清明之朝，而罹甚重之谴。孽乃自作，咎将谁归？伏念臣起自诸生，暗于大道；持窾启之闻，而欲经于事变；信呻吟之得，而欲挂于功名；分既过逾，理宜颠越。

> 矧先帝有为之始，乃群材愿效之时，辄先要津，以阂贤路。虽预讨论者三四事，而参几务者一二年，凡是蠹国害民之由，实臣懵学误朝之致；岂亦下流之所处？更令众恶以皆归。偶失当时士师之刑，难逃今日司直之论。尚蒙善贷，未置严诛；特从四裔之迁，以正三凶之比。衰疲远谪，人皆知其难堪；亲爱生离，闻者为之太息。伏惟皇帝陛下天仁自得，圣孝光充。抚弓剑之遗藏，每加凄怆；顾庙堂之旧物，宁不尽伤，特罪悔之至深，犹典刑之为屈。龙鳞凤翼，已绝望于攀援；虫臂鼠肝，一冥心于造化。涕逐言出，莫知所从。

按“龙鳞凤翼”一联，颇寓讥讽之意。当放逐之时，犹出此语；宜绍圣朝局一变，改知江宁府，遂于谢表内句句辩论，至以“何裨朝廷，有黯君父”等词，反唇相稽也。其亦小人之雄也欤！

观上列苏轼当笔之谪词，凡后世俗儒所谤议安石者，当时苏轼胥以加诸惠卿之身，则安石之蒙冤于后，实以惠卿之故。而惠卿与安石，且系始合终离，凶终而隙末。则安石之咎，不无可以稍贷也欤？史称熙宁七年，安石因久旱去位，荐惠卿拜右谏议大夫，参知政事。惠卿既执政，恐安石复用，苟可以陷安石者，无所不为。八年，安石再起，惠卿不自安，以邓绾劾，罢政事，知陈州。惠卿讼安石用绾诬辞而见绌，因谓：“安石尽弃旧学，而隆尚从衡之末数，以至谮诉胁持，蔽贤奸党，移怒行狠，方命矫令，罔上要君，凡此数恶，莫不备具。平日闻望，扫地尽矣。谋身如此，以之谋国，岂有远图？陛下平时以何如人遇安石，而安石亦以何等人自任；而乃失志倒行而逆施一至是哉？”惠卿之公然诋辱安石，有如此者，呜呼！惠卿固安石所尝引为知己者也，曾几何时，而乃反噬如此，是亦论安石者所当知者也。故苏辙于元祐朝疏劾惠卿，有曰：“安石之于惠卿，有卵翼之恩，有父师之义。方其求进，则胶固为一，更相汲引以朝廷。及其权位既均，势力相轧，反眼相噬，化为仇敌。惠卿发安石私书，‘无使齐年知’；齐年者，冯京也。先帝（神宗）犹薄其罪。惠卿复发其一曰‘无使上知’，先帝由是不悦安石。夫惠卿与安石，出肺肝，托妻子，平居相结，惟恐不深。故虽欺君之言，见于尺牍，不复疑间。惠卿方其无事，已一一收录，以备缓急之用。一旦争利，遂相抉擿，不遗余力，此犬彘之所不为，而惠卿为之。……近日言官之论奏，……不及惠卿者，盖其凶狎猜忍如蝮蠍，万一复用，睚眦必报。是以言者未肯轻发。”按发私书之事，苏辙曾以腾诸奏疏；苏轼之谪词亦有发其私书之语；当可征信。后世诋安石者，往往咎其“无使上知”为欺君。然惠卿早岁尝见奖于欧阳修，安石执政之初，引为已助，固与深计不疑，而不虞其他日持以反噬。则安石固不能无伤于知人之明；然必使之同齿于奸邪，则未当也。

第三节　章　惇

张九成所谓安石再传而得之蔡确，前已论及。其所谓三传而得之章惇，则尝与安石共事，《宋史》以列于《奸臣传》，元祐朝梁焘等以之列于安石之亲党者也。

本书第十四章内，已将章惇之武功，略加论列，毋庸再赘。兹更考其行事：按《宋史》本传谓：“惇豪隽博学善文，进士登名，耻出侄衡下，委敕而出。”此可见其尚气节，重廉耻。又谓“再举甲科调商洛令，与苏轼游南山，抵仙游潭，潭下临绝壁万仞，横木其上。惇揖轼书壁，轼惧不敢书。惇平步过之，垂索挽树蹑衣而下，以漆墨濡笔，大书石壁曰：‘苏轼章惇来。’既还，轼拊其背曰：‘君他日必能杀人。’惇曰：‘何也？’轼曰：‘能自判命者，能杀人也。’惇大笑。”此可见惇之胆识，有过人者。后来湖南用兵之成功，有由来也。史又称：“……判军器监，三司火，神宗御楼观惇部役兵奔救，过楼下，神宗问知为惇，明日命为三司使。”此可见惇有戡乱之才，诚所谓泰山崩于前而色不变。而其见用于神宗也，初不因王安石之推荐，实缘救火一役，见奇于神宗也。元祐朝，司马光为相，新法尽罢，惟役法廷有争议。时章惇尚任枢密使，尝与光争役法。

有云："免役之法，利害相杂。"又云："自行免役，所遣使者，不能体先帝爱民之意。差役旧害，虽已尽去，而免役新害，随以复生。今日正是更张修完之时。"又曰："凡改政事，固有不可缓者，有可以缓者。如京东西保马，缓一日，则民间有一日之害，此不可缓也。如役法，岁月之间，更改了当，诚不为缓。"上述诸语，苏辙尝引入章奏内，以为惇非欲破坏元丰故事者，而言犹若此，则元祐改更，诚不为过。当时吕公著亦谓惇所论固有可取。此可见惇于政事，并非一味阿附安石，植党害公，而罔顾民生国计者。史称其与司马光争辩帘前，其语甚悖，致触宣仁太后之怒。此又可见其介然有以自见。当时司马光大权在握，罢新法惟恐不及，惇亦不惜撄其锋。则又非模棱两可俯仰趋时之小人也。

惇既触宣仁太后之怒，于是刘挚、苏辙、王觌、朱光庭、王岩叟、孙升交章击之，遂黜知河州。七八年间，数为言者弹治。迨哲宗亲政，改元绍圣，首起惇为尚书左仆射兼门下侍郎。自是而后，报复仇怨之事，史不绝书，而党祸遂为宋社几屋之一大原因矣。

《宋史》谓："惇敏识加人数等，穷凶稔恶，不肯以官爵私所亲。"盖其才足以济恶也。至如"不肯以官爵私所亲"，则亦不失为洁身自好之君子。独不解其绍圣入相之后，报怨之举，无所不用其极。至欲追废宣仁太后，哲宗未允。其后绍兴朝，高宗阅任伯雨章疏，终以惇诬诋宣仁后，特予追贬。惇之终为小人之归，其亦咎由自取也欤？

史谓："惇妻张氏甚贤，其入相也，张病且死，属之曰：'君作相，幸勿报怨。'"吾人读史至此，未尝不惜其未能用妻言也。顾亦有激之使然者。盖元祐朝梁焘等定王安石亲党，以吕惠卿、章惇为魁，当时范纯仁太息语同列曰："吾辈将不免矣！"后来章惇建"元祐党"，果如范纯仁之言。大抵皆出士大夫报复；而其卒也，国家受其咎。然则章惇亦不幸而激于世变，遂不保其晚盖者欤？

惇乃邵雍之门人，故与苏轼、陈瓘等相友善。史谓："惇尝语陈瓘曰：'悼亡不堪，奈何？'瓘曰：'与其悲伤无益，曷若念其临绝之言。'惇无以对。”陈瓘字莹中，张九成所谓司马光之再传也。章惇则为王安石之再传。宜其君子小人不可以共语矣；乃瓘之语惇也，缘词进讽，尚冀其迁于善；则惇之不可终鄙也明矣。

惇之获识邵雍而列于弟子籍也，据《吕氏童蒙训》所记，盖亦偶然相遇耳。《童蒙训》云：

> 邵康节居卫州之共城，后居洛阳。有商州太守赵郎中者，康节与之有旧，尝往从之。时章惇子厚作令商州，赵厚遇之。一日，赵请康节与章同会。章豪俊自许，议论纵横，不知敬康节也。语次，因及洛中牡丹之盛。赵守因谓章曰：“先生洛人也，知花为甚详。”康节因言：“洛人以见根拨而知花之高下者，知花之上也；见枝叶而知高下者，知花之次也；见蓓蕾而知高下者，知花之下也。如长官所说，乃知花之下也。”章默然惭服。赵因谓章：“先生学问渊源，世之师表，公不惜从之学，则有进益矣。”章因从先生游，欲传数学。先生谓章：“须十年不仕宦，乃可学。”盖不之许也。

至惇与苏氏兄弟过从之雅，亦有可得而论者。按苏轼有寄子由诗云：“近从章子闻渠说，苦道‘商人望汝来’。”章子者，惇也。时苏辙得告不赴商州。又有和章七出守湖州七律二首，时惇自翰林出守湖州。有云：“早岁归休心共在，他年相见话偏长。”又次韵章子厚《飞英留题》云：“款段曾陪马少游，而今人在凤麟洲。黄公酒肆如重过，杳杳白蘋天尽头。”盖推重甚至，其交谊非泛泛也。

苏轼咏塔前古桧，尝有句云：“根到九泉无曲处，世间惟有蛰龙知。”元丰二年，轼被议系狱，时相王珪举其咏桧诗，言于神宗曰：“陛下飞龙在天，轼以为不知己，而求地下之蛰龙，非不臣而何？”神宗不纳。章惇亦从旁解之曰：“龙者，非独人君，人臣亦皆言龙也。”遂薄其罪，谪置黄州。及退，惇诘珪曰：“相公乃欲覆人家族耶？”珪曰：“此舒亶言尔。”惇曰：“亶之唾，其亦可食乎？”此乌台诗案中之一事也。参《石林诗话》、王定国《闻见近录》。惇于轼，盖尝拯危扶颠，未始投之井又下石也。故苏轼谪黄州后，致书章惇，巽言道其感谢之忱，亦可见其交谊之笃矣。其书云：

某顿首再拜，子厚参政谏议执事：去岁吴兴，谓当再获接奉，不意仓卒就逮，遂以至今，即日不审台候何似？某自得罪以来，不敢复与人事，虽骨肉至亲，未肯有一字往来。忽蒙赐书，存问甚厚；忧爱深切，感叹不可言也。恭闻拜命，与议大政，士无贤不肖，所共庆快。然某始见公长安，则语相识云："子厚奇伟绝世，自是一代异人，至于功名将相，乃其余事。"方是时，应某者皆怃然。今日不独为足下喜朝之得人，亦自喜其言之不妄也。某所以得罪，其过恶未易以一二数也。平时惟子厚与子由极口见戒，反覆甚苦，而某强狠。自圣主宽大，复遣视息人间，若不改者，某真非人也。来书所云："若痛自追悔往咎，清时终不以一眚见废。"此乃有才之人，朝廷所惜。如某正复洗濯瑕垢，刻磨朽钝，亦当安所施用？但深自感悔、一日百省，庶几天地之仁，不念旧恶，使保首领，以从先大夫于九原足矣。某昔年粗亦受知于圣主，使少循理安分，岂有今日？追思所犯，真无义理，与病狂之人蹈河入海者无异。方其病作，不自觉知，亦穷命所迫，似有物使。及至狂定之日，但有惭耳。而公乃疑其再犯，岂有此理哉？然异时相识，但过相称誉，以成其过；一旦有患难，无复有相哀者。惟子厚平居遗我以药石，及困急，又有以收恤之，真与世俗异矣。黄州僻陋多雨，气象昏昏也。鱼稻薪炭颇贱，甚与穷者相宜。然某平生未尝作活计，子厚所知之，俸入所得，随手辄尽。而子由有七女，债负山积，贱累皆在渠处，未知何日到此。现寓僧舍，布衣蔬食，随僧一飧，差为简便；以此畏其到也。穷达得丧，粗了其理，但廪禄相绝，恐年载间遂有饥寒之忧，不能不少念。然俗所谓水到渠成，至时亦必自有处置，安能预为之愁煎乎？初到一见太守，自余杜门不出。闲居未免看书，惟佛经以遣日，不复近笔砚矣。会见无期，临纸惘然，冀千万以时为国自重。

苏辙《栾城集》卷二十七，有章惇知扬州敕词。盖元祐朝惇与司马光争论役法，被议，谪知汝州，而惇以父俞年高居苏州，乞侍养，因徙扬州，苏辙草制，其词云：

敕：枢臣之长，出居列郡，汝海之地，僻在连山，邈焉乡党之遐，疑失亲庭之便。朕方以孝治天下，德绥臣邻，宜推茂恩，俾易近地。具官某早以文词中选，拔出于举人；中以功名自期，被遇于先帝。逮予纂服，亦既期年。比缘议论之差，扰以方州之寄。淡然自守，绰有安靖之风；卧而治民，不失绥怀之体。眷维扬之重地，据吴越之通途，仰足以分予南顾之忧，俯足以慰尔思归之愿。体朕至意，勉于裕民。可……

观此制词，可知苏辙对于章惇，亦未尝吹毛索疵也。迨绍圣元符数年间，惇与蔡卞同居相位，卞乃安石女婿。史称：“惇、卞执政，凡熙丰旧法，悉皆追复，凡元祐朝臣，悉皆贬逐。”苏轼则流窜于惠州，儋州，苏辙则安置于雷州，皆系岭南绝域。或谓：“儋字与瞻字相似，雷字之下似由字，惇所以戏二苏也。”甚矣！朋党交争，往往弃私谊如敝屣，于惇又何责焉！

元符二年八月，章惇等进新修敕令式。惇读于帝前，间有元丰所无，而用元祐敕令修定。帝曰：“元祐亦有可取者乎？”惇等对曰：“取其善者。”观乎此，可知当时士大夫黜陟纷纭，莫非朋党恩怨之私，其政制之良窳，初无绝对之是非，虽惇辈亦不能不有取元祐之善政也。史称右司谏张商英上言：“愿陛下无忘元祐时，章惇无忘汝州时，安焘无忘许昌时，李清臣、曾布无忘河阳时。”以激怒之。呜呼！惇辈自绍圣而后，日以报复为事，宁非张商英有以激之使然耶？徽宗即位之初，惇以主申王佖当立，未果，旋以事被劾，出知越州，徙潭州，又贬雷州司户参军。

至此，方悔。其谢表有云："尽力以遏徐王觊觎之谤，一心以明宣仁保佑之功。"然而悔已晚矣！终徙睦州而卒。张商英当徽宗朝曾作相，蔡京又曾以之列入元祐党人，殆首鼠两端，趋炎附势之流耶？吾于此不禁为章惇太息，抑以惇之敏识加人数等，而施之不以其道，遂致后世指为奸邪欤？兴言及此，又不禁为王安石呼冤矣。

第四节　曾　布

王安石尝谓："法之初行，异论纷纷，始终以为可行者，吕惠卿、曾布也。"吕曾虽并称，《宋史》虽亦列曾布于《奸臣传》，其间不能无轩轾也。考清钱大昕《潜研堂集·跋九曜石题名》云："曾子宣为子固之弟，风流儒雅，辉映一时。不幸附和绍述，致位宰相，史家遂入之奸臣之列。然子宣虽不为公论所与，而能与章惇蔡京立异，亦张天觉之流也。天觉可列传，曾独不可列传乎？若史弥远之奸邪，甚于侂胄，而转不在奸臣之数。史家于此，未免上下其手。读史论世者，不可无识也。"又《跋陈和叔宋史稿》云:"和叔于《奸臣传》，进史弥远而出曾布，颇与鄙意合。可见心同此理，必有平反之者也。"按钱氏之论安石也，亦谓为假圣经以文其奸，殊无恕词；独于曾布力为昭雪。是则布虽与惠卿并称，要未能视为一丘之貉也。

布字子宣，巩之异母弟也。年十三而孤，学于巩，以仁宗嘉祐二年丁酉，与兄巩同登进士第。时巩年三十九岁，布方二十三岁也。熙宁二年，以韩维王安石荐，上书言为政之本有二，曰：厉风俗，择人才；要有八，曰:劝农桑，理财赋，兴学校，审选举，责吏课，叙宗室，修武备，制远人。按所奏二本八要，皆铺陈章表应有之议论，不必定出安石指使也。而《宋史》于此节缀以一语曰："大率皆安石指也。"牵附可笑。

是年神宗召见，论建合意，授太子中允，崇政殿说书，加集贤校理，判司农检正。与吕惠卿共创青苗、助役、保甲、农田之法。按安石尝举二人，称为始终以新法为可行者，则布与惠卿共创诸法，当是事实。当时改革之初，布与惠卿固同为安石之股肱心腹也。

七年，诏求直言。布论判官吕嘉问市易掊克之虐，以为如嘉问之所为，不啻官自为兼并，殊非市易本意。（语详第九章第四节）事下两制议，惠卿以为沮新法，安石怒，布遂去位。嗣惠卿参大政，黜布知饶州，徙潭州。按此节布能甘逆安石，虽去位而无所顾惜，则前所奏事，不必受安石指使明矣。若其表表立异于吕惠卿辈，尤可想见其节概也。

元丰末，复翰林学士，迁户部尚书。司马光为政，令增损役法。布辞曰："免役一事，法令纤悉，皆出己手。若令遽自改易，义不可为。"寻出知太原府。按司马光强复差役法，当时不洽众情，范纯仁苏轼皆有争议。布则以法令纤悉皆出己手，当朝局大变之时，不自掩饰，甘从外出；真强项之士哉！视蔡京之阿附司马光，五日而差役尽复，其人格之高卑，非可同日而语矣。迨绍圣初，布同知枢密院，请甄赏元祐臣庶论更役法之不便者，以劝敢言，章惇遂兴大狱。按果如布之所请，范纯仁、苏轼等，皆在应甄赏之列。章惇借以兴大狱，岂布之本意哉？

哲宗崩，皇太后召大臣，问谁可立？章惇有异议，布叱惇使从皇太后命，徽宗乃立，惇由是得罪坐贬。此可见布之异于章惇。虽徽宗在位多失德，宋室遂致中斩，然当时势有不能任权臣劫持者，布固俯仰无惭也。

徽宗初立，布与韩忠彦并相。忠彦虽居左，而柔懦寡断，天下事多决于布。布议以元祐绍圣均为有失，欲以大公至正，消释朋党。明年，改元建中靖国，邪正杂用，忠彦遂罢去。布独当国，渐进绍述之说。按是时果如布议，消释朋党，集群力以共谋国是，则徽钦二帝，未必遂为亡国之君也。其如曲高和寡，韩忠彦既不能为之助，蔡京又乘隙而肆其奸，而布之建议，遂亦泯没无复有道及之者矣。

崇宁改元，蔡京登用为左丞，京与布异。会布拟陈祐甫为户部侍郎，京奏曰："爵禄者，陛下之爵禄也；奈何使宰相私其亲？"盖布之婿陈迪，祐甫之子也。布忿然争辩，久之，声色稍厉，徽宗不悦。翌日，为御史所攻，布由是罢观文殿大学士，知润州。京积憾不已，加布以赃贿，令开封府吕嘉问逮捕其诸子，煅炼讯鞫，诱左证使自诬，而贷其罪，遂落职。展转责授廉州司户参军，久乃移舒州，复大中大夫。按布之困于蔡京，几无以自免。旧说以为“群奸自相倾轧，势必如此”。其实布之于京，当元祐之初，已薄其趋附司马光，京衔恨图报，因布之力荐陈祐甫，至于忿争失礼，遂获一逞。其阴柔与刚直，固自有间也。方徽宗初立，布与韩忠彦并相，布弟肇适居外，移书布曰：

兄方得君，当引用善人，翊正道，以杜惇、卞复起之萌。而数月以来，所谓端人吉士，继迹去朝。所进以为辅佐侍从台谏，往往皆前日事惇、卞者。一旦势异，必首引之以为固位计，思之可为恸哭。比来主意已移，小人道长，进则必论元祐人于帝前，退则尽排元祐者于要路。异时惇、卞纵未至，一蔡京足以兼二人，可不深虑？

布答之云：

布自熙宁立朝至今，时事屡变。惟其不雷同熙丰，故免元祐之窜斥；惟其不附元祐，故免绍圣之中伤。自处亦有义理，恐未至贻家族之祸也。

按布之进退，语默，诚如所谓“自处亦有义理”。然蔡京既登用，何以昧于及时勇退，几致贻家族之祸耶？此不能不为布惜者也。

布于元祐绍圣之翻覆，亦尝有轩轾之论；终以为元祐以后，视熙宁元丰有逊色也。按李焘《续资治通鉴长编》卷一百二十九，建中靖国元年八月，三省进呈左司谏陈瓘所陈《日录》及《国用须知》。上顾曾布。布曰：“本不欲喋喋，然理有当陈者，不敢已。臣绍圣初，在史院不及两月，以元祐所修实录，凡司马光《日记杂录》，或得之传闻，或得之宾客所纪之事，鲜不遍载。而王安石有《日录》，皆当日君臣对面反覆之语，乞取付史院，照对编修，此乃至公之论。其后绍圣重修实录，数年乃成书，臣盖未尝见。当日修书，乃章惇、蔡卞，今日提举史院，乃韩忠彦。而瓘以为臣尊私史压宗庙，不知何谓也？神宗理财，虽所至用兵，而府库充积。元祐非理耗散，又有出无入，故仓库为之一空。乃以为臣坏三十年根本之计，恐未公也。”元祐以后，新旧党争，颇以《神宗实录》为放矢之的。布但欲取王安石之《日录》，与元祐所修悉本于司马光之《日记杂录》者，照对编修，诚未为过。至谓元祐非理耗散，则司马光之尽罢新法，盖不能无责也。

第五节　蔡京蔡卞

张九成谓：“王安石四传而得蔡京。”是说也，若就蔡京用事后之种种施为观之，疑若可信。盖崇宁三年六月，诏荆国公王安石配享孔子庙廷。又政和三年正月，诏王安石被遇先帝，与其子雱修撰经义，功不在郑康成孔安国数子下，安石可封王爵，雱可配享孔庙。凡此身后尊荣，皆蔡京当国时事。故杨时当靖康初论蔡京，以继述神宗为名，实挟安石以图身利，今日之事，虽成于蔡京，实祸于安石。信斯言也，安石实为鼓舞蔡京之前茅矣。明陈汝锜曾有说力辩之。略谓：

> ……不惟下诬安石，亦且上累神考。今史牒具在，凡京所逢迎，如虚无是溺，土木是崇，脂膏朘削于下，而惰慢盘乐于上，蠹国害民非一政；然何者为熙宁之政？凡京所交接，如内侍则童贯、李彦、梁师成，佞幸则冲、勔父子，执政则王黼、白时中、李邦彦辈，挑衅召乱非一人；然何者为熙宁之人？虽京弟卞馆甥介甫，而京不以卞故受知介甫，用事于熙宁元丰之间也。何与介甫事，而谓致有今日之祸者王安石乎？推尊配享，特借此为欺君盗宠之地，而庶几弥缝其不肖之心耳。……

按京之自托于安石之派，亦尝于学术上文其奸言焉。按《文献通考·经籍考》第四十一，列有《王氏杂说》十卷。晁氏曰："王安石介甫撰，蔡京为安石传。"其略曰：

> 自先王泽竭，国异家殊，由汉迄唐，源流浸深。宋兴，文物甚矣；然不知道德性命之理。安石奋乎百世之下，追尧舜三代，通乎昼夜阴阳所不能测，而入于神。初著《杂说》数万言，世谓其言与孟轲相上下。于是天下之士，始原道德之意，窥性命之端。

京之谀安石，可谓至矣！无怪张九成谓安石四传而得蔡京也。

按《宋史·蔡京传》："京登熙宁三年进士第，调钱塘尉，苏州推官，累迁起居郎，使辽还，拜中书舍人，改龙图阁待制，知开封府。元丰末，神宗崩，大臣议所立，京附蔡确，将害王珪，以贪定策之功，不克。司马光秉政，复差役法，为期五日，同列病太迫；京独如约，悉改州县雇役，无一违者。诣政事堂白光，光喜曰：'使人人奉法如君，何不可行之有？'"此其阿附司马光以摧毁安石之新法也。

"已而台谏言京挟邪坏法，谏官范祖禹论京不可用，乃出外。绍圣初，入权户部尚书，章惇复变役法，置司讲，议久不决，京谓惇曰：'取熙宁成法施行之耳，何以讲为？'惇然之，雇役遂定。"此又其阿附章惇，以恢复安石之新法也。史谓："差雇两法，光惇不同，十年间京再莅其事，成于反掌，两相倚以济。识者有以见其奸。"故蔡京之反复无常，自足以成其奸，何尝以王安石为师表，继其志而述其事哉？

"徽宗即位，罢为端明龙图两学士，知太原，皇太后命帝留京毕史事。逾数月，谏官陈瓘论其交通近侍，瓘坐斥，京亦出知江宁，颇怏怏延不之官。御史交论其恶，夺职，提举洞霄宫，居杭州。"此其徽宗即位之初，尚未能进用于朝也。

"童贯以供奉官诣三吴访书画奇巧，留杭累月，京与游，不舍昼夜。凡所得屏障之属，贯日以达禁中，且附语言论奏之帝所，由是帝属意京。

又太学博士范致虚素与左街道录徐知常善，知常以符水出入元符后殿，致虚深结之，道其平日趣向，谓非相京不足以有为。已而宫妾宦官，合为一词誉京，遂擢致虚右正言，起京知定州。崇宁元年，徙大名府。韩忠彦与曾布交恶，谋引京自助，复用为学士承旨。”此其勾结内侍为进身之阶，初无关于绍述熙丰成法也。

“徽宗有意修熙丰政事，起居舍人邓洵武党京，撰爱莫助之图以献，徽宗遂决意用京。韩忠彦罢，京拜尚书左丞，旋代曾布为右仆射。制下之日，赐坐延和殿，命之曰：‘神宗创法立制，先帝继之，两遭变更，国是莫定，朕欲上述父兄之志，卿何以教之？’京顿首谢，愿尽死。二年正月，进左仆射。京起于逐臣，一旦得志，天下拭目观所为。而京阴托绍述之柄，箝制天下，用条例司故事，即都省置讲议司，自为提举，以其党为僚属。”此又其迎合上意，而借绍述为标榜，王安石遂不幸而为所附托矣。

“京柄政既久，威福在手，元祐群臣，贬窜死徙略尽。京犹未惬意，命等其罪状，首以司马光，目曰奸党，刻石文德殿门。又自书为大碑，遍班郡国。”此即后世所称“元祐党人碑”也。而章惇、曾布、张商英等，皆在其列。盖惇、布等皆尝与京交恶，凡不附京者，皆列于奸党。与王安石新法之争，风牛马不相及也。

后世贬抑王安石，而以蔡京擅国衍其罪状者，类皆未尝详考史实，或则惑于稗官野史，如《京本通俗小说》内之《拗相公》，深文周纳；而王安石遂与蔡京为一丘之貉矣，岂不诬哉？兹故详述蔡京进身之途径，或可为安石稍雪不白之冤乎？

即《宋史》之论蔡京，亦有以见其无与于王安石也。史谓：“京天资凶谲，舞智御人，在人主前，颛狙伺为固位计。始终一说，谓当越拘挛之俗，竭四海九州之力以自奉。……每闻将退免，辄入冕祈哀，匍伏叩头，无复廉耻。……见利忘义，至于兄弟为参商，父子如秦越。暮年即家为府，营进之徒，举集其门输货，僮隶得美官，弃纪纲法度为虚器。

患失之心，无所不至，根株结盘，牢不可脱。卒致宗社之祸，虽谴死道路，天下犹以不正典刑为恨。”呜呼！使宋社南迁者，自有蔡京尸其咎耳；何与于王安石哉？

京弟卞，与京同年登科，而先京十余年卒。按《宋史》本传，其行事盖未可与京同日语也。传称：“登科调江阴主簿，王安石妻以女，因从之学。元丰中，张璪荐为国子直讲，加集贤校理，崇政殿说书，擢起居舍人，历同知谏院侍御史。居职不久，皆以王安石执政亲嫌辞。拜中书舍人兼侍讲，进给事中，哲宗立，迁礼部侍郎。使于辽，辽人颇闻其名，卞适有寒疾，命载以白驰车。典客者曰：‘此君所乘，盖异礼也。’使还，以龙图阁待制知宣州，徙江宁府，历扬、广、越、润、陈五州。广州宝贝丛凑，一无所取。及徙越，夷人清其去，以蔷薇露洒衣送之。”此其出仕以后，颇识进退取予之分，不似京之阿谀求进取也。

按安石柄政时，迄未尝引用蔡卞。熙宁九年，安石之坚求罢政也，适闻邓绾尝荐蔡卞可用；遂言于神宗，请罢绾以肃纲纪，绾遂坐贬云。

绍圣元年，卞复为中书舍人。上疏言：“先帝盛德大业，卓然出千古之上，发扬休光，正在史策。而《实录》所纪，类多疑似不根，乞验索审定，重行刊定，使后世考观，无所迷惑。”诏从之，以卞兼国史修撰。……卞即安石从子防家，上安石所作《日录》,因芟落事实，尽改旧文。于是吕大防范祖禹赵彦若黄庭坚等皆获深谴。此其毅然为妇翁王安石身后张目，不似蔡京之附从司马光也。“绍圣四年，拜尚书左丞，专托绍述之说，……皆密疏建白，然后请帝亲札付外行之。”修史者于此文致其罪，使与京同恶。则衍其词曰：“章惇虽巨奸，然犹在其术中。惇轻率不思，而卞深阻寡言。论议之际，惇毅然主持，卞或噤不启齿。一时论者，以为惇迹易明，卞心难见。”卞与惇尝同执政，其才调宜可以相及。惇不可谓为巨奸，前已论明。卞之行事，如传所纪，亦岂可遽以奸恶目之哉？

徽宗即位，谏官陈瓘、任伯雨，御史龚夬疏其兄弟奸恶。瓘并数卞尊私史以厌宗庙之罪。伯雨言："卞之恶有过于惇，去年封事数千人，皆乞斩惇、卞，公议于此可见矣。"遂陈其大罪有六，请亟正典刑。诏以资政殿学士知江宁府，连贬少府少监，分司池州。才逾岁，起知大名府，徙扬州，召为中太乙宫使，擢知枢密院。时京居相位，卞礼辞，不许。观其引嫌逊位，似亦未可厚非。而史臣故致贬抑之词曰："卞居心倾邪，一意以妇翁王氏所行为至当。兄晚达而位在上，致己不得相，故二府政事，时有不合。"

其与京不合，史亦具纪其事，则力争不宜用童贯，卒为京所排。京之过不足论，卞以此洁身而退，亦可谓知几者矣。史称："京以中旨用童贯为陕西制置使。卞言不宜用宦者。右丞张康国引李宪故事以对。卞曰：'用宪已非美事；宪犹稍习兵，贯略无所长，异时必误边计。'帝令中书行之，京于帝前诋卞，卞求去，以天章阁学士知河南。"

"政和末，卞请归上冢，道死，年六十，赠太傅，谥曰文正。"按司马光以"文正"为谥之至美者，尝力争夏竦不当谥文正。后之人亦但知北宋有范仲淹与司马光两文正耳。岂知尚有蔡卞亦尝得此谥乎？卞固不可与司马光并论，要其专意绍述，不失为王安石女婿，乌可以蔡京连类而并鄙之耶？按卞之出知江宁府也，其制词系苏辙当笔。有云："具官某，文华之美，发自卑年；才力之优，见于治郡。……既助予治，亦安尔私。勉修厥官，以答恩宠。"卞斯时虽蒙议左迁，而制词未尝轻置斥辱之语，良有由也。

第六节　其他诸人

薛向字师正，京兆长安人。《东都事略》称其"为吏有心计，商略财利无遗算，然亦多病民"。《宋史》则曰："向干局绝人，尤善商财，计算无遗策，用心至到，然甚者不能无病民。……时方尚功利，王安石从中主之，御史数有言，不听也；向以是益得展奋其材业。"盖亦一时之能臣，而获知于安石者也。嘉祐中，安石为三司度支判官时，尝因欧阳修荐，同吴奎吴中复王陶相度监牧利害。安石等因乞以监牧就委陕西漕臣薛向措置。《临川集》有《相度牧马所举薛向札子》，保荐甚力。有云："向既掌解盐，又领陕西财赋，则通融变转，于事为便。"据《东都事略》谓："向使陕西八年，其课最，为缗千三百四十余万；市盐于官，为斤三千三百一十余万；市马于边，为匹四万五千；敛籴刍粮，为石束五千二百二十余万；而奉昭厚二陵，给赐予刺兵民别费钱粮，又百万。"盖诚能不负所荐也。迨神宗熙宁初，安石执政，以向为江淮等路发运使，领均输之职。（另详第九章第二节）熙宁四年，拜天章阁待制，权三司使。王韶开洮河，费不赀，向悉力营办。此皆向能为安石助之事状也。元丰元年，召同知枢密院事，旋遭劾罢。

王广渊字才叔，大名成安人。《宋史》讥其小有才，而善附会。治平初，司马光尝论其奸邪不可近。盖以广渊当仁宗之世，已私自结于英宗也。神宗即位，司马光等复言其倾巧邪佞，因坐贬知齐州，改京东路转运使。会安石执政，议行青苗法，沮于苏辙"唐刘晏主国计，未尝有取借贷"之说。（详见第七章第四节）广渊乃上言："方春农事兴，而民苦乏，兼并之家，得以乘急要利，乞留本道钱帛五十万，贷之贫民，岁可获息二十五万。"从之。其意与青苗法合，安石遂以广渊为可用，召至京师。而吕公著摭其旧恶，还故官。程颢李常又论其抑配掊克，迎朝廷旨意，以困百姓。是时，河北转运使刘庠适奏乞不散青苗钱。安石乃言于神宗曰："广渊力主新法而遭劾，刘庠故坏新法而不问；举事如此，安得人无向背？"颢与常言遂不行。广渊盖能力行新法，以希执政旨意者。安石虽尝袒护之，而亦未尝大有所倚畀。惟青苗法之沮于议而竟行，则广渊之力也。

吕嘉问字望之，吕公弼之从孙。《宋史》谓其"尝窃从祖公弼论新法奏稿以示安石，公弼以是斥于外，吕氏号为家贼"。盖亦不惜自贬以求进身者。其于安石，尝助行市易法，故于熙宁改革，不为无绩也。先是，安石初执政，设条例司，嘉问得为属官。权户部判官，管诸司库务，行连灶法于酒坊，岁省薪钱十六万缗。其小试于度支而课绩如此，不可谓非善于理财者。迨安石用魏继宗议，即京城置市易务，遂命嘉问提举。连遭物议；安石力为辩白。嗣曾布于嘉问亦不平，访于魏继宗，得其与初议异者，讦于神宗。（语详第九章第四节）会安石去位，嘉问遂以前狱出知常州。明年，安石复相，召嘉问检正中书户房。安石再罢，嘉问亦出知江宁府。《临川集》有招吕望之使君诗，有云："尚有使君同好恶，想随秋水肯扬舲。"又有与吕望之上东岭诗，以"朝阳丽秋水"况其清明。可知嘉问与安石，颇能全其始终。自安石卒后，嘉问浮沉仕途，颇与章、蔡结纳，屡抑屡起。至徽宗朝始卒，享年七十有七云。

王韶字子纯，江州德安人。始以进士入官，秩满，试制科，不中，遂客游陕西，采访边事。盖凿空开边，其素志也。神宗既异其所上《平戎三策》，使管干秦凤经略司机宜文字。未几，倡缘边市易之说，安石主其议，而李师中、李若愚驳之，议不行，韶乃骎骎进用，卒助安石成平戎之功。（语详第十四章第二节）惟《宋史》称其后尝以争罢熙河路转运判官马瑊，与安石异趣，遂以母老乞归。又谓："韶本凿空开边，骤跻政地，乃以勤兵费财，归曲朝廷，帝由是不悦。"盖韶善用兵，好事功，惜不知大体，故不能自全晚节，驯至与安石异趣焉。《东都事略》谓其罢枢府时，献所著书，名曰发明自身之学，皆荒浪狂谲之语。则其优于才略而绌于道术，可概见也。

熊本字伯通，饶州鄱阳人。儿时以能文见异于郡守范仲淹。熙宁初，上书言："陛下师用贤杰，改修法度，得稷、卨、咎、夔之佐。"由是提举淮南常平。盖本之说，颇与安石相合，故安石亦引为新法之助。提举常平，即准行青苗也。既定泸夷，神宗优语劳之，且称其檄奏详明，近时鲜俪。（事详第十四章第四节）嗣再平渝州獠，还朝，为知制诰，上疏力赞变法。《宋史》则讥其专以媚王安石也。按《临川集》有送熊伯通律诗一首。诗云：

岁暮欣逢盖共倾，川涂南北岂忘情？事经宦路心应折，地入家山眼更明。江上月华空自照，梅边春信恰相迎。关河不锁真消息，野客犹能听治声。

据李壁注："本尝为池州建德县，池饶接壤，故云地近家山。此诗必送本知建德，盖英宗末年，公未趋召时也。"然则安石与本固相知甚早；史讥本上疏媚安石，亦曲说也。安石又有答熊本推官金陵寄酒律诗一首。有云："渊明未得归三径，叔夜犹同把一杯。吟罢想君醒醉处，钟山相向自崔嵬。"李壁注："此诗必作于在朝之日。"盖本于熙宁末，尝因言者论其弃八洞为失谋，夺官徙知杭州，又徙江宁府，其时安石尚居相位也。本与王韶，虽同以边功佐安石，而本独能全其私谊于末节焉。本知制诰时，范子渊创铁龙爪疏河，文彦博争之，诏本行视。本议如彦博，坐附会报不以实，分司西京。此又其不阿安石之一端也。

张商英字天觉，蜀州新津人。章惇经制夔夷，按询人才，部使者以商英告。惇呼与语，大喜，归而荐诸王安石，因获召用。是时唐坰廷讦安石，尝以商英为安石鹰犬焉。嗣商英以言事语侵枢臣，责监荆南税，更十年，乃还馆阁。故终安石执政时，未尝大用；但曾经获知于安石而已。迨哲宗亲政，改元绍圣，商英上疏力攻元祐大臣，好以险语激当世，极其观望捭阖之能事。徽宗崇宁初，又劾蔡京。京衔之，列其名于元祐党籍。至大观四年，乃代京为相，颇能革弊事而宽民力。梁启超称其不辱荆公之知，盖有由也。

程昉，开封人，《宋史》列之《宦者传》。熙宁中，王安石以其知河事，颇加任使。命开漳河，用工七百万；开滹沱河，八九百万。（语详第十章第四节）《宋史》谓："始安石欲兴水利，骤用昉，昉挟安石势而慢韩琦。后安石觉其虚诞，亦疏之，以忧死。"以一宦者而能任水土工事，以受知于执政，要不失为干才也。

范子渊，《宋史》无传。安石兴水利，倚畀甚殷，（语详第十章各节）盖亦谙于水土工事之材士也。而《宋史·河渠志》中，诋其迎合取宠，殆深文巧诋之说乎？按苏轼《东坡外制集》有范子渊可知兖州及范子渊知峡州制词各一首。盖哲宗元祐元年，子渊坐劾，初以司农少卿谪兖州，寻降峡州；随熙丰新法以俱贬也。制词两首如下：

敕具官范子渊：朕于士大夫，未尝求备也，将历试以事而收其所长。有司言汝治河无状，耗国劳民，积岁而功不成。朕惟水土之政，与郡县异，其观汝于牧民。尚勉来效，以盖往愆。

敕具官范子渊：汝以有限之财，兴必不可成之役；驱无辜之民，置之必死之地。横费之财，犹可以力补；而既死之民，不可以复生。此议者所以不汝置，而朕亦不得以赦原也。夷陵虽小，尚有民社。朕有愧于民，而于汝则厚矣。

按《宋史》对于范子渊，仅叙其治水之事迹于《河渠志》中。兹于《东坡集》中见此制词两首，亦足以反证子渊之于安石，盖始终为助者也。

邓绾，字文约，成都双流人。熙宁中，尝判司农寺。时常平、水利、免役、保甲之政，皆出司农，故安石再相后，倚绾尤殷。然安石卒以恶其媚己而自劾失举。盖绾诚一反覆小人，安石用人之失，此最无可为讳也。安石再相以后，绾已累迁至翰林学士，仍为御史中丞。安石方求去甚力，而绾虑安石去失势，乃上言宜录安石子及婿，仍赐第京师。安石不悦，因言："昨闻邓绾尝为臣子弟营官，及荐臣子婿可用，又为臣求赐第宅。绾为国司直，而乃为宰臣乞恩泽，极伤国体。兼绾近举御史二人，其一人彭汝砺者，与练亨甫相失，绾听亨甫游说，故别举官。审如所闻，即岂可在论思之地？"神宗以其论事荐人，不循分守，遂斥知虢州。此安石不惮改过之一端也。至其何以获跻于安石之门，则如《宋史》所载，可谓形容尽致。节录如次：

熙宁三年冬，绾通判宁州时，王安石得君专政，条上时政数十事，以为宋兴百年，习安玩治，当事更化。又上书言："陛下得伊吕之佐，作青苗免役等法，民莫不歌舞圣泽。以臣所见宁州观之，知一路皆然；以一路观之，知天下皆然；诚不世之良法，愿勿移于浮议，而坚行之。”其辞盖媚王安石。又贻以书颂，极其佞谀。安石荐于神宗，驿召对。方庆州有夏寇，绾敷陈甚悉。帝问安石及吕惠卿，以不识对。帝曰：“安石今之古人，惠卿贤人也。”退见安石，欣然如素交。宰相陈升之冯京，以绾练边事，属安石置斋，复使知宁州。绾闻之不乐，讼言：“惠召我来，乃使还邪？”或问君今当作何官？曰：“不失为馆职。”“得无为谏官乎？”曰：“正自当尔。”明日，果除集贤校理，检正中书孔目房。乡人在都者，皆笑且骂。绾曰：“笑骂从汝，好官须我为之。”

安石之门下，不幸而有一邓绾，则蔽于谗邪之毁，安石殆难以自解矣。安石复相后，绾以尝附吕惠卿而欲弥其迹，乃发惠卿置田华亭事，又论章惇协济其奸，吕章遂相继谪外。而惠卿执政时所创手实法，安石亦用绾说罢之。奸人逢迎之技，固无所弗逮也。

第二十二章　变法之争议

第一节　反对派之概观

方安石执政时，改革甚锐。其影响及于当时之士大夫者，据史籍所载，盈朝遍野，莫非怨讟而已。虽载笔者或挟有党见，不免故甚其辞，但亦非尽诬罔。按安石生平交游，最厚者，如曾巩，始厚而终疏者，如司马光，皆尝极言规劝。至于反对新法最力，指陈最切者，厥惟吕诲与郑侠。其间偏颇之论，或居多数，不若曾巩司马光所言，差有可信也。

第二节　吕诲疏论安石十大罪

熙宁二年五月，御史中丞吕诲疏论安石十大罪。初，安石既执政，士大夫多以为得人，吕诲独言其不通时事，大用之则非所宜。将入对，学士司马光亦将诣经筵，相遇并行。光密问："今日所言何事？"诲曰："袖中弹文，乃新参也。"光愕然曰："众喜得人，奈何论之？"诲曰："君实亦为是言耶？安石虽有时名，然好执偏见，轻信奸回，喜人佞己。听其言则美，施于用则疏，置诸宰辅，天下必受其祸。且上新即位，所与图治者，二三执政而已；苟非其人，将败国事，此乃心腹之疾，顾可缓耶？"遂上疏。而神宗方眷注安石，还其疏。诲遂求去，罢中丞，出知邓州。

诲疏首段云："臣窃以大奸似忠，大诈似信，惟其用舍，系时之休否也。至如少正卯之才，言伪而辨，行僻而坚，顺非而泽，强记而博，非宣父圣明，孰能去之？卢杞天下谓之奸邪，惟德宗不知，终成大患。所以言知人之难，尧舜其犹病诸。陛下即位之初，起王安石就知江宁府，未几召为学士。缙绅皆庆陛下之明，擢有文之士，得以适其用也。及进贰台席，佥论未允，衡石之下，果不能欺其重轻也。古人曰：'庙堂之上，非草茅所当言。'正谓是也。臣伏睹参知政事王安石，外示朴野，中藏巧诈，骄蹇慢上，阴贼害物，斯众所共知者。臣略疏十事，皆目睹之实迹，冀上寤于神鉴。一言近诬，万死无避。"下列十事。蔡上翔一一为安石辩诬。兹分段并录于下：

（一）安石向在嘉祐中，判纠察刑狱司，因开封府争鹌鹑公事举驳不当，御史台累移文催促谢恩，倨傲不恭。相次，仁宗皇帝上仙，未几，安石丁忧，其事遂已。安石服满，托疾坚卧，累诏不起，终英宗朝不臣，就如有疾。陛下即位，亦合赴阙一见，稍存人臣之礼，及就除江宁府，于私安便，然后从命。慢上无礼，其事一也。

蔡上翔曰："诲以卢杞比安石，方谓所疏十事，必有大不得已于言者。而乃首举争鹌鹑一案，事在嘉祐之末，至是已六七年，是亦不可以已乎？治平二年七月，安石服满，英宗趣召赴阙，至于再三。安石亦有辞赴阙三状，第云：'抱病日久，未任跋涉，稍可支持，复备官使，犹且乞一分司官于江宁府，在任冀便将理。'则三状如一，曷尝坚卧不起哉？自是未及分司，而英庙崩矣。"

（二）安石任小官，每一迁转，逊避不已。自知江宁府，除翰林学士，不闻固辞。先帝临朝，则有山林独往之思；陛下即位，乃有金銮侍从之乐。何慢于前而恭于后？见利忘义，岂其心乎？好名欲进，其事二也。

蔡上翔曰："治平四年，正月，英庙崩，神宗即位。闰三月，安石出知江宁府；然犹有《辞知江宁府状》，以疾尚未瘳也。比缘申命曲加，而后受之。九月，以安石为翰林学士，自是不闻固辞者。考安石前辞试馆职，辞集贤校理，辞同修起居注，则皆有故，其书具在，非苟为辞让者。山林独往之思，生平交游往来书牍，未尝稍见一语，无论对君无有也。而诲顾以诬之，何耶？且即如诲言，在先帝则有山林独往之思，在陛下乃有金銮侍从之乐，慢于前而恭于后；合而讪之可也，而必分为二事，乃得其为十事，亦偵甚矣。"

> （三）人主延对经术之士，讲解先王之道，设侍讲侍读常员，执经在前；乃进说，非传道也。安石居是职，遂请坐而讲说。将屈万乘之重，自取师氏之尊，真不识上下之仪，君臣之分。况明道德以辅益聪明者乎？但要君取名而已。其事三也。

蔡上翔曰："考叶梦得《石林燕语》，熙宁初侍讲官，建议复坐讲者，吕申公、王荆公、吴冲卿。同时韩持国、刁景纯、胡宇夫皆是申公等言。苏子容、龚鼎臣、周孟阳、王汾、刘攽、韩忠彦以为：'讲读曰侍，盖侍天子，非师道也。'申公等议遂格。是主坐讲者非一人，何其罪犹不可逭也？其后元祐初，程颐为崇政殿说书，疏请坐讲殿上甚力，其时给事中顾临以为不可，颐遂复上太皇太后书，辨论顾临非是，至千五百馀言之多。然后来《通鉴纲目》，只载颐《经筵讲读疏》言豫养君德，不及坐讲一事。岂以向时吕诲攻安石太过，故不得不为伊川讳言之欤？且自是讲学之徒，亦无以坐讲复议安石者。岂其既于伊川讳言之，而安石亦遂得从末减欤？"

> （四）安石自居政府，事无大小，与同列异议，或因奏对，留身进说，多乞御批，自中而下，以塞同列沮论。是则掠美于己；非则敛怨于君。用情罔公，其事四也。

蔡上翔曰："自新法行，举朝归过安石，有恶而无美，有非而无是。若曰'是则掠美于己'，不知此时更有何美可掠？诲能实指其所掠之美安在乎？若曰'非则敛怨于君'，则众所攻者新法，所怨者安石，不知更有何非，可独敛怨于君？诲亦能实指其事否也？"

（五）安石自纠察司举驳多不中理，与法官争论刑名不一，常怀忿隙。昨许遵误断谋杀公事，力为主张妻谋杀夫，用按问欲举，减等科罪。挟情坏法，以报私怨。两制定夺，但闻朋附；二府看详，亦皆畏避。徇私报怨，其事五也。

蔡上翔曰："登州阿芸之狱议上，而安石主之，安石即不免于失出，亦君子过于仁者也。观其《答许朝议书》曰：'连得诲示，岂胜感慰。顷在朝廷，观公议法，每求所以生之，想今为州，亦用此意。公寿考康宁，子孙蕃衍，当以此也。'而安石之意可知矣。《东轩笔录》亦以安石此议为近于仁人之言。遵字仲涂，尝知宿州登州。"

（六）安石初入翰林，未闻进一士之善，首率同列称弟安国之才。朝廷与状元恩例，犹谓之薄。主试者定文卷不优，其人遂罹中伤。小惠必报，纤仇必复。及居政府，才及半年，卖弄威福，无所不至。自是畏之者勉意俯从，附之者自鬻希进，奔走门下，惟恐其后，皆其死党，今已盛矣。怙势招权，其事六也。

蔡上翔曰："王氏自真宗咸平三年王贯之登进士榜，至英宗治平四年公子雱登进士，六十八年中，祖孙父子兄弟，登进士者七人。以文学声名言之，安石外，尤推安国。熙宁元年安国由韩绛邵亢所荐，召试赐进士及第，于安石何与？幸而安石子雱先一年成进士，否则又不免挂弹章矣。"

（七）宰相不视事旬日，差除自专，逐近臣补外，皆不附己者，妄言尽出圣衷；若然不应是安石报怨之人。丞相不书敕，本朝故事，未之闻也。意示作威，耸动朝著。然今政府同列依违，宰臣避忌，遂专恣而何施不可。专威害政，其事七也。

蔡上翔曰："中书除目，数日不决，论问安石，乃帝意也。安石言中书出牒，唐介引太宗故事，谓：'大事降敕：其当用札子，亦须奏裁，乃称圣旨。'

帝以为然，遂止。神宗未尝不用介言，而于安石有所偏听也。”

（八）凡奏对御座之前，惟肆强辨，向与唐介争论谋杀刑名，遂致喧哗，众非安石而是介。介忠劲之人，务守大体，不能以口舌胜，不幸愤懑，发疽而死。自是同列，尤甚畏惮，虽丞相亦退缩不敢校其是非。任性凌轹，其事八也。

蔡上翔曰：“考唐介本传，介数与安石争论，安石强辨，而帝主其说，介不胜愤，疽发于背，薨，年六十。而诲云：‘尝与唐介争论谋杀刑名，’则又似专为阿芸事言之。人死于病疽，常也。介年六十而死，尤常也。介常以文彦博镫笼锦事，争论于帝前，至遭远窜，不死；而死于争论失出一妇人；死有重于泰山，如是乎？无惑乎生、老、病、死、苦之说，好事者举以为讪笑也。”

（九）陛下方稽法唐尧，敦睦九族，奉亲爱弟，以风天下。而小人章辟光献言，俾岐王迁居于外。离间之罪，固不容诛。上寻有旨，送中书，欲正其罪，安石坚拒不从，仍进危言，以惑圣聪，意在离间，遂成其事，朋奸之迹甚明，其事九也。

蔡上翔曰：“前代以兄弟生乱，见于史者众矣。故后世诸王分封，必使出居于外。以为与其地近而偪，不若疏远而可长保无虞也。岐、嘉二王，为神宗同母兄弟，亲爱莫加焉。熙宁初立，著作左郎章辟光以迁居外邸为请，则与阴邪小人私行离间者异矣。神宗欲罪辟光，亦亲亲之道宜然。安石独违众议，不欲以深罪罪辟光，要亦大臣谋国防微杜渐之意也。且岐、嘉二王本贤王，熙宁以来，岐王颢屡请居外，章上辄却，是岐王之以礼自处也。元丰八年，神宗不豫，先时，岐、嘉二王日问起居。及既降制立延安郡王佣为太子，即令毋辄入。夫以宣仁皇太后母子至亲，神宗二十年友爱至是，何嫌何疑？然犹若此；是又宣仁之以礼处二王也。由是言之，辟光之请，律以同归于道言之，其不可以离间深罪罪之益明矣。……考诲本传云：'章辟光上言岐王宜迁居外邸，皇太后怒，帝令治其离间之罪，安石谓无罪。诲请下辟光吏，不得，遂上疏劾安石大奸似忠，大诈似信云云。'据此，似诲专为争辟光事不得，乃遂上疏；则疏内十事，不应列之次九。……辟光之谋，本安石吕惠卿所导；辟光扬言，朝廷若深罪我，我终不置此二人。据此以断，辟光果为二人所导，则王吕实为此案罪魁，且又扬言于外，诲尤必备闻之，不难据情直指。而此疏不及，何也？当时私书杂出，此说未考出于何人，而史书采之，遂与本疏全然不合，亦厚诬之一端也。"

> （十）今邦国经费，要会在于三司。安石在政府，与知枢密，同制置三司条例，兵与财兼领之，其掌握重轻可知矣。又举三人者句当，八人者巡行诸路，虽名之曰商榷财利，其实动摇于天下也。臣未见其利，先见其害，其事十也。

蔡上翔曰："创置三司条例，此议行新法之始也。是时均输、保甲、青苗、雇役，尚未施行，而已汹汹若此。又其所遣使者八人，若刘彝、谢卿材、侯叔献、程颢，当时所号为贤者皆在焉。原其初心，岂有意任用小人，以败坏天下事哉？呜呼！'献可之先见'，自温公有言，后世多称之。然其所言往事只如此；其于所谓先见者，何如也？"

诲疏末段曰："臣指陈猥琐，烦黩高明。诚恐陛下悦其才辨，久而倚毗，情伪不得知，邪正无复辨。大奸得路，则贤者渐去，乱由是生。臣究安石之迹，固无远略，惟务改作立异于人，徒文言而饰非，将罔上而欺下。臣窃忧之，误天下苍生者，必斯人矣。伏望陛下图治之宜，当稽于众。方天灾屡见，人情未和，惟在澄清，不宜挠浊。如安石久居庙堂，必无安静之理。臣所以沥恳而言，不虞横祸，斯感动于聪明，庶判别于真伪。况陛下志在刚决，察于隐伏，当质于士论，然后知臣言之中否。则诋讦大臣之罪，不敢苟逭。孤危若寄，职分难安，当复露章，请避怨敌。"

蔡上翔云："诲尝抗论《濮议》，其语言状貌，载于欧公《濮议》甚详。究观此疏，若诲者，其孔子所谓好直不好学者与？”司马光撰《吕献可章奏集序》，则称其居其任而能不失职。且谓：“得是书者，宜宝蓄之，当官事君，苟能效其一二，斯为伟人矣。”光固表同情于诲者，其为是说，固其宜也。

第三节 郑侠进《流民图》

据毕沅《续资治通鉴》，自熙宁六年秋七月，不雨，至于七年夏四月，帝忧形于色，嗟叹恳恻，欲尽罢法度之不善者。王安石曰：“水旱常数，尧汤不免，今旱暵虽久，但当修人事以应之。”帝曰：“朕所以恐惧者，正为人事之未修耳。今取免行钱太重，人情咨怨，自近臣以至后族，无不言其害者。”冯京曰：“臣亦闻之。”安石曰：“士大夫不逞者，以京为归，故京独闻此言；臣未之闻也。”初光州司法参军郑侠，为安石所奖拔，感其知己，思欲尽忠。秩满入都，时初行试法之令，选人中式者超京官，安石欲使以是进，侠以未尝习法辞。问以所闻，侠曰：“青苗、免役、保甲、市易数事，与边鄙用兵，在侠心不能无区区也。”安石不答。侠退不复见，但数以书言法之为民害者。久之，监安上门。安石虽不悦，犹使其子雱来，语以试法。方置修经局，又欲辟为检讨，命其客黎东美谕意。侠曰：“读书无几，不足以辱检讨。所以来，求执经相君门下耳；而相君发言持论，无非以官爵为先，所以待士者，亦浅矣。果欲援侠而成就之，取其所献利民便物之事，行其一二，使进而无愧，不亦善乎？”是时免役法出，人以为苦，虽负水、拾发、担粥、提茶之属，非纳钱者，不得贩鬻。税务索市利钱，其末或重于本，商人至以死争。如是者不一，侠因东美列其事。未几，诏小夫负贩者免征，商之重者日损其七，他皆无所行。至是大旱，东北流民，扶携塞道，羸瘠愁苦，身无完衣；并城民买麻籸麦面合米为糜，或茹木实草根；至身被锁械，而负瓦揭木，卖以偿官，累累不绝。侠知安石不可谏，乃绘所见为图，具疏诣国门，不纳。遂称密急，发马递，上之银台司。……疏奏，帝反覆观图，长吁数四，袖以入内，是夕寝不能寐。翼日癸酉，遂命开封体放免行钱，三司察市易，司农发常平仓，三卫具熙河所用兵，诸路上民物流散之故。青苗免役，权息追呼，方田保甲并罢，凡十有八事。民间欢叫相贺。是日果雨。甲戌，辅臣入贺。帝出侠图及疏示辅臣，且责之，皆再拜谢。外间始知所行之由。群奸切齿，遂以侠付御史狱，治其擅发马递罪。吕惠卿、邓绾言于帝曰："陛下数年以来，忘寝与食，成此美政，天下方被其赐；一旦用狂夫之言，罢废殆尽，岂不惜哉！"相与环泣于帝前。于是新法一切如故，惟方田暂罢。

按是时新法权罢旋复，考之王偁《东都事略·神宗纪》，殊无明文。且全国一体施行之法令，亦未易于数日或十数日内，似此反覆无常。此固不待三思而后可辨其不然也。

按郑侠《西塘集》，侠以熙宁七年三月二十六日上疏，论新法，进《流民图》。其疏云：

> 臣伏睹去年大蝗，秋冬亢旱，以至于今，经春不雨，麦苗枯焦，黍粟麻豆，粒不及种，旬日以来，街市米价暴贵，群情忧惶，十九惧死。方春斩伐，竭泽而渔，大营官钱，小求升米，草木鱼鳖，亦莫生遂，蛮夷轻肆，敢侮君国。皆由中外之臣，辅相陛下不以道，以至于此。臣窃惟灾患有可召之道，无可试之形；其致之有渐，而来如疾风暴雨，不可复御。流血藉尸，方知丧败，此愚夫庸人之见，而古今比比有之。所贵于圣神者，为其能图患未然，转祸为福者耳。方今之势，犹有可救。臣愿陛下开仓廪，赈贫乏，诸有司敛掠不道之政，一切罢去，庶几早召和气，上应天心，调阴阳，降雨露以延天下万姓垂死之命，而固宗社万万年无疆之祉。夫君臣际遇，贵乎知心，以臣之愚，深知陛下爱养黎庶，甚于赤子。故自即位以来，一有利民便物之政，靡不毅然主张而行。陛下之心，亦欲人人寿富贵，而跻之尧舜二代之盛耳；夫岂区区充满府库，盈溢仓廪，终以富衍强大胜

天下哉？而中外之臣，略不推明陛下此心，而乃肆其叨愤，剿割生民，侵肌及骨，使之困苦而不聊生，坐视夫民之死而不恤。夫陛下所存如彼，群臣所为如此，不知君臣际遇，欲作何事？徒只日超百资，意指气使而已乎？臣又惟何世而无忠义，何代而无贤德，亦在乎人君所以驾驭之何如耳。古之人，在山林畎亩，不忘其君；其刍荛负贩，匹夫匹妇，咸欲自尽以赞其上。今陛下之朝，台谏默默，具位而不敢言事，至有规避不为，不敢居是职者。而左右辅弼之臣，又皆贪猥近利。夫抱道怀义之士，皆不欲与之言；不知时然耶？陛下有以使之然耶？以为时然，则尧舜在位，便有夔契；汤文在上，便有伊吕；以至汉唐之明君，我祖宗之圣朝，皆有大忠义大贤德之臣，布于中外。君臣之义，若腹心手足然；君倡于上，臣和于下；主发于内，臣应于外；而休嘉之德，下浸于昆虫草木；千百世之下，莫不欣慕而效则之。独陛下以仁圣当御，抚养为心，而群臣所以应和之者如此；夫非时然，陛下所以驾御之道未审尔。陛下以爵禄驾驭天下忠贤，而使之如此，甚非宗庙社稷之福也。夫得一饭于道旁，则遑遑图报；而终身餍饱于其父，则不知德：此庸人之常情也。今之食禄，往往如此。若臣所闻，则不然。君臣之义，父子之道也；故食其禄则忧其事，凡以移事父之孝而从事于此也。乃若思虑不出其位，尸祝不越樽俎治庖人之事，牛羊茁壮，会计当；各以其职而不相侵也。至于邦国若否，知而不言，岂有君忧国危，群臣乃饱食餍观，若视路人之事而不救，曰吾各有守，天下之事，非我忧哉？故知朝廷设官，位有高下，臣子事主，忠无两心；与其得罪于有司，孰与不忠于君父；与其苟容于当世，孰与得罪于皇天。臣所以不避万死，深冒千万重之天阍，以告诉于陛下者；凡以上畏天，中忧君国，而下忧生民耳。若臣之身，使其粉碎如一蝼蚁，无足顾爱。窃闻南征西伐者，皆以其胜捷之势，山川之形，为图而来献。料无一人以天下之民，质妻卖儿，流离逃散，斩桑伐枣，折坏庐舍，而卖于城市，输官籴粟，遑遑不给之状，为图而献前者。臣不敢以所闻闻，谨以安上门逐日所见，绘成一图，百不及一。但经圣明目，已可嗟咨涕泣；而况数千里之外，有甚于此哉？其图谨附状投进。如陛下观图，行臣之言，十日不雨，即乞斩臣宣德门外，以正欺君谩天之罪。如稍有所济，亦乞正臣越分言事之刑。甘俟诛戮，干冒冕旒。

又自记三月二十六日以后所行事目如下：

三月二十六日状，于本门勾马递于银台通进司投下。状云："奏为密急事，所有侠擅发马递之罪，仍乞奏劾，甘伏重罪不辞。"时韩维判银台通进司，特为奏，仍一面递铺兵士送开封，即时具侠擅发马递事，取旨。其状并图到御前，日已过午，后闻说上反覆看状并图，长嘘者数四，即袖其书并图。是夜，上于寝殿中不复眠寐。直至早朝，便有旨差韩维体量免行钱事，先放元不系行人投纳到免行钱一万三千余贯，又的实计逐年免行钱，于所须用外，并放。差三司使曾布体量市易事。差官于在今诸寺开仓粜米，放商税务及诸门，商税三十文以下，市利钱二十文以下。令殿前马步军司具熙河未用兵已前所管若干兵，只今所管若干兵。令三司具治平以前三司岁入若干，出若干，熙宁以后岁入若干，出若干。令熙河路供具自用兵以来所出步骑兵若干，今存若干。令河东河北陕西诸路具民物因何流离如是众多。有旨："青苗、免役，权罢追索。方田、保甲并罢。"如此之类，有十八件。又至三十日晚，令韩维草责躬诏。四月初一日降下。至初四日晚，得雨。初五日，一日一夜大雨。初六日早朝，上出侠所进状并图，宣示宰执，责以："所奏皆云：'法度修明，礼乐兴行，民物康宁，虽三代尧舜无以过。'今来外事乃如此。"王安石而下各谢罪。安石当日不入中书，即时迁定力寺乞出。当日诸公方知三月二十七日所行，尽因侠所入文字。或以为擅发马递奏事惊御；或以为心狂；或以非毁良法；乞追逮付所司勘罪。御史台直请以侠付台推勘。先是，银台通政司具侠擅发马递取旨，已蒙放罪。至是，乃有旨下开封取勘。又京城官僚中，甚有作书应初一之诏者，至此皆不敢进。而奸佞之辈，日夜匦函，投进文字，乞留王安石，守新法，乞治侠狂妄之罪。已而本月十一十二间，因熙河小捷，群奸乘是力诋侠，坚乞守新法，留王安石。至十五日，京师传说吕惠卿邓绾辈泣上前，乞留安石出金陵，以韩绛相，吕惠卿参政。侠以此上书不已。至十七日，开封文字取勘擅发马递之罪，即时招伏，仍申开封元不干递铺之事，乃是侠自出头子勾马递，称为奏密急事，不得暂顷住滞，亦蒙为奏得释铺兵之罪，具伏认状。自四月十七日，上闻说后来中书收下，直六月十三日，忽行下刑部，定合罚铜十斤，放，奉圣旨依奏，仍特免勒停。凡在京近百余日，只候郊礼过，授一广南福建差遣出京。以左右大臣之诬罔至尊日甚，十一月初一日，复入文字，极指其事，乞赐临问。是月初五日，准敕追毁出身以来文字，送汀州编管。初六日受敕，初七日押出门，初九日行至陈州，且三日，忽见开封府差人到陈州勾回，莫知所由。至太康，忽见舒亶来搜衣笼文字柜等，已而到御史狱。方知是初九日吕惠卿于上前进言，上问："郑侠一小官，如青苗免役等事，容于道路间得闻，至如被甲登殿，禁中君臣对面之言，何闻之速且详也？"吕惠卿对云："此皆韩绛、冯京以其事导使之言也。"上曰："韩绛、冯京大臣，知朝廷有不便之事，却不自言，乃令郑侠言之，何也？"当日韩绛迁定力寺乞出，而冯京十一日早朝，留身事讫，上从容问："卿大臣，知朝廷有不便之事，何惜自言，乃委曲令郑侠入文字。他小官，论列朝廷大事，理自不顺，略行贬窜，物论甚不然。"京乃惊奏云："臣与郑侠素不相识。"上且疑之。京退朝，知杂张琥入文字，风闻郑侠所言，尽是冯京讽导本人，使之进言。按京身备辅弼，与国同体，知朝廷事有不便，不自奏陈，乃结交小人，使之肆意谤讪朝政。京奏："臣与郑侠素不相识，已曾面具奏闻。今来朝臣有言，臣不敢自辨。

所有郑侠虽赴贬所，未远，乞赐追回对证，庶几虚实有归”，故有御史之狱也。

中国政治史上，因水旱天灾而影响及于政事者，往往而然，不可悉数。郑侠乘瑕抵隙，而欲以《流民图》摧毁新法，或亦惕于天变之故。独怪其身为安石门人，乃有此明目张胆之举。《东都事略》以之列于《卓行传》，岂以其不惜叛师而投众人之所好欤？诚未可以恒理绳之也。

第四节　曾巩之忠告

曾巩《元丰类稿》有《与王介甫第二书》云：

比辱书，以为时时有小案举，而谤议已纷然矣；足下无怪其如此也。夫我之得行其志，而有为于世，……不先之以教化，而遽欲责善于人；不待于久，而遽欲人之功罪善恶之必见。故按致操切之法用，而怨忿违背之情生；偏听摘抉之势行，而谮诉告讦之害集。己之用力也愈烦，而人之违己也愈甚。况今之士，非有素厉之行；而为吏者，又非有素择之材也；一旦卒然梗化，遂欲齐之以法；岂非左右者之误，而不为无害也哉？则谤怒之来，诚有以召之。故曰：“足下无怪其如此也。”虽然，致此者，岂有他哉？思之不审而已矣。顾吾之职而急于奉法，则志在于去恶；务于达人言而广视听，以谓为治者当如此，故事至于已察。曾不思夫志于去恶者，俟之之道已尽矣；则为恶者不得不去也。务于达入言而广视听者，己之治乱得失，则吾将于此而观；人之短长之私，则吾无所任意于此也。故曰：“思之不稔而已矣。”足下于今，最能取于人以为善，而比闻有相晓者，足下皆不受之，必其理未有以夺足下之见也。……因书及此，足下以为何如？

观末段“足下于今最能取于人以为善……”等语，度必在安石执政以后；此书大意在切戒安石之操切偏听。其所以必以此致劝者，良以安石小有案举，而谤议已纷然故也。按蔡上翔《荆公年谱考略》，以为此书似在嘉祐二年，安石知常州移提点江东刑狱时，但又不能充分考定。果在彼时，恐巩所谓“取于人以为善”“操切”“偏听”等语，不能适合身分与事实也。近人林纾评此文曰：“通篇扼要语，在‘不宜操切，不宜偏听’，已抉透临川一生病痛。临川欲新法之必行，即操切也；任吕惠卿李定诸人，即偏听也。文委婉商榷，无一激语，把临川病痛，历历道出。劝戒朋友之书，可云绝作。”

又巩有《过介甫归偶成》诗曰：

> 结交谓无嫌，忠告期有补。直道讵非难，尽言竟多迕。知者尚复然，悠悠谁可语。

此诗更可为有力之证明，必作于熙宁行新法之后。当此举朝哗然，巩于安石，义不能无忠告也。

第五节　司马光之始终反对

按《河南邵氏闻见录》记邵雍答吕公著语曰：“介甫者，远人，公与君实引荐至此，尚何言？”此时司马光与吕公著皆已以不附新法退居于洛，与邵雍论及国事，宜有此语。盖司马光吕公著二人，始皆与安石相友善也。熙宁三年二月，司马光既上疏请罢青苗法，又力辞枢密副使不拜，遂致书安石，历指各种新法之失，累三千余言，开诚布公，洵不失为安石之益友。原书如下：

> 二月二十七日，翰林学士兼侍读学士右谏议大夫司马光惶恐再拜，介甫参政谏议阁下：光居常无事，不敢涉两府之门，以是久不得通名于将命者。春暖，伏惟机政余裕，台候万福。孔子曰：“益

者三友，损者三友。”光不才，不足以辱介甫为友；然自接侍以来，十有余年，屡尝同僚，亦不可谓之无一日之雅也。虽愧多闻，至于直谅，不敢不勉。若乃便佞，则固不敢为也。孔子曰：“君子和而不同，小人同而不和。”君子之道，出处语嘿，安可同也。然其志，则皆欲立身行道，辅世养民，此其所以和也。向者与介甫议论朝廷事，数相违，未知介甫之察不察；然于光向慕之心，未始变移也。窃见介甫独负天下大名三十余年，才高而学富，难进而易退，远近之士，识与不识，咸谓介甫不起则已，起则太平可立致，生民咸被其泽矣。天子用此起介甫于不可起之中，引参大政，岂非欲望众人之所望于介甫邪？今介甫从政始期年，而士大夫在朝廷及自四方来者，莫不非议介甫，如出一口，下至闾阎细民，小吏走卒，亦窃窃怨叹，人人归咎于介甫；不知介甫亦尝闻其言而知其故乎？光窃意门下之士，方日誉盛德而赞功业，未始有一人敢以此闻达于左右者也。非门下之士，则皆曰：“彼方得君而专政，无为触之以取祸，不若坐而待之，不过二三年，彼将自败。”若是者，不唯不忠于介甫，亦不忠于朝廷。若介甫果信此志，推而行之，及二三年，则朝廷之患已深矣；安可救乎？如光则不然。忝备交游之末，不敢苟避谴怒，不为介甫一一陈之。今天下之人，恶介甫之甚者，其诋毁无所不至。光独知其不然。介甫固大贤，其失在于“用心太过，自信太厚”而已。何以言之？自古圣贤所以治国者，不过使百官各称其职，委任而责成功也。其所以养民者，不过轻租税、薄赋敛、已逋责也。介甫以为此皆腐儒之常谈，不足为，思得古人所未尝为者而为之；于是财利不以委三司而自治之，更立制置三司条例司，聚文章之士，及晓财利之人，使之讲利。孔子曰：“君子喻于义，小人喻于利。”樊须请学稼，孔子犹鄙之，以为不知礼义信；况讲商贾之末利乎？使彼诚君子邪，则固不能言利；彼诚小人邪，则固民财是尽，以饫上之欲，又可从乎？是知条例一司已不当置，而置之；又于其中不次用人，往往暴得美官。于是言利之人，皆攘臂圜视，炫鬻争进，各斗智巧，以变更祖宗旧法。大抵所利不能补其所伤，所得不能偿其所亡，徒欲别出新意以自为功名耳。此其为害已甚矣。又置提举句当常平广惠仓使者四十余人，使行新法于四方，先散青苗钱，次欲使比户出助役钱，次又欲更搜求农田水利而行之。所遣者虽皆选择才俊，然其中亦有轻佻狂躁之人，陵轹州县，骚扰百姓者。于是士大夫不服，农商丧业，故谤议沸腾，怨嗟盈路；迹其本原，咸以此也。《书》曰："民不静，亦惟在王宫邦君室。"伊尹为阿衡，有一夫不获其所，若己推而内之沟中。孔子曰："君子求诸己。"介甫亦当自思所以致其然者，不可专罪天下之人也。夫侵官，乱政也；介甫更以为治术而先施之。贷息钱，鄙事也；介甫更以为王政而力行之。徭役自古皆从民出；介甫更欲敛民钱雇市佣而使之。此三者，常人皆知其不可；而介甫独以为可。非介甫之智不及常人也；直欲求非常之功，而忽常人之所知耳。夫皇极之道，施之于天地人，皆不可须臾离；故孔子曰："道之不明也，我知之矣，智者过之，愚者不及也。道之不行也，我知之矣，贤者过之，不肖者不及也。"介甫之智与贤皆过人，及其失也，乃与不及之患均；此光所谓用心太过者也。自古人臣之圣者，无过周公与孔子，周公孔子亦未尝无过，未尝无师。介甫虽大贤，于周公孔子，则有间矣。今乃自以为我之所见，天下莫能及，人之议论与我合，则善之，与我不合，则恶之。如此，方正之士何由进，谄谀之士何由远。方正日疏，谄谀日亲，而望万事之得其宜，令名之施四远，难矣。夫从谏纳善，不独人君为美也，于人臣亦然。昔郑人游于乡校，以议执政之善否，或谓子产毁乡校。子产曰："其所善者，吾则行之；其所恶者，吾则改之；是吾师也，若之何毁之？"薳子冯为楚令尹，有宠于薳子者八人，皆无禄而多马；申叔豫以子南观起之事警之，薳子惧，辞八人者，而后王安之。赵简子有臣曰周舍，好直谏，日有记，月有成，岁有效。周舍死，简子临朝而叹曰："千羊之皮，不如一狐之腋；诸大夫朝，徒闻唯唯，不闻周舍之鄂鄂，吾是以忧也。"子路，人告之以有过则喜。酂文终侯相汉，有书过之史。诸葛孔明相蜀，发教与群下曰："违覆而得中，犹弃弊蹻而获珠玉。然人心苦不能尽，惟董幼宰参画七年，事有不至，至于十反。"孔明尝自校簿书，主簿杨颙谏曰："为治有体，上下不可相侵。请为明公以作家譬之：今有人使奴执耕稼，婢典爨，鸡主司晨，犬主吠盗，私业无旷，所求皆足。忽一旦尽欲以身亲其役，不复付任，形疲神困，终无一成。岂其知之不如奴婢鸡狗哉？失为家主之法也。"孔明谢之，及颙卒，孔明垂泣三日。吕定公有亲近曰徐原，有才志，定公荐拔至侍御史。原性忠壮，好直言。定公时有得失，原辄谏争，又公论之；人或以告定公，定公叹曰："是我所以贵德渊者也！"及原卒，定公哭之尽哀，曰："德渊！吕岱之益友，今不幸，岱复于何闻过哉？"此数君子者，所以能功成名立，皆由乐闻直谏，不讳过失故也。若其余骄亢自用，不受忠谏而亡者，不可胜数。介甫多识前世之载，固不俟光言而知之矣。孔子称有一言而可以终身行之者，其"恕"乎。《诗》云："伐柯伐柯，其则不远。"言以其所愿乎上、交乎下，以其所愿乎下、事乎上，不远求也。介甫素刚直，每议事于人主前，如与朋友争辨于私室，不少降辞气，视斧钺鼎镬，无如也。及宾客僚属，谒见论事，则唯希意迎合，曲从如流者，亲而礼之。或所见小异，微言新令之不便者，介甫辄艴然加怒，或诟骂以辱之，或言于上而逐之，不待其辞之毕也。明主宽容如此，而介甫拒谏乃尔，无乃不足于"恕"乎？昔王子雍方于事上，而好下佞己；介甫不幸，亦近是乎？此光所谓自信太厚者也。光昔从介甫游，于诸书无不观，而特好孟子与老子之言。今得君得位而行其道，是宜先其所美，必不先其所不美也。孟子曰："仁义而已，何必曰利！"又曰："为民父母，使民盻盻然将终岁勤动，不能以养其父母，又称贷而益之，恶在其为民父母也？"今介甫为政，首制置条例，大讲财利之事；又命薛向行均输法于江淮，欲尽夺商贾之利；又分遣使者散青苗钱于天下，而收其息；使人人愁痛，父子不相见，兄弟妻子离散；此岂孟子之志乎？老子曰："天下神器，不可为也，为者败之，执者失之。"又曰："我无为而民自化，我好静而民自正，我无事而民自富，我无欲而民自朴。"又曰："治大国若烹小鲜。"今介甫为政，尽变更祖宗旧法，先者后之，上者下之，右者左之，成者毁之，弃者取之，矻矻焉穷日力，继之以夜而不得息；使上自朝廷，下及田野；内起京师，外周四海，士、吏、兵、农、工、商、僧、道，无一人得袭故而守常者，纷纷扰扰，莫安其居。此岂老氏之志乎？何介甫总角读书，白头秉政，乃尽弃其所学，而从今世浅丈夫之谋乎？古者国有大事，谋及卿士，谋及庶人。成王戒君陈曰："有废有兴，出入自尔，师虞庶言同则绎。"《诗》云："先民有言，询于刍荛。"孔子曰："上酌民言，则下天上施；上不酌民言，则下不天上施。"自古立功立事，未有专欲违众而能有济者也。使《诗》《书》孔子之言皆不可信，则已；若犹可信，则岂得尽弃而不顾哉？今介甫独信数人之言，而弃先圣之道，违天下人之心，将以致治，不亦难乎？近者藩镇大臣有言散青苗钱不便者，天子出其议以示执政，而介甫遽悻悻然不乐，引疾卧家。光被旨为批答，见士民方不安如此，而介甫乃欲辞位而去，殆非明主所以拔擢委任之意；故直叙其事，以义责介甫；意欲介甫早出视事，更新令之不便于民者，以福天下。其辞虽朴拙，然无一字不得其实者。窃闻介甫不相识察，颇督过之，上书自辩。至使天子自为手诏以逊谢，又使吕学士再三谕意，然后乃出视事。出视事，诚是也。然当速改前令之非者，以慰安士民，报天子之盛德。今则不然，更加忿怒，行之愈急。李正言言青苗钱不便，诘责使之分析。吕司封传语祥符知县未散青苗钱，劾奏乞行取勘。观介甫之意，必欲力战天下之人，与之一决胜负，不复顾义理之是非，生民之忧乐，国家之安危；光窃为介甫不取也。

光近蒙圣恩过听，欲使之副贰枢府；光窃惟居高位者不可以无功，受大恩者不可以不报；故辄敢申明去岁之论，进当今之急务，乞罢制置三司条例司，及追还诸路提举常平广惠仓使者。主上以介甫为心，未肯俯从。光窃念主上亲重介甫，中外群臣，无能及者，动静取舍，唯介甫之为信。介甫曰可罢，则天下之人，咸被其泽。曰不可罢，则天下之人，咸被其害。方今生民之忧乐，国家之安危，唯系介甫之一言，介甫何忍必遂已意而不恤乎？夫人谁无过，君子之过，如日月之食，过也人皆见之，更也人皆仰之，何损于明。介甫诚能进一言于主上，请罢条例司，追还常平使者，则国家太平之业，皆复其旧，而介甫改过从善之美，愈光大于前日矣。于介甫何所亏丧，而固不移哉？光今所言，正逆介甫之意，明知其不合也。然光与介甫趣向虽殊，大归则同。介甫方欲得位以行其道，泽天下之民；光方欲辞位以行其志，救天下之民；此所谓和而不同者也。故敢一陈其志，以自达于介甫，以终益友之义。其舍之取之，则在介甫矣。《诗》云："周爰咨谋。"介甫得光书，傥未赐弃掷，幸与忠信之士，谋其可否；不可以示谄谀之人，必不肯以光言为然也。彼谄谀之人，欲依附介甫，因缘改法，以为进身之资，一旦罢局，譬如鱼之失水，此所以挽引介甫使不得由直道行者也。介甫奈何徇此曹之所欲，而不思国家之大计哉？孔子曰："巧言令色，鲜矣仁！"彼忠信之士，于介甫当路之时，或龃龉可憎；及失势之后，必徐得其力。谄谀之士，于介甫当路之时，诚有顺适之快；一旦失势，必有卖介甫以自售者矣。介甫将何择焉？国武子好尽言以招人之过，卒不得其死；光常自病似之，而不能改也。虽然，于善人亦何忧之有；用是故敢妄发而不疑也。属以辞避恩命未得请，且病膝疮不可出，不获亲侍言于左右，而布陈以书，悚惧尤深。介甫其受而听之与？罪而绝之，或诟詈而辱之与？言于上而逐之与？无不可者，光俟命而已，不宣。光惶恐再拜。

蔡上翔颇疑此书不类司马光之言。略云："观司马原书，至三千三百余言之多，中间杂引经传及汉唐遗文，居四之一。使介甫为未读书不识字之人，虽诵言奚益。介甫犹为有知识人也，又焉用此喋喋为？此必非君实之言。元祐党人惯造伪书，增添改窜，徒形丑恶，是亦《辨奸》诸文之类也。"窃按司马光者，安石所谓"始终以为新法不可行"者也。彼于新法之行，见朝廷四方对于安石交口怨叹，故咎其"用心太过，自信太厚"，特致书详切言之，以尽其益友之忠。此书行文之体裁，与温公他文无异，不可与苏洵之《辩奸论》同日语也。又有第二书云：

光以荷眷之久，诚不忍视天下之议论介甫，是敢辄献尽言于左右，意谓纵未弃绝，其取诟辱必矣。不谓介甫乃更赐之诲笔，存慰温厚，虽未肯信用其言，亦不辱而绝之。足见君子宽大之德，过人远甚也。光虽未甚晓《孟子》，至于义利之说，至为明白。介甫或更有他解，亦恐似用心太过也。《传》曰："作法于凉，其弊犹贪；作法于贪，弊将若何？"今四方丰稔，县官复散钱与之，安有父子不相见，兄弟离散之事？光所言者，乃在数年之后，常平法既坏，内藏库又空，百姓家家于常赋之外，更增息钱役钱。又言利者见前人以聚敛得好官，后来者必竞生新意，以朘民之膏泽，日甚一日，民产既竭，小值水旱，则光所言者，介甫且亲见之，知其不为过论也。当是之时，毋罪岁而已。感发而言，重有喋喋，负罪益深，不宣。

安石《临川集》仅有《答司马谏议书》一首，系对于第二书之答复。书云：

某启，昨日蒙教，窃以为与君实游处相好之日久，而议事每不合，所操之术多异故也。虽欲强聒，终必不蒙见察，故略上报，不复一一自辩。重念蒙君实视遇厚于反覆，不宜卤莽，故今具道所以，冀君实或见恕也。盖儒者所争，尤在于名实；名实已明，而天下之理得矣。今君实所以见教者，以为侵官，生事，征利，拒谏，以致天

> 下怨谤也。某则以为受命于人主，议法度而修之于朝廷，以授之于有司，不为侵官。举先王之政以兴利除弊，不为生事。为天下理财，不为征利。辟邪说，难壬人，不为拒谏。至于怨诽之多，则固前知其如此也。人习于苟且非一日，士大夫多以不恤国事同俗自媚于众为善。上乃欲变此，而某不量敌之众寡，欲出力助上以抗之，则众何为而不汹汹然。盘庚之迁，胥怨者民，也非特朝廷士大夫而已。盘庚不为怨者故改其度，度义而后动，是而不见可悔故也。如君实责我以在位久，未能助上大有为以膏泽斯民，则某知罪矣。如曰今日当一切不事事，守前所为而已，则非某之所敢知。无由会晤，不任区区向往之至。

此书辨侵官、生事、征利、拒谏、致怨五事，无论其言当否，而在己无不达之情。至对于天下怨谤一点，但以"不量敌之众寡，欲出力助上以抗之，则众何为而不汹汹然"，为之解释；而归咎于"士大夫多不恤国事，同俗媚众"。又以盘庚迁都相比附。则其变法后之异议纷纭，必有不容掩饰者矣。

司马光又有致安石第三书云：

> 重辱示谕，益知不见弃外，收而教之，不胜感悚感悚。夫议法度以授有司，此诚执政事也。然当举其大而略其细，存其善而革其弊；不当无大无小，尽变旧法，以为新奇也。且人存则政举，介甫诚能择良有司而任之，弊法自去。苟有司非其人，虽日授以善法，终无益也。介甫所谓先王之政者，岂非泉府赊贷之事乎？窃谓其意似与今日散青苗钱之意异也。且先王之善政多矣，顾以此独为先务乎？今之散青苗钱者，无问民之贫富，愿与不愿，强抑与之，岁收其什四之息，谓之不征利，光不信也。至于辟邪说，难壬人，果能如是，乃国家生民之福也。但恐介甫之座，日相与变法而讲利者，邪说，壬人，为不少矣。彼颂德赞功，希意迎合者，皆是也，介甫偶

> 未之察耳。盘庚曰："今我民用荡析离居。"又曰："予岂汝威，用奉畜汝众。"又曰："无或敢伏小人之攸箴。"又曰："非废厥谋吊由灵。"盖盘庚遇水灾而迁都，臣民有从者有违者。盘庚不忍胁以威刑，故勤劳晓解。其卒也，皆化而从之；非谓尽弃天下人之言，而独行己志也。光岂劝介甫以不恤国事而同俗自媚哉？盖谓天下异同之议，亦当少垂意采察而已。幸恕其狂愚，不宣。

光既三致书，而安石迄不容纳，遂见神宗力求去，以熙宁三年九月癸丑，罢翰林学士，以端明殿学士出知永兴军。嗣又乞免永兴军路青苗免役钱。略云："伏见先所散青苗钱，贫破百姓；今又闻欲令州县出免役钱，若果行此，其为害必又甚于青苗。……以富庶之域，犹不能堪，况当陕西凋敝之时乎？伏乞特免永兴军一路青苗免役钱，以爱惜民力，专奉边费。"居然为永兴军一路邀免，不肯为安石行新法，诚不愧为始终以新法为不可行者。

熙宁七年四月，司马光时以端明殿学士兼翰林侍读学士提举崇福宫，应诏言朝政阙失，沥陈六大弊政，皆安石所行之新法也。其状略云：

> 伏读三月三十日诏书，喜极以泣，未知中外臣寮，曾有以当今之急务，生民之疾苦，为陛下别白言之者？臣父子受国厚恩，备极侍从，顷以衰疾，自求闲官，不复预朝廷之议，四年于兹，而犹居位贪禄，不敢避当涂怨怒，塞默不言。窃见执政犹任己意，恶人攻难，任所亲爱为台谏官，又使询访四方利害，驱迫州县，承其旨意；皆言新法至便，经久可行。又更增条目，务求新巧，各事更张。又令使者督责所在监司州县，竞为苛刻；奉行新法，稍不尽力，则谓沮坏，立行停替；误有违犯，皆不理赦，与犯赃罪同。又潜遣逻卒，听市道之人谤议者，执而刑之。又出榜立赏，募人告捕诽谤朝政者。臣不知自古圣帝明王之政，果如是乎？臣维今日之阙政，其大者有六：一曰广散青苗钱，使民负债日重，而县官实无所得。二曰免上户之

役，敛下户之钱，以养浮浪之人。三曰置市易，与细民争利，而实耗官物。四曰中国未治，而侵扰四夷，得少失多。五曰结保甲，教习凶器，以疲扰农民。六曰信狂狡之人，妄兴水利，劳民费财。而六者之中，青苗免役钱为害尤大。何则？力者民所生而有，谷帛民可耕桑而得，至于钱，则县官之所铸，民不得私为。自古农民，不过出力役，税不过谷帛。唐末兵兴，始有税钱者，故白居易诗云："私家无钱炉，平地无铜山。"言责民以所无也。今有司立法，唯钱是求；民值丰岁，贱粜其谷以输官；至凶年无谷可粜，吏责其钱不已，欲卖田则家家卖田，欲卖屋则家家卖屋，欲卖牛则家家卖牛；无田可售，不免伐桑枣，撤屋材，卖其薪，或杀牛卖其肉，得钱以输官。一年如此，明年将何以为生乎？故自行新法以来，农民尤被其害者，皆敛钱之咎也。今天下北尽塞表，东被海涯，南逾江淮，西及邛蜀，连岁亢旱，种谷不入，民采木实草根，以延朝夕之命。州县方督迫青苗免役钱，鞭笞缧绁，唯恐不逮，妇子遑遑，如在汤火，呼天号泣，无复生望。臣恐鸟穷则啄，兽穷则攫，起为盗贼，弥漫山野，州县不能禁，官军不能讨。当此时，方议除去新法，亦何益哉？事势如此，而庙堂方晏然自谓太平之业，八九已成，此臣所为痛心疾首忘寝与食者也。今陛下诏书，已知前日之失，而于新法无所变更，是犹临鼎哀鱼之烂而益其薪，终何补乎？伏望斥远阿谀，收还威柄。青苗钱勿复散，其已散者分数年催纳，不收利息。尽除免役钱，复差役如旧。罢市易务，其所积货物，依原价出卖，所欠官钱，亦除利催本。罢拓土开境之兵。息保甲教阅，使服田力穑。所兴修水利，凡利少害多者，悉罢之。如此，则中外欢呼，上下感悦，雨必沾洽矣。臣今年衰疾浸增，恐一旦溘先朝露，是以冒死一为陛下言之。倘复不之信，则天也，臣不敢复言矣。

是年四月，安石适以郑侠进《流民图》事求退，罢相，出知江宁府。

第六节　纷扰盈朝之反对言论

安石秉政以后，继吕诲而纠劾其变法者，有如下列诸说：

熙宁二年八月，知谏院范纯仁奏言："王安石变祖宗法度，掊克财利，民心不宁。《书》曰：'怨岂在明，不见是图。'愿陛下图不见之怨。"帝曰："何谓不见之怨？"对曰："杜牧所谓'不敢言而敢怒'者是也。"帝曰："卿善论事，宜为朕条陈古今治乱可为监戒者。"遂作《尚书解》以进，曰："其言皆尧、舜、禹、汤、文、武之事也，治天下无以易此，愿深究而力行之。"帝切于求治，多延见疏逖小臣，咨询阙失。纯仁言："小人之言，听之若可采，行之必有累。盖知小忘大，贪近昧远，愿加深察。"及薛向行均输法于六路，纯仁言："臣尝亲奉德音，欲修先王补助之政，今乃效桑弘羊行均输之法，而使小人掊克生灵，敛怨基祸。安石以富国强兵之术，启迪上心；欲求近功，忘其旧学。尚法令则称商鞅，言财利则背孟轲，鄙老成为因循，弃公论为流俗，异己者为不肖，合意者为贤人。刘琦钱觊等一言，便蒙降黜。在廷之臣，方大半趋附，陛下又从而驱之，其将何所不至？道远者理当驯致，事大者不可速成，人才不可急求，积弊不可顿革。傥欲事功急就，必为憸佞所乘。宜速还言者，而退安石，答中外之望。"留章不下，纯仁力求去，不许。未几，罢谏职，改判国子监。

三年四月，御史中丞吕公著上疏曰："自古有为之君，未有失人心而能图治；亦未有胁之以威，胜之以辩，而能得人心者也。昔日之所谓贤者，今皆以此举为非，而主议者一切诋为流俗浮论；岂昔皆贤而今皆不肖乎？"旋贬公著知颍州。

又赵抃上疏言："制置条例司建使者四十余辈，骚动天下，安石强辩自用，诋公论为流俗，违众罔民，顺非文过。近者台谏侍从，多以言不听而去。司马光除枢密不肯拜。且事有轻重，体有大小；财利于事为轻，而民心得失为重；青苗使者于体为小，而禁近耳目之臣用舍为大。今去重而取轻，失大而得小，惧非宗庙社稷之福也。”奏入，恳求去位，乃出知杭州。

是月壬午，程颢上疏言：“臣闻天下之理，本诸简易；而行之以顺道，则事无不成，故曰智者。若禹之行水，行其所无事也，舍之而于险阻，则不足以言智矣。盖自古兴治，虽有专任独决能就事功者；未闻辅弼大臣，人各有心，睽戾不一，致国政异出，名分不正，中外人情交谓不可，而能有为者也。况于措制失宜，沮废公议，一二小臣，实预大计，用贱陵贵，以邪妨正者乎？凡此皆天下之理，不宜有成，而智者之所不行也。设令由此侥幸事有小成，而兴利之臣日进，尚德之风浸衰，尤非朝廷之福。矧复天时未顺，地震连年，四方人心，日益摇动。此皆陛下所当仰测天意，俯察人事者也。臣奉职不肖，议论无补，望早赐降责。”颢言既不用，恳求外补，遂出为京西路提点刑狱。

同时张戬亦上疏论王安石乱法，曾公亮、陈升之依违不能救正，韩绛左右循从，李定以邪谄窃台谏；吕惠卿刻薄辩给，假经术以文奸言，岂宜劝讲君侧。又诣中书争之。安石举扇掩面而笑。戬曰：“戬之狂直，宜为公笑；然天下之笑公者，不少矣！”陈升之从旁解之。戬曰：“公亦不得为无罪。”升之有愧色。又李常上言：“均输、青苗，敛散取息，傅会经义。何异王莽猥析《周官》片言，以流毒天下。”均坐贬。戬出知公安县，常出判滑州。

四年四月，权开封府推官苏轼以新法不便，上疏极论。略云：“臣之所言者，三言而已：愿陛下结人心，厚风俗，存纪纲。人主所恃者，人心也。自古及今，未有和易同众而不安，刚果自用而不危者。祖宗以来，治财用者不过三司。今陛下又创制置三司条例司，使六七少年，日夜讲求于内，使者四十余辈，分行营干于外，以万乘之主而言利，以天子之宰而治财，君臣宵旰，几一年矣。而富国之功，茫如捕风，徒闻内帑出数百万缗，祠部度五千人耳。以此为术，人皆知其难也。汴水浊流，自生民以来，不以种稻。今欲陂而清之，万顷之稻，必用千顷之陂，一岁一淤，三岁而满矣。陛下使相视地形，所在凿空访寻水利，堤防一开，水失故道，虽食议者之肉，何补于民？自古役人必用乡户；今徒闻江浙之间，数郡雇役，而欲措之天下；自杨炎为两税，租调于庸，既兼之矣；奈何复欲取庸？青苗放钱，自昔有禁；今陛下始立成法，每岁常行；虽云不许抑配，而数世之后，暴君污吏，陛下能保之乎？昔汉武以财力匮竭，用桑弘羊之说，买贱买贵，谓之均输；于时商贾不行，盗贼滋炽，几至于乱。臣愿陛下结人心者此也。国家之所以存亡者，在道德之浅深，不在乎强与弱；历数之所以长短者，在风俗之厚薄，不在富与贫。臣愿陛下务崇道德，而厚风俗，不愿陛下急急于有功，而贪富强。仁祖持法至宽，用人有序，务专掩覆过失，未尝轻改旧章。考其成功，则曰未至。言乎用兵，则十出而九败。言乎府库，则仅足而无余。徒以德泽在人，风俗知义，故升遐之日，天下归仁。议者见末年吏多因循，事不振举，乃欲矫之以苛察，济之以智能，招来新进勇锐之人，以图一切速成之效；未享其利，浇风已成，欲望风俗之厚岂可得哉？臣愿陛下厚风俗者，此也。祖宗委任台谏，未尝罪一言者，纵有薄责，旋即超升，许以风闻，而无官长。言及乘舆，则天子改容；事关廊庙，则宰相待罪；台谏固未必皆贤，所言亦未必皆是；然须养其锐气而借之重权者，将以折奸臣之萌也。臣闻长老之谈，皆谓台谏所言，常随天下公议。今者物论沸腾，怨讟交至，公议所在，亦知之矣。臣恐自兹以往，习惯成风，尽为执政私人，以致人主孤立。纲纪一废，何事不生？臣愿陛下存纲纪者此也。”嗣御史谢景温缘他事论轼，遂移轼通判杭州。

六月，刘挚上疏曰：“君子小人之分，在义利而已。小人才非不足用，特心之所向。不在乎义；故希赏之志，每在事先、奉公之心，每在事后。陛下有劝农之意，今变而为烦扰。陛下有均役之意，今倚而为聚敛。其爱君忧国者，皆无以容于其间。今天下有喜于敢为之论，有乐于无事之论，彼以此为流俗，此以彼为乱常，畏义者以进取为可耻，嗜利者以守道为无能;此风浸长,汉唐之党祸必起矣。愿陛下虚心平听,审察好恶,收过与不及之论,使归于大中之道。”先是,神宗问挚曾从学于安石否？挚曰:“臣北人,少孤,独学,不识安石也。”退即上是疏;安石不悦。

五年八月,唐坰因廷讦安石贬潮州。初,安石喜坰,令邓绾举为御史;数月,将用为谏官。安石疑其轻脱,将背己立名,不除职。以本官同知谏院,非故事也。坰果怒安石易己,凡奏二十疏,论时事,皆留中不出。坰乃因百官起居日,叩陛请对,帝令谕以他日,坰伏地不起,遂召升殿。坰至御座前,进曰:“臣所言皆大臣不法,请对陛下一一陈之。”乃搢笏展疏,目安石曰:“王安石近御听札子!”安石迟迟。坰诃曰:“陛下前犹敢如此,在外可知。”安石竦然而进。坰大声宣读,凡六十条。大抵言:安石专作威福,曾布表里擅权,天下但知惮安石,不复知有陛下。文彦博、冯京知而不敢言。王珪曲事安石,无异厮仆。且读且目珪,珪惭惧俯首。又言:元绛、薛向、陈绎,安石颐指气使,无异家奴。张璪、李定,为安石爪牙。张商英乃安石鹰犬。逆意者,虽贤为不肖;附己者,虽不肖为贤。至诋安石为李林甫、卢杞。帝屡止之,坰慷慨自若,读已再拜而退。阖门纠其渎乱朝仪,贬潮州别驾。

第七节　安石之应付谤议

安石之毅力与辨才,于其答司马光书所谓“是而不见可悔”一语,可见其允为高人一等无疑也。陆九渊称安石之志,在“扫俗学之凡陋,振弊法之因循”,洵非溢美。夫具此美志,复有辨才毅力以副之,而谤议终挠之,英雄固无如时势何也。

曾巩以“思之不审”规安石,以其操切也。然安石既饱蒙谤议,亦何尝不悟及此。其《上五事札子》有云:“缓而图之,则为大利;急而成之,则为大害。”察之未始不明也,无如施之于事,则不能中节,而终于无成。

将毋应付谤议不得其道，坐贻偏听生奸之失乎？

按李焘《续通鉴长编纪事本末》第六十九卷，引吕本中《杂记》云："正叔尝谓：'新法之行，正缘吾党攻之太力，遂至各成党与，牢不可破。且如青苗一事，放过何害？' 伯淳作谏官，论新法，上令至中书议。伯淳见介甫，与之剖析道理，气色甚和。且曰：'天下自有顺人心底道理，参政何必须如此做？' 介甫连声谢伯淳曰：'此则极感贤诚意。' 此时介甫亦无固执之意矣。却缘次日张天祺至中书力争之，介甫不堪，自此彼此遂分。"正叔，程颐字。伯淳，程颢字。天祺，张戬字也。玩程颐言青苗一事，放过何害，则知诸公苦与安石为难者，未免气质用事，讦以为直，不逊为勇也。安石诚亦未免气质之偏；然攻之者何可只见一面，不看两面乎？以士大夫而不足于恕，殆运数使然，徒供后人较论是非而已！

第二十三章　史传之失实

第一节　安石身后蒙冤之唯一原因

中国历史上，个人身后之美恶倒置，是非不明，殆莫有逾于王安石者。试展阅《宋史》《续通鉴纲目》等书，凡纪及安石，无不痛加贬抑。欲于史部诸书，求其稍为安石宽宥者，绝鲜。若私家著述与议论，尚有力为安石张目者。（具详另章）盖安石诚为中国历史上第一伟大之政治家，而不幸蒙诟后世，自非独具只眼者，不敢翻案。尤非至今世纪，得有西洋思想之比较，不能显示其见解与魄力。

虽然，安石之冤沉千载，积非成是，要亦史传失实有以致之。盖当时反对安石者，多系知名之士，或进于朝，或退于野，确有一种潜势力。其议论文章，莫不标榜一世。党见既深，则涉笔必有所袒，甚或曲肇深文，造为已甚之辞。于是悠悠毁誉，遂致混淆是非，无复信史之可言矣。

第二节　《神宗实录》之杂糅

安石施政之事迹，具于《宋史》，《宋史》又据于《神宗实录》。《宋史》与《神宗实录》二者，其秉笔之士，皆限于门户之见者也。兹先言《实录》：

哲宗元祐初，范祖禹、黄庭坚、陆佃等，同修《神宗实录》。佃为安石之门人，祖禹庭坚则司马光苏轼之党也。庭坚尝以佞史讥佃，佃则以谤书讦庭坚。至绍圣改元，台谏疏劾祖禹等所修先帝实录，多称别无案据，得之传闻；祖禹等遂以欺诞坐贬，诏蔡卞等重修。卞取安石所著《熙宁日录》以进，将元祐本涂改甚多，是为朱墨本。而元祐党人，又攻之不已。卞为安石子婿，蔡京之弟，想其间推扬安石之处，必有使异党甚不堪者。徽宗时刘正夫言："元祐绍圣所修神宗史，互有得失，当折衷其说，传信万世。"又徐勣言："元祐绍圣史臣，好恶不同。范祖禹等专主司马光家藏《纪事》；蔡京兄弟纯用王安石《日录》；各为之说，故议论纷然。……谓宜参订是非，勒成大典。"于是复有诏再修，而靖康之难旋作。南渡后，高宗绍兴四年诏范冲修定以进；是即《宋史》所据之本也。范冲者，范祖禹之子，则绍其父业，贬抑安石，亦固其宜。而安石自著之《日录》，与蔡卞修定之朱墨本，概从禁毁。后之人虽有欲参订是非，折衷其说，亦无可旁稽矣。此《神宗实录》之不可据为信史也。

按《文献通考·经籍考》列有《神宗实录》二百卷。晁公武曰："皇朝曾布等撰，起藩邸，止元丰八年三月，凡十九年。"又有《神宗朱墨史》二百卷，晁氏则详记其源流曰：

> 元祐元年，诏修《神宗实录》。邓温伯、陆佃修撰，林希、曾肇检讨，蔡确提举。确罢，司马光代；薨，吕公著代；公著薨，大防代。六年奏御。赵彦若、范祖禹、黄庭坚后亦与编修。书成，赏劳皆迁官一等。绍圣中，谏官翟思言："元祐间吕大防提举《实录》，祖禹、庭坚等编修，刊落事迹，变乱美恶，外应奸人诋诬之说。"命曾布重行修定。其后奏书，以旧录为本，用墨书；添入者，用朱书；删去者，用黄抹。已而将旧录焚毁。宣和中或得其本于禁中，遂传于民间，号《朱墨史》云。

又有《神宗实录考异》二百卷，系成于南渡之后者。陈振孙曰：

> 监修解梁赵鼎元镇，史官成都范冲元长等撰进。建炎之初，有诏重修。绍兴六年，先进呈五十卷。六年正月，书成。考异者，备朱、墨、黄三书，而明著其去取之意也。阙百六十一至百七十一卷。初，蔡卞既败旧录，每一卷成，纳之禁中。盖将泯其迹，而使新录独行，所谓朱墨本者，不可得而见也。及梁师成用事，自谓苏氏遗体，颇招延元祐诸家子孙，若范温、秦湛之流。师成在禁中见其书，为诸

家人道之，诸人幸其书之出，因曰：“此不可不录也。”师成如其言。及败没入，有得其书者，携以渡江，遂传于世。呜呼！此可谓非天乎？

上列晁陈二氏诸说，皆不无倾向元祐墨本之成见。夫《神宗实录》，初修于元祐元年二月，是年四月而安石薨，是《实录》为安石身后之书。而必详著其源流者，所以识安石蒙谤之由来。其蔓延千余年而莫由昭雪者，此其端倪也。蔡上翔有说曰：

当元祐初修《实录》时，吕大防、刘安世诸人，定介甫亲党吕吉甫、章子厚而下三十人，蔡持正亲党安厚卿、曾子宣而下十人，榜之朝堂。是以安石无党者，而皆名之以为党。及绍圣改元，章、蔡用事，即首举所修《实录》非是，而以为报复之端。是朱墨史一书，元祐诸人，实有以启之。范祖禹、吕大防初修《实录》，既尽书安石之过；而绍圣反之。自绍圣至绍兴三十年间，流离窜逐，痛深骨髓。范冲为祖禹之子，相为报复，则凡元祐采于《涑水纪闻》诸书，增添不知其几？刬削《朱墨新书》所书安石之美者，又不知其几？且是时道学门户日炽，于是杨中立《日录辨》出矣，李仁甫之《长编》又出矣，无非取之渡江后所修者。至其甚，则有朱熹《读二陈遗墨》一文，尚以攻诘安石为未尽，而搜罗杂说尤夥。自是元人遂纂入《宋史》，而此书更无平反之日矣。

蔡氏又有说辨陈瓘《四明尊尧集》之失。略曰：

《熙宁实录》一书，所甚昌言排之者，陈莹中也。莹中著《尊尧集》曰：“蔡氏尊私史而压宗庙。”呜呼！莹中只知尊尧之名为甚美，而亦知尊尧之实安在乎？夫所谓尊尧者，神宗也。尧诛四凶，而天下咸服；神宗以皋、夔、稷、契待安石，而诸人则尽书安石之过，有甚于共工、驩兜，则神宗亦得分过矣。谓之尊尧可乎？安石在相位，始终不过七年；而神宗之行新法，十八年而未之有改。一旦新君初立，刬除成法殆尽；虽曰以母改子，而神宗十八年天子，非若中道崩殂小弱者比也；设国无主母，其又何说之词？而谓之尊尧可乎？且夫尊私史而压宗庙，莹中只知《安石日录》为私史，亦曾问元祐初修《实录》，范祖禹吕大防尽采之《涑水纪闻》《邵氏闻见录》，独非私书乎？以私史改私史，岂得谓之压宗庙乎？王明清《玉照新志》曰："初史多取司马《涑水纪闻》，至新史，于是裕陵实录，皆以朱笔抹之。"则是以私史抹私史，此固其明验也。

按徽宗初即位，诏修《神宗实录》，谢文瓘请择当时大政事大黜陟，节其要旨而为之说以进，所论率是王安石。谓："神宗能察众多之谤，任之而不二，于是朋党消而威柄立。"惜是时未能如谢说以竟其事，遂使安石之是非功罪，纷纷至今，而未有已也。

第三节　宋史之舛谬

《宋史》成于元人之手，在诸史中，最称芜秽。《四库全书提要》云："其大旨以表章道学为宗，余事不甚措意，故舛谬不能殚数。"盖元人开馆修史，类皆网罗儒士。斯时道学派正盛，故颇致力于表章道学，于列传中别为《道学传》，以示尊崇。道学者，盛于北宋之周张二程，而集成于南宋之朱熹。二程固与安石异趣，朱熹之于安石，往往持苛论以绳之。《宋史·安石传》后之附论，即引朱熹之说，而系之曰："此天下之公言也。"诚以王偁《东都事略》校《宋史》，凡《宋史·王安石传》所增之事状，悉出于朱熹《三朝名臣言行录》；熹又本于稗官，如好为异说之《河南邵氏闻见录》是也。故修《宋史》者，既无爱于安石，必无暇措意于范冲修进之《神宗实录》，可否据为信史？然则《宋史》所记关于王安石之事，尚可据为信史而论其功罪也乎？

按《宋史》与《辽史》《金史》皆成于元末顺帝时。凡《宋史》四百九十六卷，《辽史》一百十六卷，《金史》一百三十五卷，仅再阅岁而蒇事，其潦草可知也。王圻述其缘由云：

> 初，元世祖立国史院，首命王鹗修辽金二史。宋亡，又命史臣通修三史。延祐天历之间，屡诏修之，以义例未定，竟不能成。顺帝至正三年，命托克托为都总裁，特穆尔达实张起岩欧阳玄吕思诚揭傒斯为总裁官，修之。或欲如《晋书》例，以宋为世纪，而辽金为载纪。或又谓辽立国先于宋五十年，宋南渡后，常称臣于金，以为不可。待制王理者，著《三史正统论》，欲以辽金为北史，太祖至靖康为《宋史》，建炎以后为《南宋史》，一时持论不决。诏辽、宋、金各为史，凡再阅岁，书成。上之。举例、论赞、表奏，多玄属笔云。

第四节　安石本传之辩正

凡《宋史》安石本传之误点，略摭数端列后：

（一）本传称："安石元祐元年卒，年六十有八。"

（按）安石《祭吴冲卿文》云："公命在酉，长我一时。"宋真宗天禧五年，岁次辛酉。自是年起，至哲宗元祐元年丙寅止，应为六十六岁。吴荣光《历代名人年谱》钱大昕《疑年录》蔡上翔《王荆文公年谱考略》，皆考定如上。而顾栋高《荆公年谱》，尚未能正其失，而谓安石生于天禧三年己未：殊失考也。

（二）本传称："曾巩携其文示欧阳修，修为之延誉，擢进士上第，签书淮南判官。"

（按）安石擢进士第，在庆历二年，登杨寘榜。曾巩于庆历元年上欧阳修第一书，至二年，再上第二书，及欧阳修送曾巩序，皆无一语及安石，巩亦旋归临川；是安石之登第，初非欧阳修延誉之力。至曾巩之称道安石于欧阳修，在庆历五年以后。七年，巩与安石书，始有“欧公悉见足下之文，爱叹诵写，不胜其勤”及“欧公甚欲一见足下”等语。至至和嘉祐间，安石始与欧阳修相酬答。

（三）本传称：“安石本楚士，未知名于中朝；……乃深与韩绛，绛弟维，及吕公著交，三人更深扬之，名始盛。”

（按）皇祐中文彦博以韩维与安石同荐，嘉祐元年欧阳修《再论水灾状》内，荐列包拯、张瑰、吕公著及安石；是韩维、吕公著皆尝与安石同被荐列，安石之知名于中朝，未始后于韩、吕。则维与公著岂能称扬安石，使之见重于时；安石果欲弋名，亦何苦引韩、吕为重耶。

（四）本传称:“出师安南，谍得其露布，言中国助役之法，穷困生民，我今出兵，欲相拯济；安石怒，自草敕榜诋之。”

（按）安石《敕榜交趾文》具录第十四章内，可以覆按，绝不觉所谓大怒以诋者何在？殆亦所谓“别无按据，得之传闻”者乎？今日国际不幸而即于兵戎，或有强邦对弱国，于哀的美敦书内，责其内政不修耳。彼时交趾之与中国，势非两大也；宁有夸诞之辞，至及拯济之说？蔡上翔云：“夫中国行新法数年，只闻臣僚交攻于朝，而闾阎未有揭竿者；即外夷假异说为兵端，亦断断不及此。……造谤者于荆公无所而不毁，而正史采之，抑何不近人情至此耶？”又按《宋史》，萧注于嘉祐初，尝上疏请图交趾。熙宁初，以注知桂州，神宗问以攻取之策；注对曰：“昔者臣有是言，今交人生聚教训，十五年矣，未可轻议。”六年，以沈起代注。至八年，交趾入寇。九年春，始进兵讨伐。是则交趾之当图，嘉祐初即有建议者。此则可资旁稽，以证安石本传所云之必谬。即就《敕榜》原文之不足以见其大怒，亦可见秉笔者之深文厚诬矣。

（五）本传称：“吕惠卿讼安石，又发安石私书曰‘无使上知’者，帝以示安石安石，谢无有；归以问雱，雱言其情；安石咎之，雱愤恚，疽发背死。”

（按）王雱自崇政殿说书除待制，已在病中。熙宁七年，安石有《差张谔医男谢表》及《谢赐男雱药物表》；九年而雱卒；是其非由于疽发于背可知。至雱居官行事之美恶，终熙宁元丰之世，无有一人议之者。吕诲疏诋安石十事，周纳殆遍，亦不及雱。《宋史》载雱事最丑恶者，多出河南《邵氏闻见录》。邵氏之书，谤书也，清初李绂尝详辨之。而修史者据为可信，宜其误矣。至安石与吕惠卿之始合终暌，有吕惠卿《谢罪书》及安石《复书》，可证其确为事实。见《宋裨类钞》，文繁不录。

（六）本传称："黜《春秋》之书，使不列于学官，至戏目为断烂朝报。"

（按）全祖望荆公《周礼新义》题辞曰："……至若《春秋》之不立学官，则亦以难解而置之，而并无断烂朝报之说；见于《和靖语录》中所辨。予观《宋志》荆公作《左氏解》一卷，则非不欲立，明矣。……"《宋史》所云，殆亦当时谤安石者之诞词耳。另详经学章。

（七）本传称："安石未贵时，名振京师。……苏洵独曰：'是不近人情者，鲜不为大奸慝。'作《辨奸论》以刺之。"

（按）《辨奸论》相沿谓系苏洵刺安石之作；又有张方平《老苏先生墓表》，及《苏轼谢张太保撰先人墓志书》以证实之，疑若可信矣。经李绂、蔡上翔、杨希闵等广征博引，考定其谬，诸说甚周详。兹摘要列下：

（1）李绂谓："曾见明刊《嘉祐集》十五卷，并无《辨奸》一篇。"蔡上翔亦谓："尝于书肆见此书。"断为伪作无疑。

（2）《邵氏闻见录》叙辨奸缘起，与墓表文正同。如其为引用也，当明言墓表云云，不当作自叙语气？如其为暗合也，何竟词句尽同？此可证伪墓表乃邵氏之笔，其《辨奸论》及《苏轼谢书》，各有互证之关系，当亦出于邵氏。

（3）宋人小说纪《辨奸论》缘起者，如《河南邵氏闻见录》、龚颐正《芥隐笔记》、方勺《泊宅编》、叶梦得《避暑录话》，各家所载履历岁月皆不合，良以杜撰无稽，不能豫谋而合也。

（4）熙宁三年，安石始同平章事。苏洵已于治平三年前卒。而伪墓表搀入命相制词，若苏洵曾及见安石为相者。下文复谓："先生既没三年，而安石用事，其言乃信。”则又自相抵牾。方平何谬妄至此？

（5）安石自庆历二年成进士，至嘉祐初，十五六年，无非在官之日，所交游，皆一时贤者；未见其结党倾一时，亦未尝有人以安石为几于圣人。而伪墓表谓“嘉祐初，党友倾一时造作语言，至以为几于圣人”；殊乖事实。

按《辨奸》《墓表》《谢书》三者之同时流布，殆为诬安石以奸之嚆矢。经李绂等次第考定，可决为伪撰无疑。而元世修史者，摭以入传，何其不审也。

（八）本传称：“安石执政，所用多少年，雱亦欲与选。……安石欲上知自用，以雱所作策及注《道德经》，镂板鬻于市，遂传达于上。邓绾曾布又力荐之。”

（按）安石执政已久，得君亦专，神宗岂不知其有子能贤，而必待其所作之书，传达于上，加以邓曾之力荐，始召见擢用哉？造谤者拙陋若此；而正史采之，则拙陋又加甚矣。

（九）本传称：“安石与程颢语，雱囚首跣足，携妇人冠以出。问父所言何事？曰：‘以新法数为人所沮，故与程君议。’雱大言曰：‘枭韩富之头于市，则法行矣。’安石遽曰：‘儿误矣！’”

（按）此节全出《邵氏闻见录》，李绂特为博稽详考，决定邵氏无端造谤，绝无影响。盖安石以熙宁二年参知政事，夏四月始行新法。八月，以程颢为条例司官，明年五月，颢即以议论不合外转。雱以治平四年丁未登进士第，熙宁元二年间，雱方由进士授旌德尉，远宦江南。是程颢与安石议新政时，雱并不在京。至熙宁四年，召雱入京师，而程颢外任，已逾年矣。安得如邵氏所录，及《宋史》所著哉？按《邵氏闻见录》今传之本，署邵伯温撰。伯温父曰雍，所谓康节先生也。其书经其子博于绍兴朝，重加编定，博并有后录。方宋室南渡时，群攻王氏学，博殆借此希世宠耳。不虞元人修史，遽援以入安石本传之后也。

王雱乃谨饬子弟，亦有可资证明者。陆游《渭南集·跋温公居家杂仪》

云："熙宁初，有朝士集于相蓝之烧朱院。俄有一人末至，则王元泽也。时荆公方有召命，众人问舍人不坚持否？元泽曰：'大人亦不敢不来，然未有一居处。'众言居处固不难。元泽曰：'不然，大人之意，乃欲与司马十二丈卜邻，以其修身，齐家，事事可为子弟法也。'"据此，则安石固诚服司马光，雱亦恪守父教。何至有囚首跣足对客狂言之事哉？

第五节　通俗小说中之拗相公

宋人谤毁安石，既因稗官而及于正史；又衍其事于小说，以播诸民间。今所流传之《京本通俗小说》第十四卷《拗相公》，即对于安石之谤书也。其结构甚佳，剪裁尤巧，盖优于文者之所为也。

首引唐诗四句曰："周公恐惧流言日，王莽谦恭下士时。假使当年身便死，一生真伪有谁知？"最后则另以浅俚之绝诗两首作结。其一曰："熙宁新法谏书多，执拗行私奈尔何？不是此番元气耗，虏军岂得渡黄河？"其二曰："好个聪明介甫翁，高才历任有清风。可怜覆𫗧因高位，只合终身翰苑中。"

此书之旨趣，观其首末之诗句，可以概见。与从来论安石者，如出一辙。内有一段，乃纪述之纲领。略云：

> 如今说先朝一个宰相，他在下位之时，也着实有名有誉的。后来大权到手，任性胡为，做错了事，惹得万口唾骂，饮恨而终。假若有名誉的时节，一个瞌睡死去了不醒，人还千惜万惜，道国家没福，恁般一个好人，未能大用，不尽其才，却倒也留名于后世。及至万口唾骂时，就死也迟了！这倒是多活了几年的不是。那位宰相是谁？在那一个朝代？这朝代不近不远，是北宋神宗皇帝年间，一个首相，姓王名安石，临川人也。

按此段既曰先朝，又曰北宋神宗皇帝年间，后文亦有"我宋"字样，则作此书者，必为南宋人无疑。

其所叙安石一生事迹，颇有甚谬者。如谓："方及二旬，一举成名，初任浙江庆元府鄞县知县，……转任扬州佥判，……升江宁府知府。"按安石成进士后，外任州县，首扬州，次鄞县，次舒州。既官于朝，数年，丁母忧，归江宁，服阕，乃除知江宁府。此殆作者故谬其序，示阅者以不足信欤？

至如《邵氏闻见录》所纪安石梦见亡儿雱荷枷锁，又如苏洵作《辨奸论》以刺之，则其间皆尝衍及。按《邵氏闻见录》关于安石各节之纪载多诬，与苏洵《辨奸论》之伪作，上节已援李绂蔡上翔之说辨明；更以此书证之，则此等纪载与言论，殊无损于安石，益无疑矣。

此书主要部分，系述安石罢相还江宁，一路茶坊道院，以至村镇人家，处处有诗讥诮，归而忧愤致疾，以至于死。其记安石之将死也，有云：

> ……吴国夫人在傍，堕泪问道："相公有甚好言语分付？"荆公道："夫妇之情，偶合耳；我死，更不须挂念，只是散尽家财，广修善事，便了。"言未已，忽报故人叶涛特来问疾，夫人回避。荆公请叶涛床头相见，执其手嘱道："君聪明过人，宜多读佛书，莫作没要紧文字，徒劳无益。王某一生，枉费精力，欲以文章胜人，今将死之时，悔之无及。"叶涛安慰道："相公福寿正远，何出此言？"荆公叹道："生死无常，老夫只恐大限一至，不能发言，故今日为君叙及此也。"

朱熹《三朝名臣言行录》载元丰七年春，公有疾两日云云，与此全同。末注出于公语录，恐亦疑似之谈也。

按小说乃平民文学，据周密《武林旧事》所载诸色伎艺人中，有书会，有演史，有说经，诨经，有小说。又《梦粱录》谓："小说人能以一朝一代故事，顷刻间提破。"故此等作品之影响于社会人心者至巨。《拗相公》一书，不知何人秉笔，其淆乱史事之成绩，殆尤甚于稗官也。陆游尝有诗云："斜阳古柳赵家庄，负鼓盲翁正作场。身后是非谁管得？满村听说蔡中郎。"当时听说《拗相公》者，亦何以异于此耶？

又按《大宋宣和遗事》元集，亦有谤及安石之文。其在文学上之价值，固不如《拗相公》，其事实则尤多诞谩。如云：

> 话说宋朝失政，国丧家亡，祸根起于王安石引用婿蔡卞，及姻党蔡京在朝，陷害忠良，奸佞变诈，欺君虐民，以致坏了宋朝天下。

按蔡京之登用，在元祐以后；安石作相时，何尝一日用京于朝。熙宁九年，安石已力求退位，邓绾荐蔡卞可用，安石则怒而劾绾，而绾以贬。本书第二十一章第五节，具纪其详，可参证也。稗官变乱事实，本不足辨，兹特举其尤妄者耳。

第二十四章　安石身后及后世之评论

第一节　评论安石之今昔观

安石励行新法，谤议盈朝；及其身后，而犹蒙诟逾千载。至今日得西洋新政治思想为之印证，沉冤始稍稍表白。胡适尝曰："看惯了近世国家注重财政的趋势，自然不觉得王安石的可怪了。懂得了近世社会主义的政策，自然不能不佩服王安石的见解和魄力了。"是故居今日而为安石白沉冤，诚亦环境有以支配之，使不得不然。若在思想闭塞时代，方群指安石为奸邪，而有能力排众议，稍为安石张目者，则亦甚足为安石吐气矣。

第二节　安石身后之公论

苏轼与安石，生并世而稍后，人莫不知其为诋新法最力之一人；然安石之殁，朝议赠太傅，苏轼撰敕文，颂其盛德，有褒无贬。其文曰："式观古初，灼见天意，将以非常之大事，必生希世之异人；使其名高一时，学贯千载，智足以达其道，辩足以行其言；瑰玮之文，足以藻饰万物；卓绝之行，足以风动四方；用能于期岁之间，靡然变天下之俗。故观文殿大学士、守司空、集禧观使王安石，少学孔孟，晚师瞿昙。网罗六经之遗文，断以己意；糠粃百家之陈迹，作新斯人。属熙宁之有为，冠群贤而首用，信任之笃，古今所无。方需功业之成，遽起山林之兴；浮云何有，脱屣如遗；屡争席于渔樵，不乱群于麋鹿；进退之际，雍容可观。朕方临御之初，哀疚罔极；乃眷三朝之老，邈在大江之南，究观规模，想见丰采。岂谓告终之问，在予谅暗之中；胡不百年？为之一涕！於戏！

死生用舍之际，孰能违天；赠赙哀荣之文，岂不在我？是用宠以师臣之位，蔚为儒者之光。庶几有知，服我休命！可特赠守太傅。”此敕文甚得是非之正，当为苏轼由衷之言。陈善《扪虱新话》犹谓此敕为苏氏宿憾之言；然细按全文，实不知憾于何有？陈善盖左安石而右苏氏者，其为门户之见可知也。

司马光与安石始相友善，后以政见不合，日渐疏远；人皆知其为反对新法最力者也。安石既殁，司马光时执政，方在病中，亟为致书吕公著曰：“介甫文章节义，过人处甚多。但性不晓事，而喜遂非，致忠直疏远，谗佞辐辏，败坏百度，以至于此。今方矫其失，革其弊，不幸介甫谢世，反覆之徒，必诋毁百端。光意以为朝廷宜特加优礼，以振起浮薄之风，苟有所得，辄以上闻。不识晦叔以为何如？……”司马光与安石虽尝意见不合，然其人则皆不失为君子。且光于安石之节义，终服其过人。今传《涑水纪闻》等书，颇有诋毁安石之文，殊与前书之意，甚相刺谬。或谓《涑水纪闻》等书，出于伪造，信无疑也。

安石之薨，讣闻于京师，太学诸生，欲为之设斋致奠。乃有国子司业黄隐怒诸生，将绳以法。吕陶遂奏罢黄隐。其札子略云：“伏见国子司业黄隐，素寡学问，薄于操行。久任言责，殊无献告，惟附会当时执政，苟安其位。及迁庠序，则又无以训道诸生，注措语言，皆逐势利。且经义之说，盖无古今新旧，惟贵其当。先儒之传注，既未全是；王氏之解，亦未必尽非；善学者，审择而已。何必是古非今，贱彼贵我，务求合于世哉？方安石之用事，其书立于学官，布于天下，则肤浅之士，莫不推尊信向，以为介于孟子。及其去位而死，则遂从而诋毁之，以为无足可考。盖未尝闻道，而烛理不明故也。隐亦记诵安石《新义》，推尊而信向之久矣；一旦闻朝廷欲议科举，以救学者浮薄不根之弊，则谕太学诸生，凡程式文字，不可复从王氏新说。或引用者，类多黜降。何取舍之不一哉？诸生有闻安石之死而欲设斋致奠，以申师资之报者，隐辄形忿怒，将绳以率敛之法，此尤可鄙也。夫所谓师弟子者，于礼有心丧。古人或为其师解官行服、与负土成坟者，前史书以为美，后世仰以为高，此固不论其学之是非，而特贵其风谊尔。夫道德所出之地，长育多士，乃以斯人为之贰；何以养廉耻，厚风俗？伏请早行罢黜，以示劝戒。”刘挚亦尝奏劾黄隐，与吕陶之说相同。

刘安世曰：“金陵亦非常人，其粗行与老先生（司马光）略同。其质朴俭素，终身好学，不以官职为意，是所同也。……”

第三节　陆九渊独排众议

上述各说，皆安石身后之公论。至南宋淳熙中，则有陆九渊撰《荆国王文公祠堂记》。略曰：

> ……裕陵之得公，问唐太宗何如主？公对曰：“陛下每事当以尧舜为法，唐太宗所知不远，所为未尽合法度。”裕陵曰：“卿可谓责难于君。然朕自视眇然，恐无以副此意，卿宜悉意辅朕，庶同济此道。”自是君臣议论，未尝不以尧舜相期。及委之以政，则曰：“有以助朕，勿惜尽言。”又曰：“须督责朕，使大有为。”又曰：“天生俊明之才，可以覆庇生民，当与之戮力。若虚捐岁月，是自弃也。”秦汉而下，南面之君，亦尝有知斯义者乎？后之好议论者之闻斯言也，亦尝隐之于心以揆斯志乎？曾鲁公曰：“圣知如此，安石杀身以报，亦其宜也。”公曰：“君臣相与，各欲致其义耳。为君则欲自尽君道，为臣则欲自尽臣道，非相为赐也。”秦汉而下，当涂之士，亦尝有知斯义者乎？后之好议论者之闻斯言也，亦尝隐之于心以揆斯志乎？惜哉！公之学不足以遂斯志，而卒以负斯志；不足以究斯义，而卒以蔽斯义也。昭陵之日，使还献书，指陈时事，剖析弊端，枝叶扶疏，往往切当。然核其纲领，则曰：“当今之法度，不合乎先王之法度。”公之不能究斯义而卒以自蔽者，固见于此矣。其告裕陵，

盖无异指。勉其君以法尧舜，是也；而谓每事当以为法，此岂足以法尧舜者乎？谓太宗不足法，可也；而谓其所为未尽合法度，此岂足以度越太宗者乎？不知言，无以知人也。公畴昔之学问，熙宁之事业，举不遁乎使还之书。而排公者，或谓容悦，或谓迎合，或谓变其所守，或谓乖其所学，是尚得为知公者乎？气之相迕而不相悦，则必有相訾之言，此人之私也。公之未用，固有素訾公如张公安道、吕公献可、苏公明允者。夫三公者之不悦于公，盖生于气之所迕。公之所蔽，则有之矣；何至如三公之言哉？英特迈往，不屑于流俗，声色利达之习，介然无毫毛得以入于其心，洁白之操，寒于冰霜，公之质也。扫俗学之凡陋，振弊法之因循，道术必为孔孟，勋绩必为伊周，公之志也。不蕲人之知，而声光赫奕，一时巨公名贤，为之左次；公之得此，岂偶然哉？用逢其时，君不世出，学焉而后臣之，无愧成汤高宗。君或致疑，谢病求去，君为责躬，始复视事。公之得君，可谓专矣。新法之议，举朝讙哗，行之未几，天下汹汹；公方秉执《周礼》精白言之，自信所学，确乎不疑。君子力争，继之以去；小人投机，密赞其决。忠朴屏伏，憸狡得志，曾不为悟！公之蔽也。典礼爵刑，莫非天理，《洪范》九畴，帝实锡之，古所谓宪章法度典则者，皆此理也。公之所谓法度者，岂其然乎？献纳未几，裕陵出谏院疏与公评之，至“简易”之说曰：“今未可为简易，修立法度，乃所以简易也。”熙宁之政，萃于是矣。释此弗论，尚何以费词于建置之末哉？为政在人，取人以身，修身以道，修道以仁。仁，人心也；人者，政之本也；身者，人之本也。不造其本而从事其末；末不可得而治矣。大学不传，古道榛塞，其来久矣。随世而就功名者，渊源又出于老氏。世之君子，天常之厚，师尊载籍，以辅其质者，行于天下，随其分量，有所补益；然而不究其义，不能大有所为，其于当时之弊，有不能正，则依违其间，稍加润饰，以幸无祸。公方耻斯世不为唐虞，其肯安于是乎？蔽于其末，而不究其义，世之君子，未始不与公同；而犯害则异者，彼依违其间，而公取必焉故也。熙宁排公，大抵极诋訾之言，而不折之以至理。平者未一二，而激者居八九，上不足以取信于裕陵，下不足以解公之蔽，反以固其意，成其事。新法之罪，诸君子固分之矣。元祐大臣，一切更张，岂所谓无偏无党者哉？所贵乎玉者，瑕瑜不相掩也。古之信史，直书其事，是非善恶，靡不毕见，劝惩鉴戒，后世所赖。抑扬损益，以附己好恶，用失情实。小人得以借口而激怒，岂所望于君子哉？绍圣之变，宁得而独委罪于公乎？熙宁之初，公固逆知己说之行，人所不乐。既指为流俗，又斥以小人。及诸贤排公，已甚之辞，亦复称是。两下相激，事愈戾而理益不明。元祐诸公，可易辙矣；又益甚之。六艺之正，可文奸言，小人附托，何所不至？绍圣用事之人，如彼其杰，新法不作，岂将遂无所窜其巧以逞其志乎？反复其手，以道崇宁之奸者，实元祐三馆之储。元丰之末，附丽匪人，自为定策，至造作以诬首相，则畴昔从容问学，慷慨陈义，而诸君子之所深与者也。格君之学，克知灼见之道，不知自勉，而戛戛于事为之末，以分异人为快；使小人得间，顺投逆逞，其致一也。近世学者，雷同一律，发言盈庭，岂善学前辈者哉？公世居临川，罢政徙于金陵，宣和间，故庐丘墟，乡贵人属县立祠其上。绍兴初，尝加葺焉。逮今余四十年，隳圮已甚，过者咨叹，今怪力之祠，绵绵不绝；而公以盖世之英，绝俗之操，山川炳灵，殆不世有，庙貌弗严，邦人无所致敬。无乃议论之不公，人心之畏疑，使至是耶？……

九渊作此记时，去安石殁一百有三年，中经元祐、绍圣、崇宁、大观，数度更革，安石之为功为罪，莫由折衷。九渊自谓“断百余年未了公案”！观其所谓“公之质”“公之志”“公之蔽”各节，洵所谓独排众议者已。其所云素訾安石之三人，亦及于苏洵，殆指《辨奸论》而言；盖此篇伪造之文，是时已渐行于世矣。

朱熹亦有与《张元德书》云：

> 所论新法，大概亦是如此。然介甫所谓胜流俗，亦非先立此意，以压诸贤；只是见理不明，用心不广，故至于此。若得明道先生与一时诸贤，向源头与之商量，令其胸中见得道理分明，许多人欲，客气，自无著处，亦不患其不改矣。若便以不可与有为待之，则亦非所以为天下之公，而自陷于一偏之说矣。顷见赵丞相所编诸公奏议，论新法者有数卷，言不为不多。然真能识其病根而市其要害者，甚少。无惑乎彼之以为流俗之言，而不足恤也。至如祧庙一事，当时发言盈庭，多者累数千字，而无一言可以的当与介甫争是非者。但今人只见介甫所言便以为非，排介甫者便以为是；所以徒为竞辨，而不能使天下之论，卒定于一也。此说甚长，非面谕未易究。

李绂谓此书论安石甚平允，与陆九渊《荆公祠堂记》无异。惟朱熹于安石，前后议论，往往自相觝牾，殊可异耳。

第四节　朱熹之深文诟病

朱熹对于安石苛责之论，有如《读两陈谏议遗墨跋》一文。两陈者，陈瓘陈师锡，皆尝为谏官，且攻安石于其身后者也。大概以安石之《王氏日录》为目标。朱熹则论之曰：

> 顷年获侍坐于故端明上饶汪公，纵言及介甫《日录》。妄谓："《日录》固为邪说，然诸贤攻之，亦未得其要领，盖凡安石之所以惑乱神祖之聪明，而变移其心术，使不得遂其大有为之志，而反为一世祸败之原，其隐微深切，皆聚此书。而其词锋笔势，纵横捭阖，又非安石之口不能言，非安石之手不能书也。以为蔡卞撰造之言，固无是理。况其见诸行事，深切著明者，又以相为表里，亦不待晚年怼笔有所增加，而后为可罪也。然使当时用其垂绝之计，举而焚

之，则后来载笔之士，于其帷幄之间，深谋密计，虽欲毕力搜访，极意形容，势必不能得之如此之悉。而传闻异词，虚实相半，亦不能使人无溢恶之疑。且如勿令上知之语，世所共传，终以手笔不存，故使陆佃得为隐讳。虽以元祐众贤之力，争辨之苦，而不能有以正也。何幸其徒自为失计，出此真迹，以暴其恶于天下。便当摭其肆情反理之实，正其迷国误朝之罪，而直以安石为诛首，是乃所谓自然不易之公论。不惟有以订已往之谬，而又足以开后来之惑。奈何乃以畏避嫌疑之故，反为迂曲回护之言，指为撰造增加诬伪谤诋之书，而欲加刊削，以灭其迹乎？”汪公叹息，深以愚言为然。

杨希闵辩之云："二陈同时之人，指为撰造增加，必非无据。乃以畏避嫌疑加之，陈了翁是畏避嫌疑之人乎？《熙宁日录》，至今不传。尝谓元祐、绍圣两次所修《实录》，当各存其真本，如新旧《唐书》新旧《五代史》之例。《熙宁日录》与《温公日记》，亦当照原本刊刻，以为互镜之资，是是非非，听之天下后世。今乃据一面之辞，恶诟毒詈，其可乎？蒲左丞志濂溪之墓，中载濂溪有善新法处，盖本濂溪家书，朱子以为恐非其实，而删之。删之可也，然必仍小注存其原文，乃足传信。今删去无一字之存，用心如此，又安能使人无溢恶之疑乎？至云：'帷幄之间，深谋密计，非《日录》不能得如此之悉。'《日录》今未见，然李仁父《通鉴长编》所载《神宗实录》甚具，君臣问答，磊磊明明，并无秦桧谋害岳忠武之事；何所庸密计？要行青苗保甲，奏明奉旨而行，即不便民，亦显然过恶，非阴算比；何谓深谋？后代君臣，除朝见外，得留身备问，以为极眷。更何处见为帷幄之间也。"

朱熹又云：

观闲乐此书之指所以罪状安石者，至深切矣。然考其事，不过数条。若曰："改祖宗之法，而行三代之政也；废《春秋》，而谓人主有北面之礼也；学本出于刑名度数，而不足于性命道德也；释经

> 奥义，多出先儒，而旁引释氏也。”是数条者，安石信无所逃其罪矣。然其受病之源，遗祸之本，则有所未及。而其所指以为说者，亦自不能使人无所恨也。今亦无论其他，姑以安石之素行，与《日录》之首章言之，则安石之行己，立朝之大节，在当世为如何？而其始见神宗也，直以汉文帝、唐太宗之不足法者为言，复以诸葛亮、魏元成之不足为者自任。此其志识之卓然，又皆秦汉以来，诸儒所未闻者；而岂一时诸贤之所及哉？然其为人，质虽清介，而器本褊狭；志虽高远，而学实凡近。其所论说，盖特见闻臆度之近似耳。顾乃挟以为高，足己自圣，不复知以格物致知克己复礼为事，而勉求其所未至，以增益其所不能。是以其于天下之事，每以躁率任意而失之于前，又以狠愎徇私而败之于后。此其所以为受病之深，而闲乐未之言也。

杨希闵云：“闲乐所责于安石，尚不失为据实。若朱子责安石不知以格物致知克己复礼为事；安石不必言矣；试问前安石为相，后安石为相者，皆能致知格物克己复礼乎？即汉唐以来，为相者，皆能格物致知克己复礼乎？至谓‘陛下当法尧、舜’，语本《孟子》，原无疵病。神宗亦云：‘卿可谓责难于君。’乃责其挟以为高，足己自圣。此语乃至乎尧、舜云尔，非谓已至尧、舜也，何云‘足己自圣’？又当云法后王，始不挟以为高乎？夫格物致知，尧、舜之知，犹不遍物。克己复礼，非颜子亚圣，岂容易言？而乃望之于躁率狠愎之荆公，非骐骥而觊千里，谓非有心于相苛乎？”

朱熹又云：

> 若以道德性命之与刑名度数，精粗本末，虽若有间；然其相为表里，如影随形，则有不可得而分别也。今谓安石之学，独有得于刑名度数，而道德性命，则有所不足；是不知其于此既有不足，则于彼也，亦将何自而得其正耶？夫以佛老之言为妙道，而谓礼法事变为粗迹，此正王氏之深蔽；今欲讥之，不免反堕其说之中，则已

误矣。又况于其粗迹之谬，可指而言者，盖亦不可胜数！政恐未可轻以有得许之也。今姑举一二而言之：若其实有得于刑名度数也，则其所以修于身者，岂至与僧卧地而顾客褫衣，如钱景谌之所叙乎？所以著于篇者，岂至于分文析字以为学，而又不能辨六书之法，如《字说》之书乎？所以施于家者，岂至于使其妻穷奢极侈，斥逐娣姒，而诟斥官吏，如林希魏泰之所书；至于使其子囚首跣足箕踞于前，而干预国政，如邵伯温之所记乎？所以施于政者，岂至于乖事理，拂民情，而于当世礼乐文章教化之本，或有失其道理者，乃不能一有所正；至其小者，如鹌鹑公事，按问条法，亦皆谬戾烦碎，而不合于人心乎？以此等而推之，则如闲乐之所云，亦恐其未免于过予；而其所以不能使人无可恨者也。

杨希闵云："此段因刑名度数而采及骫骳小说，责人闺门诟谇之事；无论虚实，是亦不可以已乎？至施于政者，责其于当世礼乐文章教化之本，不能一有所正；试移以责元祐吕公著、范纯仁诸贤相；且毋苛责荆公。"按林希、魏泰皆反复小人；邵伯温之史，亦谤史也。

朱熹又云：

若其释经之病，则亦以自处太高，而不能明理胜私之故。故于圣贤之言，既不能虚心静虑以求其立言之本意；于诸儒之同异，又不能反复详密，以辨其为说之是非。但以己意穿凿附丽，极其力之所通，而肆为支蔓浮虚之说。至于天命人心日用事物之所以然，既已不能反求诸身以验其实，则一切举而归之于佛老。及论先王之政，则又骋私意，饰奸言，以为违众自用，剥民兴利，斥逐忠贤，杜塞公论之地。闲乐于此，乃不责其违本旨，弃旧说，惑异教，文奸言之罪；而徒讥其奥义多出郑孔，意若反病其不能尽黜先儒之说，以自为一家之言者，则又不能使人无恨者也。

杨希闵云："朱子论贡举治经，《易》《书》《诗》《周礼》，兼取王安石，《论语》并取王雱，而此段则贬斥不遗余力；何至一人之言，前后乖迕如此？新三经今止见《周礼新义》，《文集》中又存《洪范解》一卷，并无有惑异教、文奸言，不知朱子何所指？至于弃旧说解经，朱子《诗传》，何尝不弃《小序》。岂在己则可，在人则不可乎？"

第五节　元明两朝之崇拜安石者

元人吴澄曰："公负盖世之名，遇命世之主，君臣密契，殆若管葛。主以至公至正之心，欲尧舜其民；臣以至公至正之心，欲尧舜其君。然而公之学虽博，所未明者，孔孟之学也。公之才虽优，所未能者，伊周之才也。不以其所未明未能自少，徒以其所已明已能自多，毅然自任而不回，此其蔽也。一时之议公者，非偏则私；不惟无以开其蔽，而亦何能有以慊公论哉？"此吴氏序《安石文集》之语，虽病其有所未明未能，要与肆口谩诋者，有天渊之判；而不失为称颂安石者。

明人章衮曰："……公之相业，所以未能成先资之信，快人心之公者，直以变法之故耳。……治平熙宁之际，上刓下弊，纲纪法度，根本枝叶，无不受病。譬如中年之人，虽容色言动，无异少时；然纵恣之余，腹心肝鬲之疾，缠绵胶固，待时而发，此盖断然不容缓忽之时也。神宗深知天下之势，将欲大有为；而又不御游畋，不治宫室，眷求义德，与图治理。诚旷世一出，人臣所当效力致死之君也。公之节行文章，既已大过于人，而道德经济，又独惓惓以身任之。当仁宗在位之日，使回一书，究极治体，直欲化裁三代，以趣时变，与区区随世迁就诸人，规模迥别。继论时政，则语意益切，岌然如祸乱之逼乎其后。有臣如此，盖亦旷世一出，人君所当虚己委任，共享天禄者也。夫其君臣相遇如此，而时势所值，又当否泰安危往来消长之际；然则公与神宗所以悉心谋议，创立法制，而将以伸其大有为之志于天下，岂但君臣之分义则然，固亦天命人心所不容已也。……虽新法纷然，并出于一时，然君以尧舜其民之心，坚主之于上；臣以尧舜其君之心，力赞之于下；要皆以为天下，而非私己也。诸臣若能原其心以议其法，因其得以救其失，推广以究未明之义，损益以矫偏胜之情，务在协心一德，博求贤才，以行新法，宋室未必不尚有利也。而乃一令方下，一谤随之；今日哄然而攻者，安石也；明日哗然而议者，新法也；台谏借此以贾敢言之名，公卿借此以邀恤民之誉；远方下吏，随声附和，以自托于廷臣之党；而政事之堂，几为交恶之地；……横溃汹汹，如狂人挟胜心，牢不可破。祖宗之法，概以为善，其果皆善乎？新创之法，概诋为恶，其果皆恶乎？……左右记注之官，异时纪载之笔，皆务为巧诋，至如离析文义，单摭数语而张皇之。……然则当时所以攻新法也，恶公而并及其法耳。……夫国内多故，四境多敌，譬彼舟流，不知所届惟才与智，众必归之，此管仲诸人所以得志也。宋之治体，本涉优柔，真仁而降，此风浸盛。士大夫竞以含糊为宽厚，因循为老成；又或高谈雅望，不肯破觚解挛，以就功名；而小人晏然如终岁在闲之马。……当此时，而欲顿改前辙，以行新法，无惑乎其骇且谤矣；公之所以不理于众口者此也。古人自修身齐家以至治国平天下，莫不有法，而懿德善道，实行于其间；未有舍法度而可以为仁义者也。或乃谓公不务其本，而专事法度；然则孟子不以仁政不能平治天下之说非耶？古者水土初平，即底慎则壤，以制国用；《周官》一书，理财最备；而《大易》明著理财正辞，禁民为非之训；盖古之人未尝讳理财也。而或病公专言理财；然则国非其国可耶？……由公而前，若唐晋两汉之世；由公而后，若崇观宣靖绍兴开禧之间，大臣之贤不肖可知也。……公独以体国之忠，救时之志，而蒙众恶皆归之谤；使后世干蛊兴事之臣，戒于覆辙；而妒贤嫉能之辈，引以借口；此吾所以痛悼千万世名实之不正也。虽然，公亦不得无罪焉。……公谓：'论善俗之方，始欲徐徐以变革；思爱日之义，又将汲汲于施为。'坐此蔽，而欲速之弊不免矣。……又谓：'以物役己，则神志有交战之劳；以道徇众，则事功无必成之望。'坐此蔽，而自用之弊不免矣。……公于异议之人，概以谗说罢之。然皋陶吁咈，反以相和；周召异同，不妨共政。公不以此自勉，而欲以诛罚胜之，岂子产安定国家必大焉先之道耶？公尝谓：‘洪水之患不可留，而诸臣之才，惟鲧优于治水，故虽方命圮族，而不能舍鲧。’其平昔议论如此，所以不惜众论，而用章吕者，亦曰姑取其才以济吾事尔。然岂有欲求善治而用小人，既用小人而无后悔者耶？数者，公之罪也。……”此乃章氏撰《王文公集序》之节文。原文洒洒数千言，专就新法立言，多发前人所未发。兹所节录，亦可以见其概矣。

明陈汝锜《甘露园长书》论王安石曰：“介甫以新法负谤于当时，贻指摘于后世，善状不彰，而恶声嘈嘈满耳，此古今一大冤案！卒未有开而赦之者，何也？今姑无论其立法之是非，与闾阎之利病，试就攻介甫之人而反覆其议论，有以见攻之者之好胜而不情，而曲不在介甫也。熙宁新法，所称最为民害者，莫如免役青苗。而龂龂新法，立赤帜而攻之者，在当时莫如苏子瞻、范尧夫，而在后莫如朱元晦。子瞻论免役之害，谓役人必差同乡户，如衣之必用丝麻，食之必用五谷，不得以他物代换。乃君实议复差役，又极言役可雇不可差，虽圣人复起不能易；农民应差，官吏百端需求，比于雇役，苦乐十倍。而尧夫亦谓差役一事，当熟讲，不然，滋为民害。然则向之所谓必不可行而以为有钱荒之弊者，又后之所谓必不可罢，罢则滋害，而以俟圣人于百世者也。朱元晦恨介甫汲汲财利，使天下嚣然丧其乐生之心。及建社仓，则夏受粟而秋息以偿，犹之乎青苗法也。有问之者，元晦奋然曰：‘介甫独散青苗一事是耳。’因作《社仓记》，以述其意，复上其法于朝，朝以其法下之于诸侯。而尧夫当元祐时，亦尝有复散青苗足国用之请。然则熙宁诸老所哄争而以为有蚕食督责之弊者，又尧夫所复请以足国，而元晦所阳避其名而阴祖其实者也。即三君子以例余人，而一时争辩，皆好胜可知。即免役法之不可罢，青苗法之可以罢而复行，乃巧易名为社仓；以例余法，而一切设施，皆便尽可知。周茂叔不尝喜好介甫，与语连日夜乎？不娓娓颂熙宁新政之美乎？以茂叔所嘉与而乐颂者，而流俗哓哓不已，后之人又从而吠声焉；嘻甚哉！原介甫所以负当时谤而贻后世指摘不解者：一则峻法逐言者，以期于法之必行，而为士大夫所不喜。一则更张无序，讲非常之原于旦夕间，以与愚民虑始，纷纷而为闾里市井所惊疑。重以用事诸臣，推行太过，浸违初旨者，比比有之。此则介甫所不得不任其咎者耳。法无恙也，奈之何咎介甫而迁怒于介甫之法哉？岂惟迁怒于其法，且并迁怒于其所与之人，而俾之无所容于天地；如李定是已。定之自秀州入也，举朝嗤为匿服不孝；而定自辨，实不知为仇氏所生，疑不敢服，故以父老侍养解官。本传亦谓：'定分财赈族，家无余资，得任子以与兄息，死之日，诸子皆布衣。'用情厚矣。世有厚于宗族与兄之子，而反薄于其母乎？世有能解官侍养父，而不能持所生母服乎？此事理之必不然者。今徒以附合新法之故，横被以不孝之名，不以本传求之，一往污蔑，无浣濯之路矣。呜呼！厚士而忍污蔑之、甘心焉；又何怪良法而不哓哓争曰罪之魁而祸之首也？"

明陈九川曰："荆公以间世之英，气魄盖世，负伊周之志，宗孔孟之学，不迩声色，不殖货利。难进易退之介，固已信于天下。遇大有为之君，而师行先王之法意，虽其条理弛张，或未尽善；彼其志，盖昭然可睹也。然而新法一行，群议鼎沸，一时攻讦成风，致诋为奸邪；其故何哉？……宋之中叶，国势浸弱，民志不振，夷狄交侵，辽夏为急。……公既洞见天下之势，逆知夷狄之祸，而独深忧之；故每启昭陵以至诚恻怛忧天下之心，而拳拳以晋武梁武趋过目前为戒；盖欲早为之所也。其相裕陵以更化，盖将……洗疮痍而登之太和也。一时诸贤，既罔或齐公之见，怪其作用；而乘客气胜心以逞者，又复攘臂其间，讦以为直，不逊为勇。……甚至攫人心，挟天变，以不安其上而党排之，必使公不得究其志。元祐尽罢新法，宜可反而中兴矣。乃顾因循坐致靖康之祸，卒使中国沦于夷狄，一如公所忧者。果谁执其咎？而顾横加诸公；是尚为有是非之心乎？……虽然，公自谓'用志精则知人明'，乃亦不知荐贤以自代，何耶？……其忧斯民之左衽，不以身家贰其志；岂非自任以至诚恻怛，得先王之道乎？而不知其激于群议，果于行法者，已不免意必偏党，而心有所忿懥矣；乌能得其正而不僻哉？是公之所以为蔽也……”

明王宗沐云：“宋荆国王文公相神宗，悯日弱之势，睹积敝之时，……以平生卓绝之行，精博之学，处得君之地。观其措意注手，规局旨趣，三代以来，一人而已。然其时每一法出，则天下皆骇而争。攻击疏分，曾无虚日。比公不安而去，……而靖康之祸，或归其邮于公。庸常守成，苟以自度，犹得辞其过于后；而公以尧舜伊周之心，卒用为罪；其亦宜公之不服乎？……公既以其高自处，而视天下莫并己，才智老成，咸背而去，莫与共吾事者，斯奸人弃间而入。反复排系之余，法制数易，民眩于听，官易其常，始嚣然索其平和敦庞之气。独程淳公尝有‘天下事非一家’之语；诚深知公所为病若是。而归基祸之过于公，于情未称，亦抑有由也。……”

明李光祚云：“……道有升降，政由沿革，譬之琴瑟不调，必更张之，宋事大类此也。理财一事，原非国家所讳。……且新法之行，不加赋而财用足。其所谓‘农田水利’‘均输’‘保甲’‘免役’‘市易’‘保马’‘方田’，皆一时救敝之法；以宋救宋，妙不在因而在革也。……宋始终为祸者辽。前此为英为仁为真，其祸未炽；后此为哲为徽为钦，其祸益烈。当神宗之时，公遑遑欲树无前之绩，思患豫防，偶为足兵足食之策，计社稷之安危，不恤一身之利害。宁直道而行，不忧谗而畏讥；宁孤立无翼，不曲学以阿世。其心盖曰：‘吾行吾法而终致富强，……则吾愿毕，吾道行，尧舜君民之志，庶其酬乎？’奈何宋之诸公，见不及此，曾无平心抑气以推行其法。致使一事之善，今日行而明日罢；一言之起，一吠形而百吠声。虽有硕画讦谟，不胜其阻挠之弊。是则公之不幸，抑亦宋之不幸也。……”

第六节　明清两朝巧诋安石之苛论

明杨慎《丹铅录》云：

宋元祐党籍碑成于蔡京父子，其意，则王安石启之也。安石尝作《曹社诗》以寓意，谓神奸变化，自古难知，辨之而不疑者，惟禹鼎焉。魑魅合谋，盖非一日，太邱之社，其亡也晚。盖以喻新法异意之人，将为宋室之祸也。其后门生子婿，相继得政，果铸宝鼎，列元祐诸贤司马光而下姓名于其上，以安石比禹绩，而以司马诸公为魑魅。吕惠卿载诸谢章曰："九金聚粹，画图魑魅之形。"自此党论大兴，贤才稍伏，卒致戎马南骛，赤县丘墟。一言丧邦，安石之谓也。慎案：安石之恶，流祸后世，有如此。宋之南迁，安石为罪之魁，求之前古奸臣，未有其比。虽后汉晚唐党祸，不若是其烈。然彼乃宦者阉奴，身为恶而显遭戮，国史明著为奸臣矣。安石以文济奸，党恶又众，至于后世，是非犹舛，朱晦庵作《宋名臣言行录》，以王安石为名臣，与司马光并列。夫司马光与安石所争者，新法也。新法之行是，则谏沮新法者非。安石为名臣，则司马光不得为名臣矣。今著《名臣言行录》，自拟于《春秋》，而光与安石并列，则是石碏与州吁皆为忠臣，崔杼与晏婴皆为义士，而孔子可与少正卯并列，孟子可与仪秦齐班乎？其微意不可知，岂暗用绍圣调停之法，于史册之间乎？朱子平生功业不可见，而去取如此，可疑也。或曰："公之取安石，憎而知其善也；为其护细行，有经学与文章也。"噫！是又不通之甚矣。憎而知其善者，小恶而可改者也。若夫引群邪，害众正，误人主，亡社稷，此元恶大憝，虽有小善，不足言矣。王夷甫、褚彦回未尝不护细行，孔光、张禹未尝无经学，李斯、曹操岂不能文章？史固未尝假借之也。予又见他书载金兵入汴，见铸鼎之象而叹曰："宋之君臣用舍如此，焉得长久！遂怒而击碎之。"夷狄犹知恶安石，而大儒诸子反尊崇之，何故？安得起公于九原而一问之耶？

蔡上翔辩之曰："荆公诗：'神奸变化久难知，禹鼎由来更不疑。魑魅合谋非一日，太邱真复社亡迟。'其二曰：'泰坛东路绕重营，独背朝阳信马行。漫道城南天尺五，荒林时见一柴荆。'杨用修以《元祐党籍碑》成于蔡京父子，而其意则启于王安石《曹社诗》。考荆公诗，题《游城南即事二首》，所谓城南者，即今徐州之城南也。九鼎沉于泗水，秦始皇时，使千人没水求之弗得，即此也。所谓即事，非专为九鼎而作是诗也。用修改曰《曹社诗》，乃牵入《元祐党碑》，谓喻新法异意之人；则与改《白鹤吟》而牵入争新法者何以异？此诗有二首，用修只录其一，而肆口讥讪如此。试以第二首诘之，其意又安在？用修又以安石列于《名臣录》大为文公罪，用修岂果以《名臣录》为等于孔子《春秋》耶？昔孔子作《春秋》，太史公谓其采善贬恶，非独刺讥而已。今考《名臣录》，安石传共三十六条，凡安石未当国以前，所见称于当世贤公卿大夫士者，不具论；即如欧阳公、曾子固、黄鲁直所称道安石之贤，则家有其书，而此录无一语及之。所采若《邵氏闻见录》《温公琐语》《涑水记闻》《东轩笔录》，则皆诋毁丑恶，靡不毕载。用修尚以安石得列于此录为荣，以文公列安石名臣为轻于恶恶耶？吾窃谓安石得谤于天下后世，固结而不可解者，尤莫甚于《言行录》。何则？邵氏魏氏司马氏诸书，以及此外诋毁安石尤甚者，一经《名臣录》采入，于是元人修史，皆以大贤所录为可信，亦遂尽笔之于史。自是后人读史者，只知国史为信，而不知杂出于纪载私书。故曰：'安石得谤于天下后世，固结而不可解者，莫如此录为甚也。'安石录于名臣，有恶而无美，岂足流芳，徒然遗臭而已。而犹以是罪文公，用修倡之，张受先和之，何芳臭之不辨也！"

《丹铅录》又云：

弘治中，余杭有周德恭，评王安石为古今第一小人。又曰：“神宗之昏惑，合赧、亥、桓、灵为一人者也；安石之奸邪，合莽、操、懿、温为一人者也。”此言最公最明矣，予尝谓：王安石之为相，大类商鞅。鞅之进，由阉人景监；安石之得君，由宦者蓝元震。商鞅设诽谤之禁；而安石置逻卒之察。鞅力排甘龙、杜挚之议；安石力战言新法之人。秦之亡，由商鞅；宋之亡，由安石。安石尝有诗云：“今人未可非商鞅，商鞅能令政必行。”是其本相尽露矣。先奸后奸，其揆一也。朱子以安石为名臣，与司马光并立，审如此，商鞅亦当与孟子齐名矣。程子谓：“新法之行，吾辈激成。”此言亦非，譬如醉者酗酒击人，醒者必群起立救；不能止醉之酗，而反罪醒之救，可乎？此言一出，遂为后日调停张本。陆象山作《王安石祠堂记》，全祖此意。终宋之世，安石父子，配享孔庙，而无人公言，至理宗独见，黜去之，以此等议论，有以入人之深也。安石之误国，遇孔子，必膺少正卯之诛。而其死也，公享之于庙庭，私祠之于州县，是宋人之异论不公不明，举世皆迷且邪矣。宋人迷邪，今世犹聋聩乎？不可因程朱之言，而贳此古今第一小人也。

蔡上翔辩之曰：“昔神宗信用安石，安石之得君，虽成汤之于伊尹，高宗之与傅说，不是过也。后来攻新法排安石者，虽众，未有议及神宗者。则以神宗固励精图治之主，而又有恭俭仁爱之德。其任用安石虽专，无非同有乂安天下之心也。周德恭何如人？乃斥神宗合赧、亥、桓、灵为一人。德恭倡之，用修和之。夫赧、亥、桓、灵，皆亡国之君，而胡亥残贼，尤不可与赧、桓、灵并论；德恭以异代臣子，非毁前世之贤君，毫不顾忌，匪惟不仁，抑亦无礼。呜呼！德恭何为而至此极也。用修读万卷书，宜于古今治乱兴衰之迹，人君贤不肖之相去，若权衡于轻重，较然不爽；其犹以其言，笔之书，而称为最公最明！呜呼！用修何为而至此极也？德恭谓：安石奸邪合莽、操、懿、温为一人。夫彼皆前代篡弑之臣，已有成事者也。安石新法之行，果有潜移宗社之邪心乎？然而德恭倡之，用修和之，而犹未已也。曰：‘秦之亡，由商鞅；宋之亡，由安石。’安石自嘉祐以来，久达宸聪，辞修起居注不就，辞英宗召不赴，其声名满天下。即谓借韩吕为巨室，已属毁者妄言，何有于得君由蓝元震哉？用修又谓：‘程伯子言新法之行，吾辈激成，大非是。’予考后来极毁安石学术者，程门弟子杨中立也。程门弟子录《二程遗书》，无非诋毁安石之言。新安《名臣言行录》，于安石亦无一好语。今谓‘不可因程朱之言。贯此古今第一小人’；是又于程朱之书，似全未入目也。程子之言，固非为异日调停张本，而又忽及于《荆公祠堂记》，谓象山全祖此意，则尤谬说。象山与胡季随书，自谓此记乃是断百余年未了大公案，安有一言及于调停哉。象山方自谓此断百余年未了大公案，而其后议此记者，宋季则有黄东发；明弘治间，则有周德恭，穆孔晖最盛。自杨氏之附德恭，王氏之附孔晖，至合莽、操、懿、温、伯鲧、商鞅，而聚于一人之身，于是以象山时大公案中所未有者，而大公案又出矣。后之人虽欲从而断之，其将何时了耶。东发论见于《黄氏日钞》，孔晖书载于《池北偶谈》。”

按清初阎若璩《潜丘札记》云：“近代文士，务博而不明理，好胜而不平心，未有过于杨用修慎者也。杨用修平生不喜朱子。以不喜朱子故，遂并濂溪、明道、伊川、横渠、康节诸大儒，一一排诋，甚至以孟子为无稽，朱子为不识字。以不喜宋儒故，遂并宋人之文章议论为繁冗，为不公不明；宋人之功业品行，为不及前代。以不喜宋人故，遂并宋帝王之统系为偏安，为似晋。无论其言之是否，只此一念之增迁而不已，尚可为读书识字者耶？噫！亦可哀也！”夫以不喜朱熹之人，又于朱熹之所尝排者而亦恶诟之；是真不可解也。

清王夫之《宋论》神宗朝，有一则云：

……王安石之允为小人，无可辞也，安石之所必为者，以桑弘羊、刘晏自任，而文之曰《周官》之法，尧、舜之道；则固自以为是，斥之为非而不服。若夫必不可为者，即令其反己自攻，固莫之能遁也。夫君子有其必不可为者：以去就要君也；起大狱以报睚眦之怨也；辱老成而奖游士也；喜谄谀而委腹心也；置逻卒以察诽谤也；毁先圣之遗书而崇佛老也；怨及同产兄弟，而授人之排之也；子死魄丧，而舍宅为寺，以丐福于浮屠也。若此者，皆君子所固穷濒死而必不为者也；乃安石则皆为之矣。抑岂不知其为恶，而冥行以蹈污涂哉？有所必为，骨强肉愤，气溢神驰，而人不能遂其所欲，则荆棘生于腹心，怨毒兴于骨肉。迨及一蹶，而萎缩以沉沦，其必然者矣。夫君子相天之化而不能违者，天之时；任民之忧而不能拂者，民之气。思而得之，学而知其未可也；学而得之，试而行之未可也；行而得之，久而持之未可也。皆可矣，而人犹以为疑，则且容权度以待人之皆顺。如是而犹不足以行，反己自责而尽其诚之至。诚至矣，然且不见获于上，不见信于友，不见德于民，则奉身以退，而自乐其天。惟是学而趋入于异端，行而沉没于好利，兴罗织以陷正人，畏死亡而媚妖妄，则弗待迟回，而必不以自丧其名节。无他，求之己者严，而因乎人者不求其必胜也。惟然，则决安石之为小人，非苛责之矣。或曰："安石而为小人，何以处夫黩货擅权道淫迷乱之蔡京贾似道者。"夫京似道能乱昏荒之主，而不能乱英察之君。使遇神宗，驱逐久矣。安石惟不如彼，而祸乃益烈。诐诐之辩，硁硁之行，奚足道哉？

按夫之对于安石，既有此论；对于司马光，又无恕词；盖纵横家之言也。如上论，而尚不得为苛责，其谁信之？其所谓"毁先圣之遗书而崇佛老"，尤不可解。岂以安石尝诋《春秋》为"断烂朝报"乎？然于《诗》《书》《周礼》固尝训释厥旨，而有《新义》也。夫之又将何说哉？

第七节　清代崇拜安石之言论与著作

清颜元曰："荆公廉洁高尚，浩然有古人正己以正天下之意。及既出也，慨然欲尧舜三代其君。所行法，如'农田''保甲''保马''雇役''方田''水利''更戍''置弓箭手于两河'皆属良法，后多踵行。即当时元祐间，范纯仁李清臣彭汝砺等，亦讼其法为不可尽变。惟'青苗''均输''市易'行之不善易滋弊窦。然人亦曾考当日之势乎？……岁输辽夏金一百二十五万五千两，其他庆吊聘问赂遗近幸又倍，宋何以为国？……欲举兵则兵不足；欲足兵，饷又不足；荆公为此，岂得已哉？……宋人苟安已久，闻北风而战栗，于是墙堵而进，与荆公为难，极诟之曰奸曰邪。……惟务使其一事不行，立见驱除而后已；而乃独责公以执拗可乎？且公之施为，亦彰彰有效矣。用薛向、张商英等治国用；用王韶、熊本等治兵，西灭吐蕃，南平洞蛮，夺夏人五十二砦，高丽来朝。未几振矣，而韩琦、富弼等必欲沮坏之。……范祖禹、黄庭坚修《神宗实录》，务诋荆公；陆佃曰：'此谤书矣。'既而蔡卞重行刊定，元祐党起，又行尽改。然则《宋史》尚可信耶？其指斥荆公者，是耶非耶？虽然，一人是非何足辨；所恨诬此一人，而遂君父之雠也。而天下后世遂群以苟安颓靡为君子；而建立功业欲搘拄乾坤者为小人也。岂独荆公之不幸，宋之不幸也哉？"

清蔡上翔曰："荆公之学，原本经术，其《上仁宗皇帝书》，秦汉而下，未有及此者。宋承五代之余，西北世为边患，太祖太宗，尚苦于兵。至澶渊之后，和议始成，……金缯岁币数十万，岁输于边，中原之财赋耗矣。侵寻至仁宗英宗，天下安于无事，又六十余年，而积弱之势成矣。当是之时，公以不世出之才，而又遇神宗大有为之君，其汲汲于变法者，盖欲以救国家积弱之势，振累世苟且之习。而非以聚敛媚君，以加息厉民；并非假财用不足，以利一己之私也。观其《与司马谏议书》曰：

‘人习于苟且非一日，士大夫多以不恤国事同俗自媚于众相尚。’是公慨然有志于天下之务，可见于斯矣。先是，范公应诏陈十事，援《易》言‘穷则变，变则通，通则久’甚切，谓国家革五代之乱，垂八十年，纲纪制度，日削月侵，官壅于上，民困于下，不可不更张以救之。公书中之意，范公已先言之；安有如后人所谓议论高奇哉？要之，公不得行其志于天下，则举朝攻新法者败之。而斯文之在天壤间，终不失为悬诸日月不刊也矣！”蔡氏著有《王荆公年谱考略》二十八卷，详征博考，大白沉冤。此系其所作《读上仁宗皇帝言事书》之文。其推崇安石之意，具于是矣。

清杨希闵曰：“古今事变不同，唐以前，小人轧君子耳；宋则君子轧君子，徒授小人以隙，祸害遂中于国家。……夫熙丰行新法，主之者，神宗也。荆公相止八年，新法行十九年未改，岂能独罪荆公？且闾阎无揭竿之扰，辽夏无责言之及，黻扆忧勤，仓库充实，汹汹者独在廷臣，是亦不可以已乎？公之受诬，有虚构者，有疑似者，有变白为黑者。……嗟乎！宋世诸贤，有幸而得美名者，有不幸而得恶名者。无孟子辩匡章陈仲子之识，殆难语于知人论世也！”杨氏就蔡氏所著之《年谱考略》，删繁节要，为《王文公年谱考略节要》四卷，又著《年谱推论》一卷，《熙丰知遇录》一卷，表彰之功，盖又度越蔡氏矣。

第八节　梁启超为安石大白沉冤

上述诸说，自陆九渊以下，皆能于群诋安石为奸邪之时，力白其积非成是之冤抑；然陋儒迂腐，尚不能遽更成见也。至近人梁启超氏，因安石政术，多有与今世欧美政治相发明者，特著《王荆公传》。其叙论有云：“甚矣！知人论世之不易易也！以余所见，宋太傅荆国王文公安石，其德量汪然若千顷之陂，其气节岳然若万仞之壁，其学术集九流之粹，其文字起八代之衰；其所设施之事功，适应于时代之要求，而救其弊；其良法美意，往往传诸今日，莫之能废；其见废者，又大率皆有合于政治之原理，至今东西诸国行之而有效者也。……若于三代以下求完人，惟公庶足以当之矣。”启超为此极端崇拜之论，或谓系有所激而云然。即如所谓“三代以下一完人”者，骤亦未能论定。惟其政治思想及其执政时之设施，具有相当之价值，信为不可磨灭。而一般学者对于安石之观念，渐以转移，实启超有以促之也。